補註

論語集註

明治書院

簡野道明

弁言

朱晦庵、論語集註、尤推義理精微。然間非無可疑難者。予不自揣、嚢刋行補註論語集註、以便學者講讀。爾來盛行于世、文字漫漶、頗苦其難讀。乃重加校勘、徧參考先儒經解、擇其義之最精確者數十條、附以愚見。意在使學者易於領會。頃者增補漸成、付之剞劂。自惟譾陋、敢編是書。罣漏訛誤、在所難免。切望博雅君子、有以教之、則厚幸矣。

昭和戊辰九月

簡野道明識

目次

朱註 索隱—史記、索隱、唐、司馬貞作、以釋史記。

朱註 牛人—周禮、司徒屬官。

論語序說

史記世家曰、孔子名丘、字仲尼、其先宋人。父叔梁紇、母顏氏。以魯襄公二十二年、庚戌之歲十一月庚子、生孔子於魯昌平鄉陬邑。爲兒嬉戲、常陳俎豆、設禮容。及長爲委吏。料量平。（委吏、本作季氏史。索隱云、一本作委吏。與孟子合。今從之。）爲司職吏。畜蕃息。（職、見周禮牛人。讀爲樴、義與杙同。蓋繫養犧牲之所。此官卽孟子所謂乘田。）適周、問禮於老子。旣反、而弟子益進。昭公二十五年甲申、孔子年三十五、而昭公奔齊、魯亂。於是適

○高昭子―高氏、齊世卿、昭子、名張。
○家臣―謂二大夫之臣一。
朱註 聞レ韶―述而篇。
○問レ政―顏淵篇。
朱註 季孟吾老―微子篇。

○不狃―論語、陽貨篇、作二弗擾一。
○畔―同レ叛。
朱註 答二子路一東周―陽貨篇。
○中都―魯邑名。
○四方則レ之―謂二四隣之國取レ法也。
○侵地―齊所二侵奪一魯地。
○十二年―孔子世家、

齊、爲二高昭子家臣一、以通二乎景公一。有下聞レ韶・問レ政二事上。公欲三封以二尼谿之田一。晏嬰不レ可。公惑レ之。有二季孟吾老之語一。孔子遂行、反二乎魯一。定公元年壬辰、孔子年四十三、而季氏強僭。其臣陽虎作レ亂專レ政。故孔子不レ仕而退、修二詩書禮樂一。弟子彌衆。九年庚子、孔子年五十一、公山不狃以レ費畔二季氏一、召二孔子一。欲レ往而卒不レ行。有下答二子路一東周語上。定公以二孔子一爲二中都宰一。一年四方則レ之。遂爲二司空一、又爲二大司寇一。十年辛丑、相二定公一、會二齊侯于夾谷一。齊人歸二魯侵地一。十二年癸卯、使下仲由

爲二季氏宰一。墮二三都一、收中其甲兵上。孟氏不レ肯レ墮
レ成。圍レ之不レ克。十四年乙巳、孔子年五十六、
攝二行相事一。誅二少正卯一、與二聞國政一。三月、魯國
大治。齊人歸二女樂一、以沮レ之。季桓子受レ之。郊
又不レ致二膰俎於大夫一。孔子行。魯世家以二此以上一、皆爲二十二年事一。適
レ衞、主二於子路妻兄顏濁鄒家一。孟子、作二顏讎由一。適レ陳、過
レ匡。匡人以爲二陽虎一而拘レ之。有二顏淵後、及文王既沒之語一。既解、還
レ衞、主二蘧伯玉家一。見二南子一。有下矢二子路一、及未レ見レ好レ德之語上。去適レ宋、司
馬桓魋欲レ殺レ之。有二天生レ德語、及微服過レ宋事一。又去適レ陳、主二司城
貞子家一。居三歲、而反二于衞一。靈公不レ能レ用。有二三年有

作二十二年一。朱子據二左傳及魯世家一而改レ之。
○墮—謂レ毀二壞其城一也。
○三都—費、季氏邑。郈、叔孫氏邑。成、孟氏邑。
○攝—假也。

○郊—祭二天南郊一也。

○膰—祭祀餘肉也。
○主—謂下舍二於其家一以レ之爲中主人上也。
○顏濁鄒—孟子、萬章上篇、作二顏讎由一。衞賢大夫也。
朱註 顏淵後—先進篇。
○文王既沒—子罕篇。
○矢二子路一—雍也篇。
○未レ見レ好レ德—子罕篇。
○天生レ德—述而篇。
○微服過レ宋—孟子、萬章上篇。
○三年有レ成—子路篇。

○趙氏—謂趙簡子。
朱註 答子路—陽貨篇。
○荷蕢過門—憲問篇。
朱註 葉公問答—述而篇。
○沮溺耦耕、荷蓧丈人—微子篇。
○拜禮—謂答來聘之禮也。
○告子貢一貫—衛靈公篇。
朱註 接輿之歌—微子篇。

成之語。晉趙氏家臣佛肸、以中牟畔、召孔子。孔子欲往。亦不果。有答子路堅白語、及荷蕢過門事。將西見趙簡子。至河而反。又主蘧伯玉家。靈公問陳。不對而行。復如陳。據論語、則絕糧當在此時。季桓子卒。遺言謂康子、必召孔子。其臣止之。康子乃召冉求。史記以論語歸與之歎、爲在此時。又以孟子所記歎詞、爲主司城貞子時語。疑不然。蓋語・孟所記、本皆此一時語、而所記有異同耳。孔子如蔡及葉。有葉公問答、子路不對、沮溺耦耕、荷蓧丈人等事。史記云、於是楚昭王使人聘孔子。孔子將往拜禮。而陳蔡大夫、發徒圍之。故孔子絕糧於陳蔡之閒。有慍見、及告子貢一貫之語。按是時、陳蔡臣服於楚。若楚王來聘孔子、陳蔡大夫安敢圍之。且據論語、絕糧當在去衛如陳之時。楚昭王將以書社地封孔子。令尹子西不可。乃止。史記云、書社地七百里。恐無此理。時則有接輿之歌。又反乎衛。時靈

朱註 魯衞兄弟—子路篇。
○答二子貢一—述而篇。
○子路正レ名—子路篇。

朱註 對二哀公一—為政・雍也篇。○及康子—爲政・顏淵篇。
○杞宋—八佾篇。
○損益—爲政篇。
○從レ周—八佾篇。
○語二大師一—八佾篇。
○樂正—子罕篇。
○假二我數年一—述而篇。

朱註 莫二我知一—憲問篇。
○知レ我罪レ我—孟子、滕文公下篇。

公已卒。衞君輒欲下得二孔子一爲中政。有下魯衞兄弟、及答二子貢一伯夷叔齊、子路正レ名之語上。而冉求爲二季氏將一、與レ齊戰有レ功。康子乃召二孔子一。而孔子歸レ魯。實哀公之十一年丁巳、而孔子年六十八矣。有下對二哀公一及康子一語上。然魯終不レ能レ用二孔子一。孔子亦不レ求レ仕。乃敍二書傳禮記一。有二杞宋、損益、從レ周等語一。刪レ詩正レ樂、有下語二大師一、樂正之語上。序二易彖繫象、說卦文言一。有下假二我數年一之語上。弟子蓋三千焉。身通二六藝一者七十二人。弟子顏回最賢蚤死。後唯曾參得レ傳二孔子之道一。十四年庚申、魯西狩獲レ麟。有下莫二我知一之歎上。孔子作二春秋一。有二知レ我罪レ我等語一。論語請レ討二陳恆一事、亦在二是年一。明年辛酉、子路死二於衞一。十六年壬戌、四月己丑、孔子卒。年七十三。葬二魯城北泗上一。弟子皆服二心喪一三年而去。惟子貢廬二於冢上一凡六年。孔子生二鯉字伯魚一。先卒。伯魚生二伋字子思一。作二中庸一。子思學二於曾子一、而孟子受二業子思之門人一。

何氏曰、魯論語二十篇、齊論語別有二問王・知道一。凡二十二篇。其二十篇中、章句頗多二於魯論一。古論出二孔氏壁中一。分二堯曰下章子張問一、以爲二一篇一。有二兩子張一。凡二十一篇、篇次不下與二齊・魯論一同上。

程子曰、論語之書、成二於有子・曾子之門人一。故

○泗上—泗水之上、即今聖林也。又曰二孔林一。

○喪紀以レ服爲レ主。故持レ喪曰レ服。心喪、心有レ哀、身無レ服。所謂若レ喪レ父而無レ服也。

○六年—孟子、滕文公上篇、昔者孔子沒、三年之外、門人治レ任將レ歸、入揖二於子貢一、相嚮而哭、皆失聲然後歸。子貢反築二室於場一、獨居三年、然後歸。是合二前後一爲二六年一也。

○何氏—名晏、字平叔、魏南陽人、著二論語集解一。

○金仁山云、以上二條、言二論語本末一。下三條、言下讀二論語一之法上。

其書獨二子以子稱。

程子曰、讀論語、有讀了全然無事者。有讀了後、其中得一兩句喜者。有讀了後、知好之者。有讀了後、直有不知手之舞之、足之蹈之者。

程子曰、今人不會讀書。如讀論語、未讀時、是此等人。讀了後、又只是此等人。便是不曾讀。

程子曰、頤自十七八讀論語。當時已曉文義。讀之愈久、但覺意味深長。

論語參考書要目

論語鄭氏注十卷（後漢、鄭玄撰）
論語義疏十卷（梁、皇侃撰）
論語補疏三卷（清、焦循撰）
論語後案二十卷（黄式三撰）
論語古義十卷（日本、伊藤維楨撰）
論語徵集覽二十卷（松平賴寬撰）
論語語由二十卷（龜井魯撰）
論語欄外書四卷（佐藤坦撰）
論語集説六卷（安井衡撰）

論語集解十卷（魏、何晏撰）
論語正義二十卷（宋、邢昺撰）
論語正義二十四卷（劉寶楠撰）
論語偶記一卷（方觀旭撰）
論語徵十卷（荻生茂卿撰）
論語繹解十卷（皆川愿撰）
論語大疏二十卷（太田元貞撰）
論語雕題略四卷（中井積德撰）
論語解義十卷（簡野道明撰）

論語卷之一

宋　朱熹　集註
日本　簡野道明　補註

學而第一

此爲書之首篇。故所記多務本之意。乃入道之門、積德之基、學者之先務也。凡十六章。

○子曰、學而時習之。不亦說乎。說・悅同。○學之爲言效也。人性皆善。而覺有先後。後覺者必效先覺之所爲。乃可以明善而復其初也。習、鳥數飛也。學之不已、如鳥數飛也。說、喜意也。既學而又時時習之、則所學者熟、而中心喜說。其進自不能已矣。程子曰、習、重習也。時復思繹、浹洽於中、則說也。又曰、學者將以行之也。時習之、則所學者在我。故說。謝氏曰、時習者、無時而不習。坐如尸、坐時習也。立如齊、立時習也。

有朋自遠方來。不亦樂乎。樂、音洛。○朋、同類也。自遠方來、則近者可知。程子曰、以善及人、而信從者衆。故可樂。又曰、說在心。樂主發散在外。

人不知而不慍。不亦君子乎。慍、紆問反。○慍、含怒意。君子、成德之名。尹氏曰、學在己。知不知在人。何慍之有。程子曰、雖樂於及人、不見是而無悶。乃所

○子—指於孔子也。子是有德之稱、古者稱師爲子也。

朱註 謝氏—名良佐、字顯道、上蔡人、程門高弟。
○坐如尸・立如齊—出禮記、曲禮上篇。

朱註 尹氏—名焞、字彥明、河南人、程子門人。
○愚謂—愚、朱子自言。以下同。

謂君子。愚謂、及人而樂者、順而易。不知而不慍者、逆而難。故惟成德者能之。然德之所以成、亦由學之正、習之熟、說之深、而不已焉耳。○程子曰、樂由說而後得。非樂不足以語君子。

○有子曰、其爲人也、孝弟而好犯上者鮮矣。不好犯上而好作亂者、未之有也。弟・好、皆去聲。鮮、上聲。下同。○有子、孔子弟子、名、若。善事父母爲孝。善事兄長爲弟。犯上、謂干犯在上之人。鮮、少也。作亂、則爲悖逆爭鬬之事矣。此言人能孝弟、則其心和順。少好犯上、必不好作亂也。君子務本。本立而道生。孝弟也者、其爲仁之本與。與、平聲。○務、專力也。本、猶根也。仁者、愛之理、心之德也。爲仁、猶曰行仁。與者、疑辭、謙退不敢質言也。言君子凡事專用力於根本。根本既立、則其道自生。若上文所謂孝弟、乃是爲仁之本。學者務此、則仁道自此而生也。○程子曰、孝弟、順德也。故不好犯上。豈復有逆理亂常之事。德有本。本立則其道充大。孝弟行於家、而後仁愛及於物。所謂親親而仁民也。故爲仁以孝弟爲本。論性則以仁爲孝弟之本。或問、孝弟爲仁之本、此是由孝弟可以至仁否。曰、非也。謂行仁自孝弟始。孝弟是仁之一事。謂之行仁之本則可。謂是仁之本則不可。蓋仁是性也。孝弟是用也。性中只有箇仁義禮智四者而已。曷嘗

○阮元、研經室集云、此章三節皆孔子一生事實。篇終曰、不知命無以爲君子。與此始終相應。

○安井衡、論語集說云、此章示初學以學問之方也。因上章孔子之言而類記之。

○卷子古鈔本・正平本、竝其下無爲字。亦通。

○爲仁之本　孝經云、夫孝德之本也。管子云、孝弟者仁之祖也。是也。孟子、盡心上篇云、人之所不學而能者、其良能也。所不慮而知者、其良知也。孩提之童、無不知愛其親也。及其長也、無不知敬其兄也。親親仁也。敬長義也。可知孟子亦以孝弟爲仁之本也。朱子、爲仁、猶曰行仁之解、及程子、孝弟是仁之一事云云之說、竝不可從。

有㆓孝弟㆒來。然仁主㆓於愛㆒。愛莫㆑大㆓於愛㆒㆑親。故曰、孝弟也者、其爲㆑仁之本與。

○子曰、巧言令色、鮮矣仁。巧、好。令、善也。好㆓其言㆒、善㆓其色㆒、致㆓飾於外㆒、務以悅㆑人、則人欲肆、而本心之德亡矣。聖人辭不㆓迫切㆒。專言㆑鮮、則絕無可㆑知。學者所㆑當㆓深戒㆒也。○程子曰、知㆓巧言令色之非㆒㆑仁、則知㆑仁矣。

○曾子曰、吾日三㆓省吾身㆒。爲㆑人謀而不㆑忠乎。與㆓朋友㆒交而不㆑信乎。傳㆑不㆑習乎。省、悉井反。爲、去聲。傳、平聲。○曾子、孔子弟子、名參、字子輿。盡㆑己之謂㆑忠、以㆑實之謂㆑信。傳、謂㆑受㆓之於師㆒。習、謂㆑熟㆓之於己㆒。曾子以㆓此三者㆒、日省㆓其身㆒、有則改㆑之、無則加㆑勉。其自治誠切如㆑此。可㆑謂㆑得㆓爲㆑學之本㆒矣。而三者之序、則又以㆓忠信㆒爲㆓傳習之本㆒也。○尹氏曰、曾子守約、故動必求㆓諸身㆒。謝氏曰、諸子之學、皆出㆓於聖人㆒。其後愈遠、而愈失㆓其眞㆒。獨曾子之學、專用㆓心於內㆒。故傳㆑之無㆑弊。觀㆓於子思・孟子㆒可㆑見矣。惜乎其嘉言善行、不㆔盡傳㆓於世㆒也。其幸存而未㆑泯者、學者其可㆑不㆑盡㆑心乎。

○子曰、道㆓千乘之國㆒、敬㆑事而信。節㆑用而愛㆑人、使㆑民以㆑時。道・乘、皆去聲。○道、治也。千乘、諸侯之國、其地可㆑出㆓兵車千乘㆒者也。敬者、主一無適之謂。敬㆑事而信者、敬㆓其事㆒而信㆓於

○皇侃本、仁上有㆓有字㆒。
○佐藤坦、論語欄外書云、不㆑曰㆓仁鮮矣㆒、而曰㆓鮮矣仁㆒。與㆕甚矣吾衰也、久矣吾不㆔復夢見㆓周公㆒同一例、倒裝語、寓㆓慨嘆㆒。
○三省―伊藤維楨、論語古義云、三、如㆓三復・三令之三㆒。
○卷子本・皇侃本、竝交下有㆓言字㆒。
○晉何晏、論語集解云、傳㆑不㆑習乎、言凡所㆑傳之事、得㆑無㆘素不㆓講習㆒而傳㆖之乎。可㆑從。
○包咸云、爲㆑國者、擧㆑事必敬愼、與㆑民必誠信。節㆑用者、不㆓奢侈㆒也。國以㆑民爲㆑本。故愛㆓養之㆒也。

民一也。時、謂二農隙之時一。言治レ國之要、在二此五者一。亦務レ本之意也。○程子曰、此言至淺。然當時諸侯果能レ此、亦足三以治二其國一矣。聖人言雖レ至近、上下皆通。此三言者、若推二其極一、堯舜之治、亦不レ過レ此。若二常人之言近一、則淺近而已矣。楊氏曰、上不レ敬則下慢。不レ信則下疑。下慢而疑、事不レ立矣。敬レ事而信、以レ身先レ之也。易曰、節以制レ度、不レ傷レ財、不レ害レ民。蓋侈レ用則傷レ財、傷レ財必至三於害レ民。故愛レ民必先二於節一レ用。然使レ之不レ以二其時一、則力レ本者不レ獲二自盡一。雖レ有二愛レ人之心一、而人不レ被二其澤一矣。然此特論二其所一レ存而已。未レ及レ爲レ政也。苟無二是心一、則雖レ有レ政不レ行焉。胡氏曰、凡此數者、又皆以レ敬爲レ主。愚謂、五者反復相因、各有二次第一。讀者宜二細推一レ之。

○子曰、弟子入則孝。出則弟。謹而信。汎愛レ衆而親レ仁、行有二餘力一、則以學レ文。弟子之弟、上聲。則弟之弟、去聲。○謹者、行之有レ常也。信者、言之有レ實也。汎、廣也。衆、謂二衆人一。親、近也。仁、謂二仁者一。餘力、猶レ言二暇日一。以、用也。文、謂二詩書六藝之文一。○程子曰、爲二弟子之職一、力有レ餘則學レ文。不レ修二其職一而先レ文、非二爲レ己之學一也。尹氏曰、德行、本也。文藝、末也。窮二其本末一、知レ所二先後一、可三以入二レ德矣。洪氏曰、未レ有二餘力一而學レ文、則文滅二其質一。有二餘力一而不レ學レ文、則質勝而野。愚謂、力行而不レ學レ文、則無下以考二聖賢之成法一、識中事理之當然上、而所レ行或出二於私意一。非下但失二之於野一而已上。

○子夏曰、賢レ賢トシテ易ヲヘレ色ニ、事二父母一、能竭二其力一、事レ君、

朱註楊氏—名時、字中立、號二龜山一、程門高弟。
○易曰—節卦象傳文。
○胡氏—名寅、字明仲、號二致堂一、宋建安人。
○學レ文—文者、古之遺文、指二六經一。
○安井衡云、古學者、先レ行而後レ知。人能行二此數事一、亦可三以立二レ世而無二レ愧矣。然猶未レ免レ爲二常人一。故行有二餘力一、則用學レ文、以成二輔レ世長レ民之德一。
朱註洪氏—名興祖、字慶善、宋丹陽人。
○易レ色—有二三義一。程伊川云、變二易顏色一。言

改レ容禮レ賢也。漢書、李尋傳、賢レ賢易レ色。顏師古注、輕二略女色一不レ貴レ之也。孔安國云、以二好レ色之心一好レ賢、則善也。朱子因レ之亦云、賢二人之賢一而易二其好レ色之心一。後說爲レ優。

朱註 游氏―名酢、字定夫、程門高弟。○吳氏―名棫、字才老、宋建安人。

○固―固陋也。修レ學則不二固陋一也。朱註、爲二堅固一、恐非。

能致二其身一。與二朋友一交、言而有レ信。雖レ曰レ未レ學、吾必謂二之學一矣。子夏、孔子弟子、姓卜、名商。賢二人之賢一、而易二其好レ色之心一、好レ善有レ誠也。致、猶レ委也。委二致其身一、謂レ不レ有二其身一也。四者皆人倫之大者、而行レ之必盡二其誠一。學求レ如レ是而已。故子夏言、有二能如レ是之人一、苟非二生質之美一、必其務レ學之至。雖二或以爲レ未二嘗爲レ學、我必謂二之已學一也。○游氏曰、三代之學、皆所三以明二人倫一也。能二是四者一、則於二人倫一厚矣。學之爲レ道、何以加レ此。子夏以二文學一名、而其言如レ此。則古人之所レ謂學者可レ知矣。故學而一篇、大抵皆在三於務レ本。吳氏曰、子夏之言、其意善矣。然詞氣之閒、抑揚太過。其流之弊、將三或至二於廢レ學。必若二上章夫子之言一、然後爲レ無レ弊也。

○子曰、君子不レ重則不レ威。學則不レ固。重、厚重。威、威嚴。固、堅固也。輕二乎外一者、必不レ能レ堅二乎內一。故不二厚重一、則無二威嚴一、而所レ學亦不二堅固一也。主二忠信一、人不二忠信一、則事皆無レ實。爲レ惡則易、爲レ善則難。故學者必以レ是爲レ主焉。程子曰、人道唯在二忠信一。不レ誠則無レ物。且出入無レ時、莫レ知二其鄕一者、人心也。若無二忠信一、豈復有レ物乎。無レ友二不レ如レ己者一。無、毋通。禁止辭也。友所二以輔一レ仁。不レ如レ己、則無レ益而有レ損。過則勿レ憚レ改。勿亦禁止之辭。憚、畏難也。自治不レ勇、則惡日長。故有レ過則當二速改一。不レ可二畏難而苟安一也。程子曰、學問之道無レ他也。知二其不善一、則速改以從レ善而已。○程子曰、君子自修之道、當レ如レ是也。游氏曰、君子

○鄭玄云、言夫子行二此五德一而得レ之。與二人求一レ之異。明二人君自與一レ之。

朱註過化存神—過、謂二身經歷一。化、謂二人無一レ不レ從。存、謂三心所二存主一。神、謂三意無レ不レ達。

之道、以二威重一爲レ質、而學以成レ之。學之道、必以二忠信一爲レ主、而以二勝レ己者一輔レ之。然或吝二於改一レ過、則終無二以入一レ德。而賢者亦未三必樂告以二善道一。故以二過勿一レ憚レ改終焉。

○曾子曰、愼レ終追レ遠、民德歸レ厚矣。愼レ終者、喪盡二其禮一。追レ遠者、祭盡二其誠一。民德歸レ厚、謂三下民化レ之、其德亦歸二於厚一也。蓋終者、人之所レ易レ忽也。而能謹レ之。遠者、人之所レ易レ忘也。而能追レ之。厚之道也。故以レ此自爲、則己之德厚、下民化レ之、則其德亦歸二於厚一也。

○子禽問二於子貢一曰、夫子至二於是邦一也、必聞二其政一。求レ之與、抑與レ之與。之與之與、平聲。下同。○子禽、姓陳、名亢。子貢、姓端木、名賜。皆孔子弟子。或曰、亢、子貢弟子。未レ知二孰是一。抑、反語辭。子貢曰、夫子溫良恭儉讓、以得レ之。夫子之求レ之也、其諸異二乎人之求一レ之與。溫、和厚也。良、易直也。恭、莊敬也。儉、節制也。讓、謙遜也。五者夫子之盛德光輝接二於人一者也。其諸、語辭也。人、他人也。言夫子未三嘗求二之、但其德容如レ是。故時君敬信、自以二其政一就而問レ之耳。非レ若二他人必求レ之而後得一也。聖人過化存神之妙、未レ易二窺測一。然卽レ此而觀、則其德盛禮恭、而不レ願二乎外一、亦可レ見矣。學者所レ當二潛レ心而勉學一也。○謝氏曰、學者觀二於聖人威儀之閒一、亦可二以進一レ德矣。若二子貢一、亦可レ謂三善觀二聖人一矣。亦可レ謂三善言二德行一矣。今去二聖人一千五百年。以二此五者一、想二見其形容一、尚能使二人興起一。而況於下親二炙之一者上乎。張敬夫曰、夫子至二是邦一、必聞二其政一。而未レ有二能委レ國而授レ之以レ政者一。蓋見二聖人之儀刑一、而樂レ告レ之者、秉レ彝好レ德之良心也。而私欲害レ之。是以終不レ能レ用耳。

○子曰、父在觀二其志一、父沒觀二其行一。三年無レ改二於父之道一、可レ謂レ孝矣。行、去聲。○父在、子不レ得二自專一。而志則可レ知。父沒、然後其行可レ見。故觀レ此足三以知二其人之善惡一。然又必能三年無レ改二於父之道一、乃見二其孝一。不レ然、則所レ行雖レ善、亦不レ得レ爲レ孝矣。○尹氏曰、如二其道一、雖三終身無レ改可也。如二其非レ道、何待二三年一。然則三年無レ改者、孝子之心、有レ所レ不レ忍故也。游氏曰、三年無レ改、亦謂下在レ所レ當レ改而可二以未レ改者上耳。

○有子曰、禮之用、和爲レ貴。先王之道斯爲レ美。小大由レ之。禮者、天理之節文、人事之儀則也。和者、從容不レ迫之意。蓋禮之爲レ體、雖レ嚴、然皆出二於自然之理一。故其爲レ用、必從容而不レ迫。乃爲レ可レ貴。先王之道、此其所二以爲レ美、而小事大事、無レ不レ由レ之也。有レ所レ不レ行、知レ和而和、不二以レ禮節レ之、亦不レ可レ行也。承二上文一而言。如レ此而復有レ所レ不レ行者、以三其徒知二和之爲一レ貴、而一二於和一、不二復

朱註 張敬夫ー名栻、號二南軒一。集註、於二朋友一稱レ字。○秉レ彝ー彝、常也。民所二秉執一之常性也。
○孔安國云、孝子在レ喪哀慕、猶レ若二父存一。無レ所レ改二父之道一也。
○安井衡云、禮之用レ和爲レ貴者、以下先王之道、以二此禮用一レ和爲上レ美也。此二句綱也。下則分二說之一。有レ所レ不レ行、屬二小大由一レ之而讀。安井云、之字指レ禮、大小之事、純由レ禮而行レ之、情或不レ洽、而有レ所レ不レ行、禮之所二以用一レ和爲レ貴也。此說可レ從。
○不レ可レ行也ー漢石經、無二可字一。可レ從。

以レ禮節レ之、則亦非二復禮之本然一矣。所二以流蕩忘レ反、而亦不レ可レ行也。○程子曰、禮勝則離。故禮之用、和爲レ貴。先王之道、以レ斯爲レ美。而小大由レ之。樂勝則流。故有二所レ不レ行者一。知レ和而和、不三以レ禮節レ之、亦不レ可レ行。范氏曰、凡禮之體、主二於敬一。而其用則以レ和爲レ貴。敬者、禮之所二以立一也。和者、樂之所二由生一也。若二有子一、可レ謂レ達二禮樂之本一矣。愚謂嚴而泰、和而節。此理之自然、禮之全體也。毫釐有レ差、則失二其中正一、而各倚二於一偏一。其不レ可レ行均矣。

○有子曰、信近二於義一、言可レ復也。恭近二於禮一、遠二恥辱一也。因不レ失二其親一、亦可レ宗也。

近・遠、皆去聲。○信、約レ信也。義者、事之宜也。復、踐レ言也。恭、致レ敬也。禮、節文也。因、猶レ依也。宗、猶レ主也。言約レ信而合二其宜一、則言必可レ踐矣。致レ恭而中二其節一、則能遠二恥辱一矣。所レ依者、不レ失二其可レ親之人一、則亦可二以宗一而主レ之矣。此言人之言行交際、皆當下謹二之於始一、而慮中其所上レ終。不レ然、則因仍苟且之閒、將レ有下不レ勝二其自失之悔一者上矣。

○子曰、君子食無レ求レ飽、居無レ求レ安、敏二於事一、而愼二於言一。就二有道一而正焉。可レ謂レ好レ學也已。

○好、去聲。不レ求二安飽一者、志有レ在、而不レ暇レ及也。敏二於事一者、勉二其所レ不レ足。愼二於言一者、不三敢盡二其所一レ有レ餘也。然猶不二敢自是一、而必就二有道之人一、以正二其是非一、則可レ謂レ好レ學矣。凡言

朱註范氏―名祖禹、字淳夫、程門高弟。

○復―履也。

○宗―尊也。孔安國云、因、親也。言所レ親不レ失二其親一、亦可二宗敬一也。

朱註因仍―猶二因循一也。

朱註不レ暇レ及―志在レ學、自不レ暇レ及レ求二於安飽一。

○皇侃本、樂下有二道字一。可レ從。

○安井衡云、告二諸往一而知レ來、猶レ言三告レ故而知レ新。

レ道者、皆謂下事物當然之理、人之所二共由一者上也。○尹氏曰、君子之學、能二是四者一、可レ謂二篤志力行者一矣。然不レ取二正於有道一、未レ免レ有レ差。如二楊・墨一、學二仁義一而差者也。其流至二於無レ父無レ君。謂二之好レ學可乎。

○子貢問曰、貧而無レ諂、富而無レ驕、何如。子曰、可也。未レ若二貧而樂、富而好レ禮者一也。樂、音洛。好、去聲。○諂、卑屈也。驕、矜肆也。常人溺二於貧富之中一、而不レ知レ所二以自守一。故必有二二者之病一。無レ諂無レ驕、則知二自守一矣。而未レ能レ超二乎貧富之外一也。凡曰レ可者、僅可而有レ所レ未レ盡之辭也。樂則心廣體胖、而忘二其貧一。好レ禮則安レ處レ善、樂レ循レ理、亦不三自知二其富一矣。子貢貨殖。蓋先貧後富。而嘗用二力於自守一者。故以レ此爲レ問。而夫子答レ之如レ此。蓋許三其所二已能一、而勉二其所レ未レ至也。

子貢曰、詩云、如レ切如レ磋、如レ琢如レ磨、其斯之謂與。磋、七多反。與、平聲。○詩、衞風淇澳之篇。言治二骨角一者、既切レ之、而復磋レ之。治二玉石一者、既琢レ之、而復磨レ之。治レ之已精、而益求二其精一也。子貢自以二無レ諂無レ驕爲レ至矣。聞二夫子之言一、又知下義理之無レ窮、雖レ有レ得焉、而未上レ可二遽自足一也。故引二是詩一以明レ之。

子曰、賜也、始可二與言一レ詩已矣。告二諸往一而知レ來者。往者、其所二已言一者。來者、其所レ未レ言者。○愚

○卷子本・皇侃本、患下不上、有二己字一。
○里仁篇云、不レ患レ莫二己知一、求レ爲レ可レ知也。憲問篇云、不レ患三人之不二己知一。患二己不一レ能也。衞靈公篇云、君子病レ無レ能焉。不レ病三人之不二己知一也。與二此章一同義。

按、此章問答、其淺深高下、固不レ待二辨説一而明矣。然不レ切則磋無レ所レ施、不レ琢則磨無レ所レ措。故學者雖レ不レ可下安二於小成一、而不上レ求二造レ道之極致一、亦不レ可下騖二於虛遠一、而不上レ察二切レ己之實病一也。

○子曰、不レ患三人之不二己知一。患レ不レ知レ人也。尹氏曰、君子求二在レ我者一。故不レ患三人之不二己知一。不レ知レ人、則是非邪正、或不レ能レ辨。故以爲レ患也。

爲政第二 凡二十四章。

〇子曰、爲レ政以レ德、譬如下北辰居二其所一、而衆星共上レ之。共、音拱、亦作レ拱。〇政之爲レ言正也。所三以正二人之不一レ正也。德之爲レ言得也。行レ道而有レ得二於心一也。北辰、北極、天之樞也。居二其所一不レ動也。共、向也。言衆星四面旋繞而歸二向之一也。爲レ政以レ德、則無レ爲而天下歸レ之。其象如レ此。〇程子曰、爲レ政以レ德、然後無レ爲。范氏曰、爲レ政以レ德、則不レ動而化、不レ言而信、無レ爲而成。所レ守者至簡、而能御レ煩、所レ處者至靜、而能制レ動、所レ務者至寡、而能服レ衆。

〇子曰、詩三百、一言以蔽レ之。曰、思無レ邪。詩三百十一篇。言二三百一者、擧二大數一也。蔽、猶レ蓋也。思無レ邪、魯頌駉篇之辭。凡詩之言、善者可三以感二發人之善心一、惡者可三以懲二創人之逸志一。其用歸四於使三人得二其情性之正一而已。然其言微婉、且或各因二一事一而發。求二其直指全體一、則未レ有三若レ此之明且盡者一。故夫子言、詩三百篇、而惟此一言、足三以盡二蓋其義一。其示レ人之意、亦深切矣。〇程子曰、思無レ邪者、誠也。范氏曰、學者必務レ知レ要。知レ要則能守レ約。守レ約則足二以盡一レ博矣。經禮三百、曲禮三千、亦可三以一言以蔽二之。曰、毋レ不レ敬。

〇皇侃云、學記（禮記篇名）云、君子如欲レ化レ民成レ俗、其必由レ學乎。是明三先學、後乃可二爲レ政化一レ民。故以二爲政一次二於學而一也。

〇蔽—包括得盡也。

〇思無邪—邢昺云、詩之爲レ體、論レ功頌レ德、止レ僻防レ邪。大抵皆歸二於正一。故此一句、可三以當二之也。」帆足萬里、論語標註云、思無レ邪、謂三眞情呈二露無一レ邪慝一也。亦通。

朱註 微婉—微、謂二隱微一。婉、謂二委曲一。

○子曰、道レ之以レ政、齊レ之以レ刑、民免而無レ恥。道、音導。下同。○道、猶二引導一。謂レ先レ之也。政、謂二法制禁令一也。齊、所三以一レ之也。道レ之而不レ從者、有二刑以一レ之也。免而無レ恥、謂下苟免二刑罰一而無上レ所二羞愧一。蓋雖レ不二敢爲一レ惡、而爲レ惡之心、未二嘗亡一也。道レ之以レ德、齊レ之以レ禮、有レ恥且格。禮、謂二制度品節一也。格、至也。言躬行以率レ之、則民固有レ所二觀感而興起一矣。而其淺深厚薄之不レ一者、又有二禮以一レ之、則民恥二於不善一、而又有三以至二於善一也。一說、格、正也。書曰、格二其非心一。○愚謂、政者、爲レ治之具、刑者輔レ治之法。德禮則所二以出一レ治之本、而德又禮之本也。此其相二爲終始一、雖レ不レ可二以偏廢一、然政刑能使二民遠一レ罪而已。德禮之效、則有四以使三民日遷レ善而不二自知一。故治レ民者、不レ可三徒恃二其末一、又當三深探二其本一也。

○子曰、吾十有五而志二于學一。古者十五而入二大學一。心之所レ之、謂二之志一。此所レ謂學、卽大學之道也。志二乎此一、則念念在レ此、而爲レ之不レ厭矣。三十而立。有二以自立一、則守レ之固、而無レ所レ事レ志矣。四十而不レ惑。於二事物之所一レ當レ然、皆無レ所レ疑、則知レ之明、而無レ所レ事レ守矣。五十而知二天命一。天命、卽天道之流行、而賦二於物一者。乃事物所二以當一レ然之故也。知レ此、則知極二其精一、而不レ惑、又不レ足レ言矣。六十而耳順。聲入心通、無レ所二違逆一。知レ之

○卷子本・皇侃本、二道字、竝作レ導。古字通用。

○齊—使下一齊皆歸二于善一而無上レ惡也。

朱註 書曰—冏命篇。

○其末・其本—末、謂二政刑一。本謂二德禮一。

○安井衡云、孔子以二謙讓一自持。人有二稱レ己者一、遜不二敢當一。此章既老之後、自述下十五至二七十一之事上。必不下炫二耀其德一、以示中諸人上。後儒解二此章一、率過二高妙一。恐非二孔子意一也。

○鄭玄云、耳順、聞二其言一、而知二其微旨一。

之至、不思而得也。七十而從心所欲、不踰矩。從、如字。○從、隨也。矩、法度之器、所以爲方者也。隨其心之所欲、而自不過於法度。安而行之、不勉而中也。○程子曰、孔子生而知者也。言亦由學而至、所以勉進後人也。立、能自立於斯道也。不惑、則無所疑矣。知天命、窮理盡性也。耳順、所聞皆通也。從心所欲不踰矩、則不勉而中矣。又曰、孔子自言其進德之序如此者、聖人未必然。但爲學者立法、使之盈科而後進、成章而後達耳。胡氏曰、聖人之教亦多術。然其要使人不失其本心而已。欲得此心者、惟志乎聖人所示之學、循其序而進焉。至於一疵不存、萬理明盡之後、則其日用之閒、本心瑩然、隨所意欲、莫非至理。蓋心卽體、欲卽用。體卽道、用卽義。聲爲律、而身爲度矣。又曰、聖人言此、一以示學者當優游涵泳、不可躐等而進、二以示學者當日就月將、不可半塗而廢也。愚謂、聖人生知安行、固無積累之漸。然其心未嘗自謂已至此也。是其日用之閒、必有獨覺其進、而人不及知者。故因其近似以自名。欲學者以是爲則而自勉。非心實自聖、而姑爲是退託也。後凡言謙辭之屬、意皆放此。

○孟懿子問孝。子曰、無違。孟懿子、魯大夫仲孫氏、名何忌。無違、謂不背於理。 樊遲御。子告之曰、孟孫問孝於我。我對曰、無違。樊遲、孔子弟子、名須。御、爲孔子御車也。孟孫、卽仲孫也。夫子以懿子未達而不能問、恐其失指、而以從親之令爲孝。故語樊遲以發之。 樊遲

朱註窮理盡性—見易說卦傳。謂窮天下之理、盡人物之性。此以知言。○盈科而後進云云—孟子曰、流水之爲物也、不盈科不行。君子之志於道也、不成章不達。朱子曰、言學當以漸乃能至也。盈、滿也。科、坎也。成章、所積厚而文章外見也。達者、足於此而通於彼也。

○無違—無違禮也。皇侃云、孟孫三家、僭濫違禮。故孔子以每事須禮爲答也。此三事爲人子之大禮。故特擧之也。

○其—指人子。

朱註 舊說—馬融說。

○禮記、坊記篇云、子云、小人皆能養其親。君子不敬、何以辨。與此章之義、互相發。

曰、何謂也。子曰、生事之以禮、死葬之以禮、祭之以禮。

生事葬祭、事親之始終具矣。禮、卽理之節文也。人之事親、自始至終、一於禮而不苟。其尊親也至矣。是時三家僭禮。故夫子以是警之。然語意渾然、又若不專爲三家發者。所以爲聖人之言也。○胡氏曰、人之欲孝其親、心雖無窮、而分則有限。得爲而不爲、與不得爲而爲之、均於不孝。所謂以禮者、爲其所得爲者而已矣。

○孟武伯問孝。子曰、父母唯其疾之憂。

武伯、懿子之子、名彘。言父母愛子之心、無所不至。唯恐其有疾病、常以爲憂也。人子體此、而以父母之心爲心、則凡所以守其身者、自不容於不謹矣。豈不可以爲孝乎。舊說、人子能使父母不以其陷於不義爲憂、而獨以其疾爲憂。乃可謂孝。亦通。

○子游問孝。子曰、今之孝者、是謂能養。至於犬馬、皆能有養。不敬何以別乎。

養、去聲。別、彼列反。○子游、孔子弟子、姓言、名偃。養、謂飮食供奉也。犬馬待人而食、亦若養然。言人畜犬馬、皆能有以養之。若能養其親、而敬不至、則與養犬馬者何異。甚言不敬之罪、所以深警之也。○

胡氏曰、世俗事レ親、能養足矣。狎レ恩恃レ愛、而不レ知三其漸流二於不敬一、則非二小失一也。子游、聖門高弟、未三必至レ此、聖人直恐三其愛踰二於敬一。故以レ是深警二發之一也。

○子夏問レ孝。子曰、色難。有レ事、弟子服二其勞一、有二酒食一、先生饌。曾是以爲レ孝乎。

食、音嗣。○色難、謂三事レ親之際、惟色爲レ難也。食、飯也。先生、父兄也。饌、飲二食之一也。曾、猶レ嘗也。蓋孝子之有二深愛一者、必有二和氣一。有二和氣一者、必有二愉色一。有二愉色一者、必有二婉容一。故事レ親之際、惟色爲レ難耳。服レ勞奉養、未レ足レ爲レ孝也。舊說、承二順父母之色一爲レ難。亦通。○程子曰、告二懿子一、告二衆人一者也。告二武伯一者、以三其人多二可レ憂之事一。子游能養、而或失二於敬一。子夏能直レ義、而或少二溫潤之色一。各因三其材之高下、與二其所一レ失而告レ之。故不レ同也。

○子曰、吾與レ回言、終日不レ違如レ愚。退而省二其私一、亦足二以發一。回也不レ愚。

回、孔子弟子、姓顏、字子淵。不レ違者、意不二相背一、有二聽受一而無二問難一也。私、謂二燕居獨處一。非二進見請問之時一。發、謂レ發二明所レ言之理一。愚聞二之師一曰、顏子深潛純粹、其於二聖人一、體段已具。其聞二夫子之言一、默識心融、觸處洞然、自有二條理一。故終日言、但見三其不レ違如二愚人一而已。及三退省二其私一、則見下其日用動靜語默之閒、皆足三以發二明夫子之道一、坦然由レ之而無上レ疑。然後知二其不一レ愚也。

○色—顏色也。就二人子一言。

朱註 孝子之有二深愛一者云云—出二禮記、祭義篇一。

○舊說—馬融說。

○發—孔子啓二發顏回一也。朱註、爲レ發二明夫子之道一、恐非。

○安井衡云、此顏子始學二於孔子一、孔子歎二其銳敏一而稱レ之也。若孔子熟二知顏子一之後、必不下故爲二此抑揚語一以讃上レ之。

朱註 燕居—閒暇無事之時。○聞二之師一—朱子之師、李侗、字愿中、號二延平先生一。

○子曰、視二其所一レ以、以、爲也。爲レ善者爲二君子一、爲レ惡者爲二小人一。觀二其所一レ由、觀、比レ視爲レ詳矣。由、從也。事雖レ爲レ善、而意之所二從來一者、有レ未レ善焉、則亦不レ得レ爲二君子一矣。或曰、由、行也。謂下所三以行二其所一レ爲者上也。察二其所一レ安、察、則又加レ詳矣。安、所レ樂也。所レ由雖レ善、而心之所レ樂者、不レ在二於是一、則亦僞耳。豈能久而不レ變哉。人焉廋哉。人焉廋哉。焉、於虔反。廋、所留反。○焉、何也。廋、匿也。重言以深明レ之。○程子曰、在レ己者能知レ言窮レ理、則能以レ此察レ人如二聖人一也。

○子曰、溫レ故而知レ新、可二以爲一レ師矣。溫、尋繹也。故者、舊所レ聞。新者、今所レ得。言學能時習二舊聞一、而每有二新得一、則所レ學在レ我、而其應不レ窮。故可三以爲二人師一。若夫記問之學、則無レ得二於心一、而所レ知有レ限。故學記譏二其不一レ足三以爲二人師一。正與二此意一互相發也。

○子曰、君子不レ器。器者、各適二其用一、而不レ能二相通一。成德之士、體無レ不レ具。故用無レ不レ周。非下特爲二一材一藝一而已上。

○子貢問二君子一。子曰、先行二其言一、而後從レ之。周氏曰、先行二其言一者、行二之於未レ言之前一。而後從レ之者、言二之於既行之後一。○范氏曰、子貢之患、非二言レ之難一、而行レ之難。故告レ之以レ此。

○何晏云、以、用也。言視三其所二行用一。又云、由、經也、言觀三其所二經從一。」安井衡云、此章聖人示三觀レ人之法一、必就二其所一レ易レ見而教レ之。故古注釋二以・由一、皆以二行事一而言レ之。安雖レ由レ情、然安之與レ不レ安、見二於色一、發二於辭一。比三之意中所二思念一、亦易レ見也。若每レ事欲レ觀三意之所二從來一、必至三於逆レ詐億二不信一。（憲問篇、子曰、不レ逆レ詐、不レ億二不信一云云）其不可也必矣。

朱註學記―禮記篇名。」

○皇侃云、溫、溫燖也。

朱註周氏―名孚先、宋毘陵人。

○子曰、君子周而不比。小人比而不周。比、必二反。○周、普偏也。比、偏黨也。皆與人親厚之意。但周公而比私耳。○君子小人、所爲不同。如陰陽晝夜、毎毎相反。然究其所以分、則在公私之際、毫釐之差耳。故聖人於周比和同驕泰之屬、常對擧而互言之。欲學者察乎兩閒、而審其取舍之幾也。

○子曰、學而不思則罔。思而不學則殆。不求諸心、故昏而無得。不習其事、故危而不安。○程子曰、博學・審問・愼思・明辨・篤行。五者廢其一、非學也。

○子曰、攻乎異端、斯害也已。范氏曰、攻、專治也。故治木石金玉之工曰攻。異端、非聖人之道、而別爲一端。如楊・墨是也。其率天下至於無父無君。專治而欲精之、爲害甚矣。○程子曰、佛氏之言、比之楊・墨、尤爲近理。所以其害爲尤甚。學者當如淫聲美色以遠之。不爾、則駸駸然入於其中矣。

○子曰、由、誨女知之乎。知之爲知之、不知爲不知。是知也。女、音汝。○由、孔子弟子、姓仲、字子路。子路好勇、蓋有强其所不知以爲知者。故夫子告之曰、我教女以知

朱註程子曰、博學云云―中庸第二十章、博學之、審問之、愼思之、明辨之、篤行之。

○卷子本・皇侃本、也已下、竝有矣字。

朱註楊墨―楊朱・墨翟也。楊氏以爲我爲義、而非聖人之所謂義。墨氏以兼愛爲仁、而非聖人之所謂仁。此所以其爲異端也。

○安井衡云、如子路使門人爲臣(子罕篇)及有民人焉、有社稷焉。何必讀書、然後爲

學（先進篇）有是哉子之迂也、奚其正（子路篇）之類、皆子路以不知爲知之事也。苟以不知爲知、不唯害於事、學又因以不進。故孔子特抑之。」

○學、猶問也、史記、仲尼弟子傳、作問。

朱註 仕者之奉—奉或作俸。秩祿也。

朱註 呂氏—名大臨、字與叔、程門四先生之一。

○天爵・人爵—仁義忠信、樂善不倦、此天爵也。公卿大夫、此人爵也。出孟子、告子上篇。○顏・閔—顏淵・閔子騫。」

○物茂卿云、諸、之乎也。枉與曲不同。枉者材之反張者也。直者材之良者也。蓋以積材之道爲喩。積材之道、以直者置於枉者之上、則枉者爲直者壓、

之之道乎。但所知者、則以爲知、所不知者、則以爲不知。如此則雖或不能盡知、而無自欺之蔽。亦不害其爲知矣。況由此而求之、又有可知之理乎。

○子張學干祿。子張、孔子弟子、姓顓孫、名師。干、求也。祿、仕者之奉也。子曰、多聞闕疑、愼言其餘、則寡尤。多見闕殆、愼行其餘、則寡悔。言寡尤、行寡悔、祿在其中矣。行寡之行、去聲。○呂氏曰、疑者、所未信。殆者、所未安。程子曰、尤、罪自外至者也。悔、理自內出者也。愚謂、多聞見者、學之博。闕疑殆者、擇之精。愼言行者、守之約。凡言在其中者、皆不求而自至之辭。言此以救子張之失而進之也。○程子曰、修天爵則人爵至。君子言行能謹、得祿之道也。子張學干祿、故告之以此。使定其心而不爲利祿動。若顏・閔則無此問矣。或疑如此亦有不得祿者。孔子蓋曰、耕也餒在其中。惟理可爲者爲之而已矣。

○哀公問曰、何爲則民服。孔子對曰、舉直錯諸枉、則民服。舉枉錯諸直、則民不服。哀公、魯君、名蔣。凡君問皆稱孔子對曰者、尊君也。錯、捨置也。諸、衆也。程子曰、舉錯得義、則人心服。○謝氏曰、好直而惡枉、天下之至情也。順之則服、逆之則去。必然之理也。然或無道以

照レ之、則以レ直爲レ枉、以レ枉爲レ直者多矣。是以君子大レ居レ敬、而貴レ窮レ理也。

○季康子問、使ニ民敬忠以勸一、如レ之何。子曰、臨レ之以レ莊則敬。孝慈則忠。擧レ善而敎ニ不能一、則勸。季康子、魯大夫季孫氏、名肥。莊、謂ニ容貌端嚴一也。臨レ民以レ莊、則民敬ニ於己一。孝ニ於親一、慈ニ於衆一、則民忠ニ於己一。善者擧レ之、而不能者敎レ之、則民有レ所レ勸、而樂ニ於爲レ善。○張敬夫曰、此皆在レ我所レ當レ爲。非下爲レ欲レ使ニ民敬忠以勸一而爲上レ之也。然能如レ是、則其應蓋有ニ不レ期レ然而然者一矣。

○或謂ニ孔子一曰、子奚不レ爲レ政。定公初年、孔子不レ仕。故或人疑ニ其不レ爲レ政也。子曰、書云、孝乎惟孝。友ニ于兄弟一、施ニ於有政一。是亦爲レ政。奚其爲レ爲レ政。書、周書、君陳篇。書云レ孝乎者、言ニ書之言レ孝如一レ此也。善ニ兄弟一曰レ友。書言君陳能孝ニ於親一、友ニ於兄弟一、又能推ニ廣此心一、以爲ニ一家之政一。孔子引レ之、言如レ此則是亦爲レ政矣。何必居レ位乃爲レ爲レ政乎。蓋孔子之不レ仕、有下難ニ以語ニ或人一者上。故託レ此以告レ之。要レ之至理亦不レ外レ是。

而自直矣。故他日語ニ樊遲一曰、能使ニ枉者直一。直謂ニ材之良者一。故喩ニ諸善也仁也一。枉謂ニ材之不良者一。故喩ニ諸惡也不仁也一。枉直、喩也。故當レ不レ拘ニ字義一。」

○孝慈―慈、愛也、孝ニ慈於父母一也。與ニ國語、齊語、慈ニ孝于父母一意同。朱子從ニ包咸說一、析爲下孝ニ於親一、慈中於衆上、非ニ古義一。

○書云、句。孝乎惟孝、句。包咸云レ孝乎惟孝、美ニ大孝一之辭。可レ從。

○卷子本・皇侃本、政下奚上、竝有ニ也字一。安井衡云、白虎通・後漢書、孝子傳、引ニ此文一、亦有ニ也字一。

○子曰、人而無レ信、不レ知二其可一也。大車無レ輗、小車無レ軏、其何以行レ之哉。輗、五兮反。軏、音月。○大車、謂二平地任載之車一。輗、轅端横木、縛レ軛以駕レ牛者。小車、謂二田車・兵車・乘車一。軏、轅端上曲、鉤レ衡以駕レ馬者。車無二此二者一、則不レ可二以行一。人而無レ信、亦猶レ是也。

○子張問、十世可レ知也。陸氏曰、也、一作レ乎。○王者易レ姓受レ命、爲二一世一。子張問、自レ此以後、十世之事、可二前知一乎。

子曰、殷因二於夏禮一。所二損益一可レ知也。周因二於殷禮一。所二損益一可レ知也。其或繼レ周者、雖二百世一可レ知也。馬氏曰、所レ因、謂二三綱五常一。所二損益一、謂二文質三統一。愚按、三綱、謂下君爲二臣綱一、父爲二子綱一、夫爲中妻綱上。五常、謂二仁義禮智信一。文質、謂二夏尚レ忠、商尚レ質、周尚レ文。三統、謂下夏正建レ寅爲二人統一、商正建レ丑爲二地統一、周正建レ子爲中天統上。三綱五常、禮之大體、三代相繼、皆因レ之而不レ能レ變。其所二損益一、不レ過二文章制度小過不及之閒一。而其已然之迹、今皆可レ見。則自レ今以往、或有二繼レ周而王一者、雖二百世之遠一、所レ因所レ革、亦不レ過レ此。豈但十世而已乎。聖人所二以知一レ來者、蓋如レ此。非レ若二後世讖緯術數之學一也。○胡氏曰、子張之問、蓋欲レ知レ來。而聖人言二其既往者一以明レ之也。夫自レ修レ身以至三於爲二天下一。不レ可二一日而無一レ禮。天敍天秩、人所二共由一、禮之

朱註駕—以レ車加二牛馬一也。

○卷子本・皇侃本、世下可上、竝有二亦字一。

朱註陸氏—名元朗、字德明、唐蘇州人。著二經典釋文一。

朱註馬氏—名融、東漢扶風人。○夏正—正、謂三建以爲二正月一。

本也。商不レ能レ改二乎夏一、周不レ能レ改二乎商一。所レ謂天地之常經也。若乃制度文爲、或太過、則當レ損。或不レ足、則當レ益。益レ之損レ之、與レ時宜レ之。而所レ因者不レ壞。是古今之通義也。因レ往推レ來、雖二百世之遠一、不レ過レ如レ此而已矣。

○子曰、非二其鬼一而祭レ之、諂也。非二其鬼一、謂レ非二其所一レ當レ祭之鬼一。諂、求レ媚也。見レ義不レ爲、無レ勇也。知而不レ爲、是無レ勇也。

○鄭玄云、人神曰レ鬼。非二其祖考一而祭レ之者、是諂求レ福。

○陳櫟、論語發明云、此章欲下人不レ惑二于鬼之不一レ可レ知、而惟用中力于人道之所上レ宜レ爲。他日語二樊遲一曰、務二民之義一、敬二鬼神一而遠レ之(雍也篇)亦以二鬼神一對レ義而言。

論語卷之二

八佾第三

凡二十六章。通前篇末二章、皆論禮樂之事。

○孔子謂季氏、八佾舞於庭。是可忍也、孰不可忍也。

佾、音逸。○季氏、魯大夫季孫氏也。佾、舞列也。天子八、諸侯六、大夫四、士二、每佾人數、如其佾數。或曰、每佾八人。未詳孰是。季氏以大夫而僭用天子之禮樂。孔子言、其此事尚忍爲之、則何事不可忍爲。或曰、忍、容忍也。蓋深疾之之辭。○范氏曰、樂舞之數、自上而下、降殺以兩而已。故兩之閒、不可以毫髮僭差也。孔子爲政、先正禮樂、則季氏之罪、不容誅矣。謝氏曰、君子於其所不當爲、不敢須臾處。不忍故也。而季氏忍此矣。則雖弑父與君、亦何所憚而不爲乎。

○三家者以雍徹。子曰、相維辟公、天子穆穆。

朱註 或曰—服虔之說也。佾字從人、從八肉。其爲每佾八人可知。
○或曰、忍、容忍也—本皇侃說、忍猶容耐也。安井衡云、忍字、集注屬之季氏、則專論其心術。恐非古義。馬融云、孰、誰也。蓋謂、季氏此事、而可容忍也、誰人所爲、而有不可容忍者哉。誠爲允當。此說雖非不通、以集注爲優。
○徹—通撤。

○堂―廟堂也。前章庭、亦是廟庭。蓋廟制室外爲堂、堂前爲庭。

○包咸云、言人而不仁、必不能行禮樂。

朱註 李氏―名郁、字光祖。宋人。

帆足萬里云、禮樂所以輔仁而成之。苟非其人、則爲虛器也。

朱註 孟子曰―盡心上篇。

奚取於三家之堂。徹、直列反。相、去聲。○三家、魯大夫孟孫・叔孫・季孫之家也。雍、周頌篇名。徹、祭畢而收其俎也。天子宗廟之祭、則歌雍以徹。是時三家僭而用之。相、助也。辟公、諸侯也。穆穆、深遠之意、天子之容也。此雍詩之辭。孔子引之、言三家之堂、非有此事。亦何取於此義而歌之乎。譏其無知妄作、以取僭竊之罪。○程子曰、周公之功固大矣。皆臣子之分所當爲。魯安得獨用天子禮樂哉。成王之賜、伯禽之受、皆非也。其因襲之弊、遂使季氏僭八佾、三家僭雍徹。故仲尼譏之。

○子曰、人而不仁、如禮何。人而不仁、如樂何。游氏曰、人而不仁、則人心亡矣。其如禮樂何哉。言雖欲用之、而禮樂不爲之用也。○程子曰、仁者天下之正理。失正理、則無序而不和。李氏曰、禮樂待人而後行。苟非其人、則雖玉帛交錯、鐘鼓鏗鏘、亦將如之何哉。然記者序此於八佾雍徹之後、疑其爲僭禮樂者發也。

○林放問禮之本。林放、魯人。見世之爲禮者、專事繁文、而疑其本之不在是也。故以爲問。子曰、大哉問。孔子以時方逐末、而放獨有志於本、故大其問。蓋得其本、則禮之全體、無不在其中矣。禮與其奢也寧儉。喪與其易也寧戚。易、去聲。○易、治也。孟子曰、易其田疇。在喪禮、則節文習熟、而無

朱註 汙尊而抔飲—見二禮記、禮運篇一。以說二得儉字一出、汙尊、謂三鑿レ地汙下以爲レ尊、抔飲謂二以レ手掬而飲一也。○簠簋籩豆罍爵—簠、音甫。圜器盛二黍稷一。簋、音軌。方器盛二稻粱一。籩、竹豆。豆、木豆。薦二菹醢一。罍、酒尊。爵、飮器。以上皆禮器也。○衰麻—衰、音才、同レ縗。喪服也。麻、經帶也。○徑情而直行—中井積德云、當レ作二直情而徑行一。是檀弓字面。

○包咸云、諸夏、中國也。○皇侃云、此章重二中國一、賤二蠻夷一也。言夷狄雖レ有二君主一、而不レ及二中國無一レ君也。此說得レ之。

○旅—陳也。陳二其祭事一以祈レ致レ福也。」

○卷子本・皇侃本、女下弗字、作レ不。

哀痛慘怛之實一者也。戚、則一二於哀一、而文不レ足耳。禮貴レ得レ中。奢・易則過二於文一、儉・戚則不レ及而質。二者皆未レ合レ禮。然凡物之理、必先有レ質、而後有レ文。則質乃禮之本也。○范氏曰、夫祭與二其敬不一レ足、而禮有レ餘也、不レ若三禮不レ足而敬有レ餘也。喪與二其哀不レ足而禮有レ餘也、不レ若三禮不レ足而哀有レ餘也。禮失二之奢一、喪失二之易一。皆不レ能レ反レ本、而隨二其末一故也。禮奢而備、不レ若二儉而不レ備之愈一也。喪易而文、不レ若二戚而不レ文之愈一也。儉者物之質、戚者心之誠。故爲二禮之本一。楊氏曰、禮始二諸飲食一。故汙尊而抔飲、爲二之簠簋籩豆罍爵之飾一、所二以文レ之也。則其本儉而已。喪不レ可二以徑情而直行一。爲二之衰麻哭踊之數一、所二以節レ之也。則其本戚而已。周衰、世方以レ文滅レ質。而林放獨能問二禮之本一。故夫子大レ之、而告レ之以レ此。

○子曰、夷狄之有レ君、不レ如二諸夏之亡一也。吳氏曰、亡、古無字、通用。程子曰、夷狄且有二君長一。不レ如三諸夏之僭亂、反無二上下之分一也。○尹氏曰、孔子傷二時之亂一而歎レ之也。亡、非二實亡一也。雖レ有レ之、不レ能レ盡二其道一爾。

○季氏旅二於泰山一。子謂二冉有一曰、女弗レ能レ救與。對曰、不レ能。子曰、嗚呼、曾謂二泰山不レ如二林放一乎。

女、音汝。與、平聲。○旅、祭名。泰山、山名、在二魯地一。禮、諸侯祭二封内山川一。季氏祭レ之、僭也。冉有、孔子弟子、名求。時爲二季氏宰一。救、謂レ救三其陷二於僭竊之罪一。嗚呼、歎辭。言神不享非禮。欲季氏知其無益而自止。又進林放、以厲冉有也。○范氏曰、冉有從季氏。夫子豈不知其不可告也。然而聖人不輕絕人、盡己之心。安知冉有之不能救、季氏之不可諫也。既不能正、則美林放以明泰山之不可誣。是亦教誨之道也。

○子曰、君子無所爭。必也射乎。揖讓而升、下而飲。其爭也君子。飲、去聲。○揖讓而升者、大射之禮、耦進三揖而後升堂也。下而飲、謂射畢揖降、以俟衆耦皆降、勝者乃揖不勝者升、取觶立飲也。言君子恭遜、不與人爭。惟於射而後有爭。然其爭也、雍容揖遜乃如此。則其爭也君子。而非若小人之爭矣。

○子夏問曰、巧笑倩兮。美目盼兮。素以爲絢兮、何謂也。倩、七練反。盼、普莧反。絢、呼縣反。○此逸詩也。倩、好口輔也。盼、目黑白分也。素、粉地、畫之質也。絢、采色、畫之飾也。言人有此倩盼之美質。而又加以華采之飾。如有素地而加采色也。子夏疑其反謂以素爲飾。故問之。子曰、繪事後素。繪、胡對反。○繪事、繪畫之事也。後素、後於素也。考工記曰、繪畫之事、後素功。謂先以粉地爲質、而後施五采。猶人有美質、然後可加文飾。曰、禮後乎。子曰、起予者商也。始可與言詩已矣。禮必以忠

○必也射乎—清儒閻若璩、四書釋地云、必也、決辭。乎、疑辭。一句中具有二義。必也聖乎。必也使無訟乎。必也正名乎。必也親喪乎。皆然。

○後素—新古二註、其說不同。鄭玄曰、繪畫文也。凡繪畫、先布衆色、然後以素分布其閒、以成其文。喻美女雖有倩盼美質、亦須禮以成之。與考工記、凡畫繢之事、後素功同意。可從。

信一爲レ質。猶下繪事必以二粉素一爲上先。起、猶レ發也。起レ予、言能起二發我之志意一。謝氏曰、子貢因レ論レ學而知レ詩。子夏因レ論レ詩而知レ學。故皆可二與言一レ詩。○楊氏曰、甘受レ和、白受レ采。忠信之人、可二以學一レ禮。苟無二其質一、禮不二虛行一。此繪事後レ素之說也。孔子曰二繪事後一レ素、而子夏曰二禮後乎一。可レ謂三能繼二其志一矣。非下得二之言意之表一者上能レ之乎。商・賜可二與言一レ詩者以レ此。若夫玩二心於章句之末一、則其爲レ詩也固而已矣。所レ謂起レ予、則亦相長之義也。

○子曰、夏禮吾能言レ之、杞不レ足レ徵也。殷禮吾能言レ之、宋不レ足レ徵也。文獻不レ足故也。足則吾能徵レ之矣。

杞、夏之後。宋、殷之後。徵、證也。文、典籍也。獻、賢也。言二代之禮、我能言レ之。而二國不レ足二取以爲一レ證。以二其文獻不一レ足故也。文獻若足、則我能取レ之以證二吾言一矣。

○子曰、禘自二既灌一而往者、吾不レ欲レ觀レ之矣。

禘、大計反。

○趙伯循曰、禘、王者之大祭也。王者既立二始祖之廟一、又推下始祖所二自出一之帝上、祀二之於始祖之廟一、而以二始祖一配レ之也。成王以三周公有二大勳勞一、賜二魯重祭一。故得レ禘二於周公之廟一、以二文王一爲二所レ出之帝一、而周公配レ之。然非レ禮矣。灌者、方二祭之始一、用二鬱鬯之酒一、灌レ地以降レ神也。魯之君臣、當二此之時一、誠意未レ散。猶有レ可レ觀。自レ此以後、則浸

○安井衡云、中庸（第二十九章）上焉者（謂二時王以前一）雖レ善無レ徵。無レ徵不レ信。不レ信民弗レ從。此言不レ足レ徵、意與二中庸一同。集注訓レ證、是也。

○中井積德、論語逢原云、禘、天子諸侯皆有レ之、但其禮殊耳。夫子不レ欲レ觀者、以三魯用二天子大禘禮一故也。

朱註 趙伯循—名匡、唐河東人。○鬱鬯—釀レ秬爲レ酒、煮二鬱金香草一和レ之。其氣芬芳條暢也。秬、黑黍也。

○如レ在―孔安國云、言事レ死如レ事レ生也。

朱註 外神―謂二天地・山川・社稷等百神一。

朱註 齊―同レ齋。

以解怠、而無レ足レ觀矣。蓋魯祭非レ禮。孔子本不レ欲レ觀。至レ此而失レ禮之中、又失レ禮焉。故發二此歎一也。○謝氏曰、夫子嘗曰、我欲レ觀二夏道一。是故之レ杞而不レ足レ徵也。我欲レ觀二商道一。是故之レ宋而不レ足レ徵也。又曰、我觀二周道一、幽厲傷レ之。吾舍レ魯何適矣。魯之郊禘、非レ禮也。周公其衰矣。考二之杞・宋一已如レ彼、考二之當今一又如レ此。孔子所二以深歎一也。

○或問二禘之說一。子曰、不レ知也。知二其說一者之於二天下一也、其如レ示二諸斯一乎、指二其掌一。先王報レ本追レ遠之意、莫レ深二於禘一。非二仁孝誠敬之至一、不レ足二以與一レ此。非二或人之所一レ及也。而不レ王不レ禘之法、又魯之所レ當レ諱者、故以レ不レ知答レ之。示、與レ視同。指二其掌一、弟子記二夫子言レ此而自指二其掌一。言二其明且易一也。蓋知二禘之說一、則理無レ不レ明、誠無レ不レ格。而治二天下一不レ難矣。聖人於レ此、豈眞有レ所レ不レ知也哉。

○祭如レ在。祭レ神如二神在一。程子曰、祭、祭二先祖一也。祭レ神、祭二外神一也。祭レ先主二於孝一、祭レ神主二於敬一。愚謂、此門人記二孔子祭祀之誠意一。

子曰、吾不レ與レ祭、如レ不レ祭。與、去聲。○又記二孔子之言一以明レ之。言己當二祭之時一、或有レ故不レ得レ與、而使二他人攝一レ之、則不レ得レ致二其如レ在之誠一。故雖二已祭一、而此心缺然如レ未二嘗祭一也。○范氏曰、君子之祭、七日戒、三日齊。必見二所レ祭者一、誠之至也。是故郊則天神格、廟則人鬼享。皆由レ己以致レ之也。有二其誠一則有二其神一。無二其誠一則無二其神一。可レ不レ謹乎。吾不レ與レ祭、如レ不レ祭。誠爲レ實、禮爲レ虛也。

〇王孫賈問曰、與其媚於奧、寧媚於竈。何謂也。王孫賈、衞大夫。媚、親順也。室西南隅爲奧。竈者、五祀之一、夏所祭也。凡祭五祀、皆先設主而祭於其所、然後迎尸而祭於奧。略如祭宗廟之儀。如祀竈、則設主於竈陘、祭畢而更設饌於奧、以迎尸也。故時俗之語、因以奧有常尊、而非祭之主。竈雖卑賤而當時用事。喩自結於君、不如阿附權臣也。賈、衞之權臣。故以此諷孔子。子曰、不然。獲罪於天、無所禱也。天、即理也。其尊無對、非奧・竈之可比也。逆理、則獲罪於天矣。豈媚於奧・竈、所能禱而免乎。言但當順理。非特不當媚竈。亦不可媚於奧也。〇謝氏曰、聖人之言、遜而不迫、使王孫賈而知此意、不爲無益。使其不知、亦非所以取禍。

〇子曰、周監於二代、郁郁乎文哉。吾從周。郁、於六反。〇監、視也。二代、夏・商也。言其視二代之禮而損益之。郁郁、文盛貌。〇尹氏曰、三代之禮、至周大備。夫子美其文而從之。

〇子入大廟、每事問。或曰、孰謂鄹人之子知禮乎。入大廟、每事問。子聞之曰、是禮也。大、音泰。鄹、側留反。〇

朱註 五祀—禮記、月令、孟春之月其祀戸。孟夏祀竈、中央祀中霤、孟秋祀門、孟冬祀行。〇尸—古者祭必有尸。蓋使生人服鬼神之服、居鬼神之位、使鬼神馮之而饗飲食也。

〇安井衡云、時王之禮、天下所循守。而特言吾從周者、亦述制作取舍之意。非今日所行也。

〇安井衡云、凡始仕執事、當每事問之。恐其有錯謬也。故古有此禮。不獨助祭也。

○射不レ主レ皮—尊レ德也。

朱註 記曰—禮記、樂記篇。

○爾—唐石經・皇侃本、竝作レ汝。

大廟、魯周公廟。此蓋孔子始仕之時、入而助レ祭也。鄹、魯邑名。孔子父叔梁紇、嘗爲二其邑大夫一。孔子自レ少、以レ知レ禮聞。故或人因レ此而譏レ之。孔子言二是禮一者、敬謹之至、乃所三以爲二レ禮也。○尹氏曰、禮者敬而已矣。雖レ知亦問、謹之至也。其爲レ敬莫レ大二於此一。謂二之不一レ知レ禮者、豈足三以知二孔子一哉。

○子曰、射不レ主レ皮。爲二力不一レ同レ科。古之道也。爲、去聲。○射不レ主レ皮、鄉射禮文。爲二力不一レ同レ科、孔子解二禮之意一如レ此也。皮、革也。布侯而棲二革於其中一、以爲レ的。所レ謂鵠也。科、等也。古者射以觀レ德。但主二於中一、而不レ主三於貫二レ革。蓋以三人之力有二強弱不一レ同レ等也。記曰、武王克レ商、散レ軍郊射、而貫レ革之射息。正謂レ此也。周衰禮廢、列國兵爭、復尙レ貫レ革。故孔子歎レ之。○楊氏曰、中可二以學而能一、力不レ可二以強而至一。聖人言二古之道一、所三以正二今之失一。

○子貢欲レ去二告朔之餼羊一。去、起呂反。告、古篤反。餼、許氣反。○告朔之禮、古者天子常以二季冬一頒二來歲十二月之朔于諸侯一。諸侯受而藏二之祖廟一。月朔、則以二特羊一告レ廟、請而行レ之。餼、生牲也。魯自二文公一始不レ視レ朔。而有司猶供二此羊一。故子貢欲レ去レ之。

子曰、賜也爾愛二其羊一。我愛二其禮一。愛、猶レ惜也。子貢蓋惜二其無一レ實而妄費。然禮雖レ廢羊存、猶得三以識二レ之而可レ復焉。若併去二其羊一、則此禮遂亡矣。孔子所二以惜一レ之。○楊氏曰、告朔、諸侯所三以稟二命於君親一。禮之大者、魯不レ視レ朔矣。然羊存則告朔之名未泯。而其實因可擧。此夫子所以惜之也。

〇子曰、事君盡禮、人以爲諂也。黄氏曰、孔子於事君之禮、非有所加也。如是而後盡爾。時人不能、反以爲諂。故孔子言之、以明理之當然也。〇程子曰、聖人事君盡禮、當時以爲諂。若他人言之、必曰我事君盡禮、小人以爲諂。而孔子之言、止於如此。聖人道大德宏、此亦可見。

〇定公問、君使臣、臣事君、如之何。孔子對曰、君使臣以禮、臣事君以忠。定公、魯君、名宋。二者皆理之當然、各欲自盡而已。〇呂氏曰、使臣不患其不忠、患禮之不至。事君不患其無禮、患忠之不足。尹氏曰、君臣以義合者也。故君使臣以禮、則臣事君以忠。

〇子曰、關雎樂而不淫。哀而不傷。樂、音洛。〇關雎、周南國風、詩之首篇也。淫者、樂之過而失其正者也。傷者、哀之過而害於和者也。關雎之詩、言后妃之德、宜配君子。求之未得、則不能無寤寐反側之憂。求而得之、則宜其有琴瑟鐘鼓之樂。蓋其憂雖深、而不害於和。其樂雖盛、而不失其正。故夫子稱之如此。欲學者玩其辭、審其音、而有以識其性情之正也。

朱註 黄氏—名祖舜、字繼道、宋三山人。
〇物茂卿云、此章之言、爲魯發矣。三家强、而公室弱。人皆附三家、而輕公室、習以爲常。故以孔子爲諂者有之。而孔子違俗、而必盡其禮。亦所以張公室抑三家也。

〇孔安國云、樂不至淫、哀不至傷、言其和也。

朱註 琴瑟—樂之小者。
〇鐘鼓—樂之大者。

○哀公問二社於宰我一。宰我對曰、夏后氏以レ松、殷人以レ柏、周人以レ栗。曰、使二民戰栗一。宰我、孔子弟子、名予。三代之社不レ同者、古者立レ社、各樹二其土之所レ宜木一以爲レ主也。戰栗、恐懼貌。宰我又言、周所三以用二栗之意如レ此。豈以三古者戮二人於社一、故附二會其說一與。

子聞レ之曰、成事不レ說、遂事不レ諫、既往不レ咎。遂事、謂二事雖レ未レ成而勢不レ能レ已者一。孔子以下宰我所レ對、非二立レ社之本意一、又啓二時君殺伐之心一、而其言已出、不レ可二復救一、故歷二言此一以深責レ之。欲レ使レ謹二其後一也。○尹氏曰、古者各以二所レ宜木一名二其社一。非レ取二義於木一也。宰我不レ知而妄對。故夫子責レ之。

○子曰、管仲之器小哉。管仲、齊大夫、名夷吾。相二桓公一霸二諸侯一。器小、言其不レ知二聖賢大學之道一。故局量褊淺、規模卑狹、不レ能三正レ身修レ德、以致二主於王道一。

或曰、管仲儉乎。曰、管氏有二三歸一。官事不レ攝。焉得レ儉。焉、於虔反。○或人蓋疑二器小之爲一レ儉。三歸、臺名。事見二說苑一。攝、兼也。家臣不レ能レ具レ官。一人常兼二數事一。管仲不レ然。皆言二其侈一。

然則管仲知レ禮乎。曰、邦君樹シテ塞グレ門ヲ。

○社—土地神主也。問レ社、問下所二以立一レ社之義上也。

○夏后氏—夏時、諸侯以上稱レ后。而夏爲二天子一。故尊稱二夏后氏一。

朱註 戮二人於社一—行軍、則載二社主一以行。弗レ用レ命、則戮二之於社一也。書經、甘誓篇、用レ命賞二于祖一、不レ用レ命、戮二于社一。

○皇侃云、師說云、成、是其事自初成之時。遂、是其事既行之日。既往、指二其事已過之後一也。事初成、不レ可二解說一、事正行、不レ可二諫止一。事已過、不レ可二追咎一也。

○陸隴其云、器小二字、夫子斷二盡管仲一生心術一。

○三歸—包咸云、三歸、娶二三姓女一。婦人謂レ嫁、曰レ歸。亦通。

朱註好會—諸侯相朝會也。○蘇氏—名軾、字子瞻、號二東坡一。宋眉山人。○內變六人—左傳僖公十七年、齊侯好レ內。多二內寵一。內嬖如二夫人一者六人。○以二詭遇一爲レ功云云—詭遇、御者廢レ法而與レ禽遇也。譬二之不レ由レ道而謀レ利計レ功也。爲レ之範、御レ車合二法度一也。譬二之正レ義明レ道也。見二孟子、滕文公下篇一。○皇侃本、知也下、有二已字一。似レ長。○安井衡云、翕如、衆音竝作而盛也。純如、聲和如レ一也。皦如、不レ相二奪倫一也。以成、讀如二簫韶九成（書經、益稷篇）之成一。

管氏亦樹塞レ門。邦君爲二兩君之好一。有二反坫一。管氏亦有二反坫一。管氏而知レ禮、孰不レ知レ禮。好、去聲。坫、丁念反。○或人又疑二不レ儉爲レ知レ禮、屏謂二之樹一。塞、猶レ蔽也。設二屏於門一、以蔽二內外一也。好、謂二好會一。坫、在二兩楹之閒一。獻酬飲畢、則反二爵於其上一。此皆諸侯之禮、而管仲僭レ之、不レ知レ禮也。○愚謂、孔子譏二管仲之器小一、其旨深矣。或人不レ知而疑二其儉一。故斥二其奢一以明二其非レ儉。或又疑二其知レ禮。故又斥二其僭一以明二其不レ知レ禮。蓋雖レ不四復明言二小器之所三以然一、而其所二以小一者、於レ此亦可レ見矣。故程子曰、奢而犯レ禮、其器之小可レ知。蓋器大則自知レ禮、而無二此失一矣。此言當二深味一也。蘇氏曰、自二修レ身正レ家。以及二於國一、則其本深。其及者遠。是謂二大器一。揚雄所レ謂大器猶二規矩準繩一。先自治而後治レ人者是也。管仲三歸反坫、桓公內變六人、而霸二天下一。其本固已淺矣。管仲死、桓公薨、天下不二復宗レ齊。楊氏曰、夫子大二管仲之功一而小二其器一。蓋非二王佐之才一。雖下能合二諸侯一正中天下上、其器不レ足レ稱也。道學不レ明、而王霸之略、混爲二一途一。故聞二管仲之器小一、則疑二其爲レ儉。以レ不レ儉告レ之、則又疑二其知レ禮。蓋世方以二詭遇一爲レ功、而不レ知二爲レ之範一。則不レ悟二其小一宜矣。

○子語二魯大師樂一曰、樂其可レ知也。始作、翕如也。從レ之純如也。皦如也。繹如也。以成。語、去聲。大、音泰。從、音縱。○

語、告也。大師、樂官名。時音樂廢缺。故孔子敎㆑之。翕、合也。從、放也。純、和也。皦、明也。繹、相續不㆑絕也。成、樂之一終也。○謝氏曰、五音六律不㆑具、不㆑足㆓以爲ヮ樂。翕如、言㆓其合㆒也。五音合矣。清濁高下、如㆓五味之相濟而後和㆒。故曰㆓純如㆒。合而和矣。欲㆓其無ヮ相㆓奪倫㆒。故曰㆓皦如㆒。然豈宮自宮、而商自商乎。不㆓相反㆒而相連、如㆑貫㆑珠可也。故曰㆓繹如也、以成㆒。

○儀封人請㆑見。曰、君子之至㆓於斯㆒也、吾未㆓嘗不ヮ得㆑見也。從者見㆑之。出曰、二三子何患㆓於喪㆒乎。天下之無㆑道也久矣。天將㆘以㆓夫子㆒爲㆗木鐸㆖。

請㆑見・見㆑之之見、賢遍反。從・喪、皆去聲。○儀、衞邑。封人、掌㆓封疆㆒之官。蓋賢而隱㆓於下位㆒者也。君子、謂㆓當時賢者㆒。至㆑此皆得㆑見㆑之、自言㆓其平日不ヮ見㆑絕㆓於賢者㆒、而求㆓以自通㆒也。見㆑之、謂㆓通使ヮ得㆑見。喪、謂㆓失㆑位去ヮ國。禮曰、喪欲㆓速貧㆒、是也。木鐸、金口木舌、施㆓政敎㆒時、所㆓振以警ヮ衆者也。言亂極當㆑治。天必將㆑使㆓夫子得㆑位設ヮ敎。不㆓久失㆒㆑位也。封人一見㆓夫子㆒、而遽以㆑是稱㆑之。其所㆑得㆓於觀感之閒㆒者深矣。或曰、木鐸所㆓以徇㆓於道路㆒。言天使ヮ夫子失㆑位、周㆓流四方㆒以行㆓其敎㆒、如㆛木鐸之徇㆚於道路㆙也。

○子謂㆑韶、盡㆑美矣。又盡㆑善也。謂㆑武、盡㆑美矣。未

○木鐸―皇侃云、鐸以㆓銅鐵㆒爲㆑之。若行㆓武敎㆒、則用㆓銅鐵㆒爲㆑舌。若行㆓文敎㆒、則用㆑木爲㆑舌。謂㆓之木鐸㆒。

朱註 禮曰、喪欲㆓速貧㆒―禮記、檀弓上篇、喪欲㆓速貧㆒、死欲㆓速朽㆒。註云、仕而失㆑位曰㆑喪。

盡ㇾ善也。韶、舜樂。武、武王樂。美者、聲容之盛。善者、美之實也。舜紹ㇾ堯致ㇾ治、武王伐ㇾ紂救ㇾ民。其功一也。故其樂皆盡ㇾ美。然舜之德、性ㇾ之也。又以二揖遜一而有二天下一。武王之德、反ㇾ之也。又以二征誅一而得二天下一。故其實有二不ㇾ同者一。○程子曰、成湯放ㇾ桀。惟有ㇾ慙ㇾ德。武王亦然。故未ㇾ盡ㇾ善。堯舜湯武、其揆一也。征伐非二其所一ㇾ欲、所ㇾ遇之時然爾。

○子曰、居ㇾ上不ㇾ寬。爲ㇾ禮不ㇾ敬。臨ㇾ喪不ㇾ哀。吾何以觀ㇾ之哉。居ㇾ上主二於愛一ㇾ人。故以ㇾ寬爲ㇾ本。爲ㇾ禮以ㇾ敬爲ㇾ本。臨ㇾ喪以ㇾ哀爲ㇾ本。既無二其本一、則以二何者一而觀二其所ㇾ行之得失一哉。

○里レ仁一解、以レ里爲二居字之義一。孟子、公孫丑上篇、孔子曰、里レ仁爲レ美。擇不レ處レ仁、焉得レ智。夫仁天之尊爵也。人之安宅也。莫二之禦一而不仁、是不智也。趙注云、里、居也。可レ從。

○伊藤維楨云、仁者之於レ仁、猶二身之安レ衣、足之安一レ履。須臾離焉則不レ能レ樂。是之謂レ安。知者之於レ仁、猶二病者之利レ藥、疲者之利一レ車。雖レ不レ能二常與レ此相安一、然深知二其爲一レ美而不レ捨。是之謂レ利。

○物茂卿云、大學曰、民

里仁第四

凡二十六章。

○子曰、里レ仁爲レ美。擇不レ處レ仁、焉得レ知。處、上聲。焉、於虔反。知、去聲。

○里有二仁厚之俗一爲レ美。擇レ里而不レ居二於是一焉、則失二其是非之本心一、而不レ得レ爲レ知矣。

○子曰、不仁者不レ可二以久處一レ約。不レ可二以長處一レ樂。仁者安レ仁、知者利レ仁。樂、音洛。知、去聲。○約、窮困也。利、猶レ貪也。蓋深知篤好、而必欲レ得レ之也。不仁之人、失二其本心一。久約必濫、久樂必淫。惟仁者則安二其仁一、而無レ適不レ然。知者則利二於仁一、而不レ易レ所レ守。蓋雖二深淺之不一レ同、然皆非三外物所二能奪一矣。○謝氏曰、仁者心無二內外遠近精粗之閒一。非レ有レ所レ存而自不レ亡。非レ有レ所レ理而自不レ亂。如二目視而耳聽、手持而足行一也。知者謂二之有一レ所レ見則可。謂二之有一レ所レ得則未レ可。有レ所レ存斯不レ亡。有レ所レ理斯不レ亂。未レ能レ無レ意也。安レ仁則一、利レ仁則二。安レ仁者、非下顏・閔以上、去二聖人一爲上レ不レ遠、不レ知二此味一也。諸子雖レ有二卓越之才一、謂二之見一レ道不レ惑則可。然未レ免二於利一レ之也。

○子曰、惟仁者能好レ人、能惡レ人。好・惡、皆去聲。○惟之爲レ言獨也。蓋無二私心一、然後之所ㇾ好好ㇾ之、民之所ㇾ惡惡ㇾ之。此之謂二民之父母一。是也。

〇物茂卿云、得二富貴一之道、即仁也。得二貧賤一之道、即不仁也。不仁而得二富貴一、是不ㇾ以二其道一也。仁而得二貧賤一、是不ㇾ以二其道一也。

〇片山世璠（兼山）論語一貫云、荀子、性惡篇曰、仁之所ㇾ在無二貧窮一、仁之所ㇾ亡無二富貴一、亦此意也。

〇造次―邢昺云、猶ㇾ言二草次一。鄭玄云、倉卒也。皆迫促不ㇾ暇之意。

好惡當二於理一。程子所ㇾ謂得二其公正一是也。〇游氏曰、好ㇾ善而惡ㇾ惡、天下之同情。然人每失二其正一者、心有ㇾ所ㇾ繫、而不ㇾ能二自克一也。惟仁者無二私心一。所二以能好惡一也。

〇子曰、苟志二於仁一矣、無ㇾ惡也。惡、如ㇾ字。〇苟、誠也。志者、心之所ㇾ之也。其心誠在二於仁一、則必無二爲ㇾ惡之事一矣。〇楊氏曰、苟志二於仁一、未三必無二過擧一也。然而爲ㇾ惡則無矣。

〇子曰、富與ㇾ貴、是人之所ㇾ欲也。不下以二其道一得上ㇾ之、不ㇾ處也。貧與ㇾ賤、是人之所ㇾ惡也。不下以二其道一得𪜈之、不ㇾ去也。惡、去聲。〇不下以二其道一得𪜈之、謂二不ㇾ當ㇾ得而得ㇾ之。然於二富貴一則不ㇾ處。於二貧賤一則不ㇾ去。君子之審二富貴一而安二貧賤一也如ㇾ此。君子去ㇾ仁、惡(クニカ)乎成(サン)ㇾ名(ヲ)。惡、平聲。〇言君子所二以爲二君子一、以二其仁一也。若貪二富貴一而厭二貧賤一、則是自離二其仁一而無二君子之實一矣。何所ㇾ成二其名一乎。君子無二終食之閒違ㇾ仁、造次必於ㇾ是、顚沛必於ㇾ是。造、七到反。沛、音貝。〇終食者、一飯之頃。造次、急遽苟且之時。顚沛、傾覆流離之際。蓋君子之不ㇾ去二乎仁一如ㇾ此。不二但富貴貧賤取舍之閒而已一也。〇言君子爲ㇾ仁、自二富貴貧賤取舍之閒一、以至三於終食造次顚沛之頃一、無ㇾ時無二處而不ㇾ用二其力一也。然取舍之分明、然後存養之功

〇好レ仁者無二以尚一レ之｜性好レ仁者、爲二德之最上一。他行無二以更加一レ之。
〇悪二不仁一者云云｜孔安國云、言悪二不仁一者、能使三不仁者不一レ加二非義於己一。不レ如下好レ仁者、無二以尚一之爲レ優。
〇不仁者｜謂二不仁之人一。朱註、曰二不仁之事一、不可。

密。存養之功密、則其取舍之分益明矣。

〇子曰、我未レ見下好レ仁者、悪二不仁一者上。好レ仁者、無二以尚一レ之。悪二不仁一者、其爲レ仁矣。不レ使三不仁者加二乎其身一。好・悪、皆去聲。〇夫子自言、未レ見下好レ仁者、悪二不仁一者上。蓋好レ仁者、眞知二仁之可一レ好。故天下之物、無三以加一レ之。悪二不仁一者、眞知二不仁之可一レ悪。故其所二以爲一レ仁者、必能絶二去不仁之事一、而不レ使二少有一レ及二於其身一。此皆成德之事、故難二得而見一レ之也。有三能一日用二其力於仁一矣乎、我未レ見二力不レ足者一。言好レ仁悪二不仁一者、雖レ不レ可レ見、然或有三人果能一且奮然用二力於仁一、則我又未レ見二其力有レ不レ足者一。蓋爲レ仁在レ己。欲レ之則是。而志之所レ至、氣必至焉。故仁雖レ難レ能、而至レ之亦易也。蓋有レ之矣、我未二之見一也。蓋、疑辭。有レ之、謂レ有二用レ力而力不レ足者一。蓋人之氣質不レ同。故疑亦容三或有二此昏弱之甚、欲レ進而不レ能者一。但我偶未二之見一耳。蓋不三敢終以爲一レ易。而又歎四人之莫三肯用二力於仁一也。〇此章言、仁之成德、雖レ難二其人一、然學者苟能實用二其力一、則亦無二不レ可レ至之理一。但用レ力而不レ至者、今亦未レ見二其人一焉。夫子所三以反覆而歎二息之一也。

朱註 掾以ニ親故一云云—後漢書、吳祐傳、嗇夫孫性、私賦ニ民錢一、市レ衣以進ニ其父一。(中略)祐曰、掾以ニ親故一、受ニ汙辱之名一云云、掾、音遠、屬官也。

○漢書、夏侯勝傳云、夏侯勝・黃霸、坐レ事繫レ獄。霸欲ニ從レ勝受ニ尙書一。勝辭以ニ罪死一。霸曰、朝聞レ道、夕死可矣。勝賢ニ其言一、遂授レ之。

朱註 春秋傳—僖公五年。

○子曰、人之過也、各於ニ其黨一。觀レ過斯知レ仁矣。黨、類也。程子曰、人之過也、各於ニ其類一。君子常失ニ於厚一、小人常失ニ於薄一。君子過ニ於愛一、小人過ニ於忍一。尹氏曰、於レ此觀レ之、則人之仁不仁可レ知矣。○吳氏曰、後漢吳祐謂、掾以ニ親故一受ニ汙辱之名一、所レ謂觀レ過知レ仁是也。愚按、此亦但言四人雖レ有レ過、猶可三卽レ此而知ニ其厚薄一。非レ謂下必俟ニ其有一レ過、而後賢否可上レ知也。

○子曰、朝聞レ道、夕死可矣。道者、事物當然之理。苟得レ聞レ之、則生順死安、無ニ復遺恨一矣。朝夕、所三以甚言ニ其時之近一。○程子曰、言人不レ可ニ以不一レ知レ道。苟得レ聞レ道、雖レ死可也。又曰、皆實理也。人知而信者爲レ難。死生亦大矣。非ニ誠有一レ所レ得、豈以ニ夕死一爲レ可乎。

○子曰、士志ニ於道一、而恥ニ惡衣惡食一者、未レ足ニ與議一也。心欲レ求レ道、而以ニ口體之奉不一レ若レ人爲レ恥。其識趣之卑陋甚矣。何足ニ與議ニ於道一哉。○程子曰、志ニ於道一而心役ニ乎外一、何足ニ與議一也。

○子曰、君子之於ニ天下一也、無レ適也。無レ莫也。義ニ之與レ比（シタガフ）。適、丁歷反。比、必二反。○適、專主也。春秋傳曰、吾誰適從、是也。莫、不レ肯也。比、從也。○謝氏曰、適、可也。莫、不可也。無レ可無ニ不可一、苟無ニ道以主一レ之、不レ幾ニ於猖狂自恣一乎。此老佛之學、所下以自謂ニ心無レ所レ住而能應一レ變、而卒得中罪於聖人上也。聖人之學不レ然。於下無レ可無ニ不可一之閒上、有レ義存焉。然則君子之

○惠、恩惠也。
○晉人、李充(弘度)云、君導レ之以レ德、則民安二其居一而樂二其俗一(中略)齊レ之以レ刑、則民懷二惠利一矣。云云。」物茂卿云、君子小人、以レ位言。二說亦通。
朱註 思念—念念不レ忘也。
朱註 孔氏—名安國、西漢人、孔子十一世孫。
○安井衡云、讓者、禮之實也。能行レ禮、故曰二禮讓一。苟不レ讓、則禮虛文而已。安能用以治レ國。故曰、如レ禮何。
○羣書治要、國下如上、有二乎字一。
○皇侃云、言何患レ無

心、果有レ所レ倚乎。

○子曰、君子懷レ德、小人懷レ土。君子懷レ刑、小人懷レ惠。懷、思念也。懷レ德、謂レ存二其固有之善一。懷レ土、謂レ溺二其所レ處之安一。懷レ刑、謂レ畏レ法。懷レ惠、謂レ貪レ利。君子小人、趣向不レ同、公私之閒而已矣。○尹氏曰、樂レ善惡二不善一、所三以爲二君子一。苟安務レ得、所三以爲二小人一。

○子曰、放二於利一而行、多レ怨。放、上聲。○孔氏曰、放、依也。多レ怨、謂二多取レ怨。○程子曰、欲レ利二於己一、必害二於人一。故多レ怨。

○子曰、能以二禮讓一爲レ國乎、何有。不レ能下以二禮讓一爲上レ國、如レ禮何。讓者、禮之實也。何有、言レ不レ難也。言有二禮之實一以爲レ國、則何難之有。不レ然、則其禮文雖レ具、亦且無二如レ之何一矣。而況於レ爲レ國乎。

○子曰、不レ患レ無レ位。患レ所二以立一。不レ患レ莫二己知一。求

爲可知也。所以立、謂所以立乎其位者。可知、謂可以見知之實。○程子曰、君子求其在己者而已矣。

○子曰、參乎、吾道一以貫之。曾子曰、唯。參、所金反。唯、上聲。○參乎者、呼曾子之名而告之。貫、通也。唯者、應之速而無疑者也。聖人之心、渾然一理、而泛應曲當、用各不同。曾子於其用處、蓋已隨事精察而力行之。但未知其體之一爾。夫子知其眞積力久、將有所得。是以呼而告之。曾子果能默契其指、卽應之速而無疑也。子出。門人問曰、何謂也。曾子曰、夫子之道、忠恕而已矣。盡己之謂忠、推己之謂恕。而已矣者、竭盡而無餘之辭也。夫子之一理渾然、而泛應曲當、譬則天地之至誠無息、而萬物各得其所也。自此之外、固無餘法。而亦無待於推矣。曾子有見於此、而難言之。故借學者盡己推己之目、以著明之。欲人之易曉也。蓋至誠無息者、道之體也。萬殊之所以一本也。萬物各得其所者、道之用也。一本之所以萬殊也。以此觀之、一以貫之之實可見矣。或曰、中心爲忠、如心爲恕。於義亦通。○程子曰、以己及物仁也。推己及物恕也。違道不遠、是也。忠恕一以貫之。忠者天道、恕者人道。忠者無妄、恕者所以行乎忠也。忠者體、恕者用。大本達道也。此與違道不遠異者、動以天爾。又曰、維天之命、於穆不已、忠也。乾道變化、各正性命、恕也。又曰、聖人敎人、各因其才。吾道一以貫之。惟曾子爲能達此。孔子所以告之也。曾子告門人曰、夫子之道、忠恕而已矣。亦猶夫子之告曾子

位。但患己才闇無德以處立於位耳。

○安井衡云、一者、卽忠恕也。忠恕雖二、本是一類。盡己而忖人、同施於接物之閒。故可合稱一。中庸曰、忠恕違道不遠（第十三章）子貢問一言而可以終身行之者。孔子曰、其恕乎（衞靈公篇）孟子亦曰、强恕而行。求仁莫近焉（盡心上篇）聖賢貴忠恕如此。云云。

朱註 維天之命、於穆不已—陳北溪曰、摘詩二句、以言天地之道、至誠無息、卽天地之道之忠也。○乾道變化各正性命—陳北溪曰、摘易二句、以言萬物之各得其所、卽天地之道之恕也。

也。中庸所謂忠恕違道不遠。斯乃下學上達之義。

○子曰、君子喩於義。小人喩於利。喩、猶曉也。義者、天理之所宜。利者、人情之所欲。○程子曰、君子之於義、猶小人之於利也。惟其深喩。是以篤好。楊氏曰、君子有舍生而取義者。以利言之、則人之所欲、無甚於生。所惡無甚於死。孰肯舍生而取義哉。其所喩者義而已。不知利之爲利故也。小人反是。

○子曰、見賢思齊焉。見不賢而內自省也。省、悉井反。○思齊者、冀己亦有是善。內自省者、恐己亦有是惡。○胡氏曰、見人之善惡不同、而無不反諸身者、則不徒羨人而甘自棄。不徒責人而忘自責矣。

○子曰、事父母幾諫。見志不從、又敬不違、勞而不怨。此章與內則之言相表裏。幾、微也。微諫、所謂父母有過、下氣怡色、柔聲以諫也。見志不從、又敬不違、所謂諫若不入、起敬起孝。悅則復諫也。勞而不怨、所謂與其得罪於鄉黨州閭、寧熟諫。父母怒不悅、而撻之流血、不敢疾怨、起敬起孝也。

○子曰、父母在、不遠遊。遊必有方。遠遊、則去親遠、而爲日久。定省曠、而

○董仲舒云、皇皇求財利、常恐乏匱者、庶人之意也。皇皇求仁義、常恐化民者、大夫之意也。與此章之義相發。

○述而篇、子曰、三人行必有我師焉。擇其善者而從之、其不善者而改之。

○安井衡云、見志者、不待發言也。

○皇侃本、敬下有而字。可從。

朱註 微諫―禮記曰、微諫不倦。○所謂父母有過―以下皆禮記、內則文。

音問疎。不ニ惟己之思レ親不一レ置、亦恐ニ親之念レ我不一レ忘也。遊必有レ方、如ニ已告レ云レ之レ東、則不ニ敢更適一レ西。欲下親必知ニ己之所一レ在而無レ憂、召レ己則必至上レ無レ失也。范氏曰、子能以ニ父母之心一爲レ心、則孝矣。

○子曰、三年無レ改ニ於父之道一、可レ謂レ孝矣。胡氏曰、已見ニ首篇一。此蓋複出、而逸ニ其半一也。

○子曰、父母之年、不レ可レ不レ知也。一則以喜、一則以懼。知、猶ニ記憶一也。常知ニ父母之年一、則既喜ニ其壽一、又懼ニ其衰一。而於ニ愛レ日之誠一、自有ニ不レ能レ已者一。

○子曰、古者言之不レ出、恥ニ躬之不一レ逮也。言ニ古者一、以見ニ今之不一レ然。逮、及也。行不レ及レ言、可レ恥之甚。古者所ニ以不一レ出ニ其言一、爲レ此故也。○范氏曰、君子之於レ言也、不レ得レ已而後出レ之。非ニ言レ之難一、而行レ之難也。人惟其不レ行也。是以輕言レ之。言レ之如ニ其所一レ行、行レ之如ニ其所一レ言、則出ニ諸其口一、必不レ易矣。

○子曰、以レ約失レ之者鮮矣。鮮、上聲。○謝氏曰、不ニ侈然以自放一、之謂レ約。尹氏曰、凡事約則鮮

○皇侃云、曲禮（禮記篇名）云、夫爲ニ人子一之禮、出必告、反必面。所レ游必有レ常。所レ習必有レ業。是必有レ方也。若行游無レ常、則貽下累ニ父母一之憂上也。」

○鄭玄云、孝子在レ喪、哀戚思慕、無レ所レ改ニ於父之道一、非ニ心所一レ忍レ爲。

朱註 複出—學而篇、論ニ觀レ人之法一、此專論ニ孝子之法一。非ニ複出一也。」

朱註 愛レ日—懼ニ來日之無一レ多。惜下此日之易レ過而於ニ事レ親之道一有上レ不レ及也。揚子、孝至篇云、孝子愛レ日。」

○片山世璠云、憲問篇、子曰、君子恥ニ其言而過ニ其行一。顏淵篇、司馬牛問レ仁。子曰、爲レ之難。言レ之得レ無レ訒乎。義與ニ此章一同。

レ失。非ニ止謂ニ儉約一也。

○子曰、君子欲下訥ニ於言一而敏中於行上。行、去聲。○謝氏曰、放レ言易。故欲レ訥。力レ行難。故欲レ敏。○胡氏曰、自ニ吾道一貫一至レ此十章、疑皆曾子門人所レ記也。

○子曰、德不レ孤、必有レ鄰。鄰、猶レ親也。德不ニ孤立一、必以レ類應。故有レ德者、必有ニ其類一從レ之。如ニ居之有ア鄰也。

○子游曰、事ヘテレ君ニ數スレバ、斯ニ辱メラル矣。朋友數、斯疏矣。數、色角反。

○程子曰、數、煩數サク也。胡氏曰、事レ君諫不レ行、則當レ去。導レ友善不レ納、則當レ止。至ニ於煩瀆一、則言者輕、聽者厭矣。是以求レ榮而反辱、求レ親而反疏也。范氏曰、君臣朋友、皆以レ義合。故其事同也。

○帆足萬里云、約有ニ簡約・困約二義一。是謂ニ簡約一。編者次ニ之愼言二章之閒一、豈以爲ニ簡默一乎。
○片山世璠云、學而篇子曰、敏ニ於事一而愼ニ於言一、事・行、愼・訥、字有ニ異同一、而意益明。
○包咸云、訥、遲鈍也。言欲ニ遲鈍一、而行欲レ疾。」
朱註 煩數—煩不レ簡也。數、密也。事過ニ乎其度一之謂。
○安井衡云、頻煩相見、恃ニ其寵與ア親也。其究必至ニ於狎褻失ア禮。所ニ以辱且疏一也。集注據ニ胡氏一、以レ數爲ニ屢諫一。然經單言レ數。其義雖レ美於レ文未レ允。

公冶長第五

此篇、皆論古今人物賢否得失。蓋格物窮理之一端也。凡二十七章。胡氏以爲、疑多子貢之徒所記云。

○子謂公冶長、可妻也。雖在縲絏之中、非其罪也。以其子妻之。

妻、去聲、下同。縲、力追反。絏、息列反。○公冶長、孔子弟子。妻、爲之妻也。縲、黑索也。絏、攣也。古者獄中以黑索拘攣罪人。長之爲人、無所考。而夫子稱其可妻、其必有以取之矣。又言、其人雖嘗陷於縲絏之中、而非其罪、則固無害於可妻也。夫有罪無罪、在我而已。豈以自外至者、爲榮辱哉。

○子謂南容、邦有道不廢。邦無道免於刑戮。

○安井衡云、以文會友、以友輔仁。友者所以輔仁也。不可不擇焉。此篇記門人及古今人物得失。乃擇友取人之法也。故以次前篇。

○絏、皇侃本作紲、可從。唐人緣廟諱（唐太宗諱世民）偏傍、改世爲曳。

以其兄之子妻之。南容、孔子弟子、居南宮。名縚、又名适、字子容、謚敬叔。孟懿子之兄也。不廢、言必見用也。以其謹於言行、故能見用於治朝、免禍於亂世也。事又見第十一篇。○或曰、公冶長之賢、不及南容。故聖人以其子妻長、而以兄子妻容。蓋厚於兄、而薄於己也。程子曰、此以己之私心窺聖人也。凡人避嫌者、皆內不足也。聖人自至公、何避嫌之有。況嫁女必量其才而求配。尤不當有所避也。若孔子之事、則其年之長幼、時之先後、皆不可知。惟以爲避嫌、則大不可。避嫌之事、賢者且不爲。況聖人乎。

○子謂子賤、君子哉若人。魯無君子者、斯焉取斯。焉、於虔反。○子賤、孔子弟子、姓宓、名不齊。上斯、斯此人、下斯、斯此德。子賤蓋能尊賢取友、以成其德者。故夫子既歎其賢、而又言、若魯無君子、則此人何所取以成此德乎。因以見魯之多賢也。○蘇氏曰、稱人之善、必本其父兄師友、厚之至也。

○子貢問曰、賜也何如。子曰、女器也。曰、何器也。曰、瑚璉也。女、音汝。瑚、音胡。璉、力展反。○器者、有用之成材。夏曰瑚、商曰璉、周曰簠簋。皆宗廟盛黍稷之器、而飾以玉。器之貴重而華美者也。子貢見孔子以君子許子賤、故以己爲問。而孔子告之以此。然則子貢雖未至於不器、其亦器之貴者歟。

朱註十一篇―即先進篇。云、南容三復白圭。孔子以其兄之子妻之。南容之爲人、能謹其言行、可以知也。

○若人―若此人也。

○伊藤維楨、論語古義云、此章贊師友薰陶之益。

朱註不器―爲政篇、君子不器。

○張芑山云、此原不承子賤說。集註見夫子以君子許子賤二句、舛理。可從。

○或曰、雍也仁而不佞。雍、孔子弟子、姓冉、字仲弓。佞、口才也。仲弓爲人、重厚簡默。而時人以佞爲賢。故美其優於德、而病其短於才也。子曰、焉用佞。禦人以口給、屢憎於人。不知其仁。焉用佞。焉、於虔反。○禦、當也。猶應答也。給、辨也。憎、惡也。言何用佞乎。佞人所以應答人者、但以口取辨、而無情實、徒多爲人所憎惡爾。我雖未知仲弓之仁、然其不佞乃所以爲賢。不足以爲病也。再言焉用佞、所以深曉之。○或疑、仲弓之賢、而夫子不許其仁、何也。曰、仁道至大、非全體而不息者、不足以當之。如顏子亞聖、猶不能無違於三月之後。況仲弓雖賢、未及顏子。聖人固不得而輕許之也。

○子使漆雕開仕。對曰、吾斯之未能信。子說。說、音悅。○漆雕開、孔子弟子、字子若。斯、指此理而言。信、謂眞知其如此、而無毫髮之疑也。開自言未能如此、未可以治人。故夫子說其篤志。○程子曰、漆雕開已見大意。故夫子說之。又曰、古人見道分明。故其言如此。謝氏曰、開之學無可考。然聖人使之仕、必其材可以仕矣。至於心術之微、則一毫不自得、不害其爲未信。此聖人所不能知、而開自知之。其材可以仕、而其器不安於小成。他日所就、其可量乎。夫子所以說之也。

○子曰、道不行、乘桴浮于海。從我者、其由與。

○邢昺云、佞是口才捷利之名、本非善惡之稱。但爲佞有善惡耳。爲善敏捷、是善佞、祝鮀（見雍也篇）是也。爲惡敏捷、是惡佞、卽遠佞人（衞靈公篇）是也。

○雕、皇侃本、唐宋石經、竝作彫。可從。雕、彫之借字。

○斯字、緊承仕字。孔安國云、仕進之道、未能信者、未能究習。

○子說－鄭玄云、善其志道深。」

○桴－竹木所編。大者曰栰、小者曰桴。

○皇侃本・漢書、地理志注所引、由下與上、有也字。

○子罕篇云、子曰、鳳鳥不至、河不出圖。吾已矣夫。又云、子欲居九夷。竝與此章同其歎。

○鄭玄云、無所取材者、無所取於桴材。以子路不解微言。故戲此耳。此說爲優。

朱註 春秋傳—襄公五年・三十一年。

○安井衡云、仁道至大、三子才德雖優、未能當全名。然亦非不仁者也。故以不知答之。

○馬融云、赤、弟子公西華、有容儀、可使爲行人。

子路聞之喜。子曰、由也好勇過我。無所取材。

桴、音孚。從・好、竝去聲。與、平聲。材與裁同。古字借用。○桴、筏也。程子曰、浮海之歎、傷天下之無賢君也。子路勇於義。故謂其能從己。皆假設之言耳。子路以爲實然、而喜夫子之與己。故夫子美其勇、而譏其不能裁度事理以適於義也。

○孟武伯問、子路仁乎。子曰、不知也。

子路之於仁、蓋日月至焉者、或在或亡。不能必其有無。故以不知告之。

又問。子曰、由也千乘之國、可使治其賦也。不知其仁也。

乘、去聲。○賦、兵也。古者以田賦出兵。故謂兵爲賦。春秋傳、所謂悉索敝賦是也。言子路之才可見者如此。仁則不能知也。

求也何如。子曰、求也千室之邑、百乘之家、可使爲之宰也。不知其仁也。

千室、大邑。百乘、卿大夫之家。宰、邑長家臣之通號。

赤也何如。子曰、赤也束帶立於朝、可使與賓客言也。不知其仁也。

朝、音潮。○赤、孔子弟子、姓公西、字子華。

○包咸云、吾與女弗如也、既然子貢不如、復云吾與女俱不如。物茂卿云、孔子自言己亦不如也、亦願爲其宰。(史記孔子世家、顏回曰、不容何病、不容、然後見君子。孔子欣然曰、有是哉、顏氏之子、使爾多財、吾爲爾宰。)意、聖人好賢之誠也。此說亦通。

○子曰二字、語更端之辭、胡氏疑衍文、非也。

○陸隴其云、此章當看

○子謂子貢曰、女與回也孰愈。女、音汝。下同。愈、勝也。對曰、賜也何敢望回。回也聞一以知十。賜也聞一以知二。一、數之始。十、數之終。二者、一之對也。顏子明睿所照、即始而見終。子貢推測而知。因此而識彼、無所不說。告往知來。是其驗矣。子曰、弗如也。吾與女弗如也。與、許也。○胡氏曰、子貢方人。夫子既語以不暇。又問其與回孰愈、以觀其自知之如何。聞一知十、上知之資、生知之亞也。聞一知二、中人以上之資、學而知之之才也。子貢平日以己方回、見其不可企及。故喩之如此。夫子以其自知之明、而又不難於自屈、故既然之、又重許之。此其所以終聞性與天道、不特聞一知二而已也。

○宰予晝寢。子曰、朽木不可雕也。糞土之牆、不可杇也。於予與何誅。朽、許久反。杇、音汙。與、平聲、下同。○晝寢、謂當晝而寢。朽、腐也。雕、刻畫也。杇、鏝也。言其志氣昏惰、教無所施也。與、語辭。誅、責也。言不足責、乃所以深責之。　子曰、始吾於人也、聽其言而信其行。今吾於人也、聽其言而觀其行。於予與改是。

行、去聲。○宰予能言、而行不逮。故孔子自言、於予之事、而改此失。亦以重警之也。胡氏曰、子曰、疑衍文。不然則非一日之言也。○范氏曰、君子之於學、惟日孜孜、斃而後已。惟恐其不及也。宰予晝寢、自棄孰甚焉。故夫子責之。胡氏曰、宰予不能以志帥氣、居然而倦。是宴安之氣勝、儆戒之志惰也。古之聖賢、未嘗不以懈惰荒寧爲懼、勤勵不息自彊。此孔子所以深責宰予也。聽言觀行、聖人不待是而後能。亦非緣此而盡疑學者。特因此立教、以警羣弟子、使謹於言而敏於行耳。

○子曰、吾未見剛者。或對曰、申棖。子曰、棖也慾。焉得剛。

焉、於虔反。○剛、堅强不屈之意。最人所難能者。故夫子歎其未見。申棖、弟子姓名。慾、多嗜慾也。多嗜慾、則不得爲剛矣。○程子曰、人有慾則無剛。剛則不屈於慾。謝氏曰、剛與慾正相反。能勝物之謂剛。故常伸於萬物之上。爲物揜之謂慾。故常屈於萬物之下。自古有志者少、無志者多。宜夫子之未見也。棖之慾、不可知。其爲人、得非悻悻自好者乎。故或者疑以爲剛。然不知此其所以爲慾爾。

○子貢曰、我不欲人之加諸我也、吾亦欲無加諸人。子曰、賜也非爾所及也。

子貢言、我所不欲人加於我之事、我

註志氣昏惰四字。一晝寢、似未甚害事。然卻由他志氣昏惰、所以晝寢。志氣乃學問根本、志氣既昏惰、如何爲學。此夫子所以深責之。

○安井衡云、剛無所屈撓也。多情慾、則屈意徇物。故不得爲剛。

朱註 悻悻—只是色厲底人。一解、不平而怒貌。孟子、公孫丑下篇、悻悻然見於其面。

○馬融云、加、陵也。

○此章、正與中庸、施諸己而不願、亦勿施於人、義相同、言恕也。

程子析レ之爲レ二、以二此章所ㇾ言爲レ仁、以二中庸所ㇾ言爲レ恕。不レ可レ從。

○皇侃本、不レ可二得而聞一也下、有二已矣二字一、寓二嗟歎之意一。是也。

○帆足萬里云、天道、敎之所二由興一、卽天命也。

朱註 威儀文辭―威儀以下德之見二於容貌一者上言、文辭以下德之見二於言語一者上言。

○孟子、公孫丑上篇云、子路人告レ之、以レ有レ過則喜。禹聞二善言一則拜。

○皇侃本、未下無二之字一。

亦不レ欲三以レ此加二之於人一。此仁者之事、不レ待二勉強一。故夫子以爲レ非二子貢所ㇾ及。○程子曰、我不レ欲三人之加二諸我一、吾亦欲レ無レ加二諸人一、仁也。施二諸己一而不レ願、亦勿レ施二於人一、恕也。恕則子貢或能勉レ之。仁則非レ所レ及矣。愚謂、無者、自然而然。勿者、禁止之謂。此所三以爲二仁・恕之別一。

○子貢曰、夫子之文章、可二得而聞一也。夫子之言二性與二天道一、不レ可二得而聞一也。文章、德之見二乎外一者、威儀文辭皆是也。性者、人所レ受之天理。天道者、天理自然之本體、其實一理也。言夫子之文章、日見二乎外一。固學者所二共聞一。至三於性與二天道一、則夫子罕言レ之。而學者有二不レ得レ聞者一。蓋聖門敎不レ躐レ等。子貢至レ是、始得レ聞レ之、而歎二其美一也。○程子曰、此子貢聞二夫子之至論一、而歎美之言也。

○子路有レ聞、未二之能ㇾ行。唯恐レ有レ聞。前所レ聞者、既未レ及レ行。故恐三復有レ所レ聞而行レ之不ㇾ給也。○范氏曰、子路聞レ善、勇二於必行一。門人自以爲レ弗レ及也。故著レ之。若二子路一、可レ謂三能用二其勇一矣。

○子貢問曰、孔文子何以謂二之文一也。子曰、敏而好レ學、不レ恥二下問一。是以謂二之文一也。好、去聲。○孔文子、衞大夫、名圉。凡人性敏者、多不好學。位高者、多恥下問。故諡法有以勤學好問爲文者。蓋亦人所難也。孔圉得諡爲文、以此而已。○蘇氏曰、孔文子、使太叔疾出其妻、而妻之。疾通於初妻之娣。文子怒、將攻之。訪於仲尼。仲尼不對。命駕而行。疾奔宋。文子使疾弟遺室孔姞。其爲人如此。而諡曰文。此子貢之所以疑而問也。孔子不沒其善。言能如此、亦足以爲文矣。非經天緯地之文也。

○子謂子產、有君子之道四焉。其行己也恭。其事上也敬。其養民也惠。其使民也義。子產、鄭大夫、公孫僑。恭、謙遜也。敬、謹恪也。惠、愛利也。使民義、如都鄙有章、上下有服、田有封洫、盧井有伍之類。○吳氏曰、數其事而責之者、其所善者多也。臧文仲不仁者三、不知者三、是也。數其事而稱之者、猶有所未至也。子產有君子之道四焉、是也。今或以一言蓋一人、一事蓋一時、皆非也。

○子曰、晏平仲善與人交。久而敬之。晏平仲、齊大夫、名嬰。程子曰、人交久則敬衰。久而能敬、所以爲善。

○子曰、臧文仲居蔡。山節藻梲。何如其知也。

朱註 娣—女弟也。○孔姞—文子女、即疾所娶者。○孔文子、使太叔疾出其妻—事見左傳哀公十一年。

朱註 都鄙有章—都、國都。鄙、邊鄙。有章、有章程條法也。見左傳襄公三十年。○有服—貴賤衣冠、各有制度也。○封洫—封土爲疆、通水爲洫、以正經界。○有伍—五家爲伍、使之相親相愛。

○卷子本・皇侃本、而下、竝有人字。爲是。皇侃云、此善交之驗也。凡人交易絕、而平仲交久、而人愈敬之也。

○蔡—大龜、出蔡地。

梲、章悅反。知、去聲。○臧文仲、魯大夫、臧孫氏、名辰。居、猶レ藏也。蔡、大龜也。節、柱頭斗栱也。藻、水草名。梲、梁上短柱也。蓋爲二藏レ龜之室一、而刻二山於節一、畫二藻於梲一也。當時以二文仲一爲レ知。孔子言、其不レ務二民義一、而諂二瀆鬼神一如レ此。安得レ爲レ知。春秋傳所レ謂作二虛器一、卽此事也。○張子曰、山レ節藻レ梲、爲二藏レ龜之室一。祀二爰居一之義、同歸二於不知一、宜矣。

○子張問曰、令尹子文、三仕爲二令尹一。無二喜色一。三已レ之、無二慍色一。舊令尹之政、必以告二新令尹一。何如。子曰、忠矣。曰、仁矣乎。曰、未レ知。焉得レ仁。知、如レ字。焉、於虔反。○令尹、官名、楚上卿執レ政者也。子文、姓鬭、名穀於菟、其爲レ人也、喜怒不レ形。物我無レ閒。知レ有二其國一、而不レ知レ有二其身一。其忠盛矣。故子張疑二其仁一。然其所三以三仕三已而告二新令尹一者、未レ知下其皆出二於天理一、而無中人欲之私上也。是以夫子但許二其忠一、而未レ許二其仁一也。崔子弑二齊君一。陳文子有二馬十乘一、棄而違レ之。至二於他邦一、則曰、猶二吾大夫崔子一也。違レ之。之二一邦一、則又曰、猶二吾大

因以爲レ名。漢書、食貨志、元龜爲レ蔡。非二四民所一レ得レ居。

○安井衡云。明堂位曰、山レ節藻レ梲、複廟重檐、天子之廟飾也。則山レ節藻レ梲、亦是僭。

朱註 張子—名載、號二橫渠先生一。○爰居—海鳥名、止二於魯東門之外一、三日不レ去。文仲命二國人一祭レ之。事見二國語一。

○安井衡云。夫子答以レ未レ知、而後斷以レ焉得レ仁者、所三以婉二其辭一也。

○崔子弑二齊君一—事見二春秋襄公二十五年一。

○有二馬十乘一—謂二其富一也。

○之二一邦一—皇侃本、

作二之至一一邦一、足利古本、無二之字一。古本似レ長。

朱註 三仁―微子・箕子・比干。○他書―春秋傳。

○佐藤坦云、再字三字、不二必泥一。三思只是過思、過猶レ不レ及也。

朱註 使レ晉―事見二左傳文公六年一。

夫崔子一也。違レ之。何如。子曰、清矣。曰、仁矣乎。曰、未レ知。焉得レ仁。

乘、去聲。○崔子、齊大夫、名杼。齊君、莊公、名光。陳文子、亦齊大夫、名須無。十乘、四十匹也。違、去也。文子潔レ身去レ亂。可レ謂レ清矣。然未レ知下其心果見二義理之當然一、而能脫然無上レ所レ累乎、抑不レ得レ已於利害之私一、而猶未レ免二於怨悔一也。故夫子特許二其清一、而不レ許二其仁一。○愚聞二之師一曰、當レ理而無二私心一、則仁矣。今以レ是而觀二二子之事一、雖二其志行之高、若レ不レ可レ及、然皆未レ有丁以見丙其必當二於理一、而眞無乙私心甲也。子張未レ識二仁體一、而悅二於苟難一、遂以二小者一信二其大者一。夫子之不レ許也宜哉。讀者於レ此、更以下上章不レ知二其仁一、後篇仁則吾不レ知之語、并與中三仁夷齊之事上觀レ之、則彼此交盡、而仁之爲レ義可レ識矣。今以二他書一考レ之、子文之相レ楚、所レ謀者無レ非二僭レ王猾レ夏之事一。文子之仕レ齊、既失二正レ君討レ賊之義一、又不二數歲一、而復反二於齊一焉、則其不仁亦可レ見矣。

○季文子三思而後行。子聞レ之曰、再斯可矣。

三、去聲。○季文子、魯大夫、名行父。每レ事必三思而後行、若下使レ晉而求二遭レ喪之禮一以行上、亦其一事也。斯、語辭。程子曰、爲レ惡之人、未三嘗知レ有レ思。有レ思則爲レ善矣。然至二於再一則已審。三則私意起、而反惑矣。故夫子譏レ之。○愚按、季文子慮レ事如レ此。可レ謂二詳審一而宜レ無二過擧一矣。而宣公簒立、文子乃不レ能レ討。反爲レ之使レ齊而納レ賂焉。豈非二程子所レ謂私意起而反惑之驗一與。是以君子務レ窮レ理、而貴二果斷一。不三徒多思之爲レ尚。

○子曰、甯武子、邦有レ道則知。邦無レ道則愚。其知可レ及也。其愚不レ可レ及也。

知、去聲。○甯武子、衞大夫、名兪。按二春秋傳一、武子仕レ衞、當二文公・成公之時一。文公有レ道、而武子無二事可一レ見。此其知之可レ及也。成公無レ道、至二於失一レ國而武子周二旋其閒一、盡レ心竭レ力、不レ避二艱險一。凡其所レ處、皆知巧之士、所二深避而不一レ肯レ爲者、而能卒保二其身一、以濟二其君一。此其愚之不レ可レ及也。○程子曰、邦無レ道、能沈晦以免レ患。故曰レ不レ可レ及也。亦有二不レ當レ愚者一。比干是也。

○子在レ陳曰、歸與歸與。吾黨之小子、狂簡、斐然成レ章。不レ知レ所二以裁一レ之。

與、平聲。斐、音匪。○此孔子周二流四方一、道不レ行而思レ歸之歎也。吾黨小子、指二門人之在レ魯者一。狂簡、志大而略二於事一也。斐、文貌。成レ章、言三其文理成就、有二可レ觀者一。裁、割正也。夫子初心、欲レ行二其道於天下一。至レ是而知二其終不一レ用也。於レ是始欲下成二就後學一、以傳中道於來世上。又不レ得二中行之士一、而思二其次一。以爲狂士志意高遠、猶或可三與進二於道一也。但恐三其過レ中失レ正、而或陷二於異端一耳。故欲二歸而裁一レ之也。

○子曰、伯夷・叔齊、不レ念二舊惡一。怨是用希。

伯夷・叔齊、孤竹君之二子。孟子稱乙其不レ立二於惡人之朝一、不下與二惡人一言上、與二鄉人一立、其冠不レ正、望望然去レ之、若甲レ將レ浼焉。其介如レ此。宜レ若レ無レ所レ容矣。然其所レ惡之人、能改卽止。故人亦

○甯武子―武諡。

○安井衡云、有レ道無レ道、以二時與一レ事言。不三必限二一君一世一。

○皇侃云、吾黨者、謂二我鄉黨一也。小子者、鄉黨中後生末學之人也。

○裁―割正也。裁二割物之不一レ正而令レ正也。借用以爲下裁二正太過一、而使レ歸二於中正一之義上。

○物茂卿云、舊惡、舊時之惡也。蓋舊時之惡、乃有二時去事移、欲レ改而不レ可レ得者一。是舊惡也。

○希―微也。

朱註 孟子稱―見二孟子、

不甚怨之也。○程子曰、不念舊惡、此清者之量。又曰、二子之心、非夫子孰能知之。

○子曰、孰謂微生高直。或乞醯焉。乞諸其鄰而與之。

醯、呼西反。○微生、姓。高、名。魯人。素有直名者。醯、醋也。人來乞時、其家無有。故乞諸鄰家以與之。夫子言此、譏其曲意徇物、掠美市恩、不得為直也。○程子曰、微生高所枉雖小、害直為大。范氏曰、是曰是、非曰非、有謂有、無謂無、曰直。聖人觀人、於其一介之取予、而千駟萬鍾、從可知焉。故以微事斷之。所以教人不可不謹也。

○子曰、巧言令色足恭、左丘明恥之。丘亦恥之。匿怨而友其人、左丘明恥之、丘亦恥之。

足、將樹反。○足、過也。程子曰、左丘明、古之聞人也。謝氏曰、二者之可恥、有甚於穿窬也。左丘明恥之、其所養可知矣。夫子自言丘亦恥之。蓋竊比老彭之意。又以深戒學者、使察乎此而立心以直也。

○顏淵季路侍。子曰、盍各言爾志。

盍、音合。盍、何不也。○子路

公孫丑上篇。○望望然不自得貌。一解、去而不顧之貌。

○釋名、醢之多汁者、曰醓。荀子、勸學篇醯酸蚋聚焉是也。

○孔安國云、乞之四鄰、以應求者。用意委曲、非為直人。

○中井積德云、足恭、是故意增添其恭也。

朱註 穿窬—穿壁踰牆。○竊比老彭—見述而篇。

○佐藤坦云、衣輕裘輕字、疑羨文。因下篇乘肥馬衣輕裘語。誤增。國語、亦有車馬衣裘字面。

朱註 施—或曰之説、爲長。孔安國云、不以勞事置施於人。○易曰—繫辭上傳。

朱註 浴沂—指曾點氣象。浴乎沂、風乎舞雩、見先進篇。○羈靮—羈、馬絡頭。靮、馬韁也。

○包咸云、訟猶責也。言人有過、莫能自責者也。

○安井衡云、矣、斷辭。乎、疑辭。言已矣乎者、猶庶幾見之之辭。

曰、願車馬衣輕裘、與朋友共、敝之而無憾。衣、去聲。○衣、服之也。裘、皮服。敝、壞也。憾、恨也。

顏淵曰、願無伐善、無施勞。伐、誇也。善、謂有能。施、亦張大之意。勞、謂有功。易曰、勞而不伐、是也。或曰、勞、勞事也。勞事非己所欲、故亦不欲施之於人。亦通。

子路曰、願聞子之志。子曰、老者安之、朋友信之、少者懷之。老者養之以安、朋友與之以信、少者懷之以恩。一説、安之、安我也。信之、信我也。懷之、懷我也。亦通。○程子曰、夫子安仁、顏淵不違仁、子路求仁。又曰、子路・顏淵・孔子之志、皆與物共者也。但有小大之差爾。又曰、子路勇於義者。觀其志、豈可以勢利拘之哉。亞於浴沂者也。顏子不自私己。故無伐善。知同於人。故無施勞。其志可謂大矣。然未免出於有意也。至於夫子、則如天地之化工、付與萬物、而己不勞焉。此聖人之所爲也。今夫羈靮以御馬、而不以制牛。人皆知羈靮之作、在乎人、而不知羈靮之生、由於馬。聖人之化、亦猶是也。先觀二子之言、後觀聖人之言、分明天地氣象。凡看論語、非但欲理會文字、須要識得聖賢氣象。

○子曰、已矣乎。吾未見能見其過、而內自訟者也。已矣乎者、恐其終不得見而歎之也。內自訟者、口不言而心自咎也。人有過而能自知者鮮矣。知過而能內自訟者、爲尤鮮。能內自訟、則其悔悟深切、而能改必矣。夫子自恐二終不レ得レ見而歎レ之、其警二學者一深矣。

〇子曰、十室之邑、必有二忠信如レ丘者一焉。不レ如二丘之好一レ學也。

焉、如レ字。屬二上句一。好、去聲。〇十室、小邑也。忠信如二聖人一、生質之美者也。夫子生知而未三嘗不二好レ學。故言レ此以勉レ人。言美質易レ得、至道難レ聞。學之至、則可三以爲二聖人一。不レ學、則不レ免レ爲二鄕人一而已。可レ不レ勉哉。

〇輔潛庵云、此蓋夫子不下以二聖人一自居上、而勉二人爲レ學之辭。

〇帆足萬里云、天質之美易レ得。好レ學之人、尤難レ得也。

雍也第六

凡二十八章。篇内第十四章以前、大意與前篇同。

〇子曰、雍也可使南面。南面者、人君聽治之位。言仲弓、寛洪簡重、有人君之度也。

〇仲弓問子桑伯子。子曰、可也簡。子桑伯子、魯人。胡氏以爲、疑即莊周所稱子桑戸者、是也。仲弓以夫子許己南面、故問伯子如何。可者、僅可而有所未盡之辭。簡者、不煩之謂。仲弓曰、居敬而行簡、以臨其民、不亦可乎。居簡而行簡、無乃大簡乎。大、音泰。〇言自處以敬、則中有主而自治嚴。如是而行簡以臨民、則事不煩、而民不擾。所以爲可。若先自處以簡、則中無主、而自治疎矣。而所行又簡、豈不失之大簡、而無法度之可守乎。家語記、伯子不衣冠而處。夫子譏其欲同人道於牛馬。然則伯子蓋大簡者。而仲弓疑夫子之過許與。子曰、雍之言然。仲弓蓋未喩夫子可字之意。而其所言之理、有默契焉者。故夫子然之。〇程子曰、子桑伯子之簡、雖可取而未盡善。故夫子云可也。仲弓因言、内主於敬而簡、則爲要直。内存乎簡而簡、則爲疎略。可謂得其旨矣。又曰、居敬則心中無物。故所行自簡。

〇安井衡云、此篇大意、與前篇同。但前篇多貶責之語、此篇多稱美之言。凡事自粗入精。學亦然。故以次前篇。

〇南面、人君聽治之位、必體天地陰陽之嚮背。南面嚮明也。」

〇此章、臨民一言、足證前章南面聖言。故類記之。朱子、合前章爲一章、非是。今從皇侃本、別爲二章。

〇佐藤坦云、仲弓以夫子許己南面、故問伯子如何、則似淺露、不見重厚氣象。註可删。

○中井積德云、死生存亡、古人每複用。今也則亡、謂㆓顏子今不㆒ㇾ在㆓于世㆒也。非ㇾ謂ㇾ無㆓好ㇾ學者㆒。此說爲ㇾ長。

朱註 儲ㇾ精—儲㆓蓄精精氣㆒也。○非禮勿㆓視・聽・言・動㆒—見㆓顏淵篇㆒。

居ㇾ簡、則先有ㇾ心㆓於簡㆒、而多㆓一簡字㆒矣。故曰㆓大簡㆒。

○哀公問、弟子孰爲ㇾ好ㇾ學。孔子對曰、有㆓顏回者㆒、好ㇾ學、不ㇾ遷ㇾ怒。不ㇾ貳ㇾ過。不幸短命死矣。今也則亡。未ㇾ聞㆓好ㇾ學者㆒也。好、去聲。亡、與ㇾ無同。○遷、移也。貳、復也。怒㆓於甲㆒者、不ㇾ移㆓於乙㆒。過㆓於前㆒者、不ㇾ復㆓於後㆒。顏子克ㇾ己之功、至㆓於如㆒ㇾ此。可ㇾ謂㆓眞好㆒ㇾ學矣。短命者、顏子三十二而卒也。既云㆓今也則亡㆒、又言ㇾ未ㇾ聞㆓好ㇾ學者㆒。蓋深惜ㇾ之、又以見㆓眞好ㇾ學者之難㆒ㇾ得也。○程子曰、顏子之怒、在ㇾ物不ㇾ在ㇾ己。故不ㇾ遷。有㆓不善㆒、未㆓嘗不㆒ㇾ知。知ㇾ之、未㆓嘗復行㆒。不ㇾ貳ㇾ過也。又曰、喜怒在ㇾ事、則理之當㆓喜怒㆒者也。不ㇾ在㆓血氣㆒、則不ㇾ遷。若㆔舜之誅㆓四凶㆒也。可ㇾ怒在ㇾ彼、己何與焉。如㆓鑑之照㆒ㇾ物、妍媸在ㇾ彼、隨ㇾ物應㆒ㇾ之而已。何遷之有。又曰、如㆓顏子地位㆒、豈有㆓不善㆒。所ㇾ謂不善、只是微有㆓差失㆒。纔差失、便能知ㇾ之、纔知ㇾ之、便更不㆓萌作㆒。張子曰、慊㆓於己㆒者、不ㇾ使ㇾ萌㆓於再㆒。或曰、詩書六藝、七十子、非ㇾ不㆓習而通㆒也。而夫子獨稱㆓顏子㆒、爲ㇾ好ㇾ學。顏子之所ㇾ好、果何學歟。程子曰、學以至㆓乎聖人㆒之道也。學之道奈何。曰、天地儲ㇾ精、得㆓五行之秀㆒者爲ㇾ人。其本也、眞而靜、其未ㇾ發也、五性具焉。曰仁義禮智信。形既生矣。外物觸㆓其形㆒、而動㆓於中㆒矣。其中動而七情出焉。曰、喜・怒・哀・懼・愛・惡・欲。情既熾而益蕩、其性鑿矣。故學者約㆓其情㆒、使ㇾ合㆓於中㆒、正㆓其心㆒、養㆓其性㆒而已。然必先明㆓諸心㆒、知ㇾ所ㇾ往、然後力行以求ㇾ至焉。若㆘顏子之非禮勿㆓視・聽・言・動㆒、不㆗

遷レ怒、貳レ過者、則其好レ之篤、而學レ之得二其道一也。然其未レ至二於聖人一者、守レ之也。非レ化レ之也。假レ之以レ年、則不レ日而化矣。今人乃謂三聖本生知、非二學可レ至、而所二以爲レ學者、不レ過三記誦文辭之間一、其亦異二乎顏子之學一矣。

○子華使二於齊一。冉子爲二其母一請レ粟。子曰、與二之釜一。請レ益。曰、與二之庾一。冉子與二之粟五秉一。○使、爲、竝去聲。子華、公西赤也。使、爲二孔子一使也。釜、六斗四升。庾、十六斗。秉、十六斛。

子曰、赤之適レ齊也、乘二肥馬一、衣二輕裘一。吾聞レ之也、君子周レ急、不レ繼レ富。衣、去聲。○乘二肥馬一、衣二輕裘一、言二其富一也。急、窮迫也。周者、補レ不レ足。繼者、續レ有レ餘。

原思爲二之宰一。與二之粟九百一。辭。原思、孔子弟子、名憲。孔子爲二魯司寇一時、以レ思爲レ宰。粟、宰之祿也。九百、不レ言二其量一。不レ可レ考。

子曰、毋。以與二爾鄰里鄉黨一乎。毋、禁止辭。五家爲レ鄰、二十五家爲レ里、萬二千五百家爲レ鄉、五百家爲レ黨。言常祿不レ當レ辭。有レ餘自可三推レ之以周二貧乏一。蓋鄰里鄉黨、有二相周之義一。○程子曰、夫子之使二子華一、子華之爲二夫

○中井積德云、周、賙之本字、救濟也

○皇侃本、原思以下別爲二一章一。中井積德云、子華之使、原思之宰、恐非二一時之事一。宜レ從二古本一。然二章相連、記者之意亦自見。」安井衡亦云、連二記二章一者、以示二聖人取與之法一也。

○毋ー同レ亡、可下屬二下文一而讀上。朱註句、爲二禁示辭一、恐非。

朱註 雜文ー毛色不レ純也。

○仁ー人心本有之德。萬善具備之謂也。

○何晏云、餘人暫有二至レ仁時一。唯回移レ時而不レ變。」佐藤坦云、日月與二三月一對言、見二其久暫一耳。

子一使、義也。而冉有乃爲レ之請。聖人寬容、不レ欲二直拒一レ人。故與レ之少。所三以示二不レ當レ與也。請レ益而與レ之亦少。所三以示二不レ當レ益也。求未レ達、而自與レ之多、則已過矣。故夫子非レ之。蓋赤苟至レ乏、則夫子必自周レ之、不レ待レ請矣。原思爲レ宰、則有二常祿一。思辭二其多一。故又敎以レ分二諸鄰里之貧者一。蓋亦莫レ非レ義也。張子曰、於二斯二者一、可レ見二聖人之用一レ財矣。

○子謂二仲弓一曰、犂牛之子、騂（アカクシテ）且角、雖レ欲レ勿レ用、山川其舍レ諸。

犂、利之反。騂、息營反。舍、上聲。○犂、雜文。騂、赤色。周人尙レ赤。牲用レ騂。角、角周正、中二犧牲一也。用、用以祭也。山川、山川之神也。言人雖レ不レ用、神必不レ舍也。仲弓父賤而行惡。故夫子以レ此譬レ之。言父之惡、不レ能レ廢二其子之善一。如二仲弓之賢一、自當レ見レ用二於世一也。然此論二仲弓一云爾。非下與二仲弓一言上也。○范氏曰、以二瞽瞍一爲レ父而有レ舜。以レ鯀爲レ父而有レ禹。古之聖賢不レ繫二於世類一、尙矣。子能改二父之過一、變レ惡以爲レ美、則可レ謂レ孝矣。

○子曰、回也、其心三月不レ違レ仁。其餘則日月至焉而已矣。

三月、言二其久一。仁者、心之德。心不レ違レ仁者、無二私欲一而有二其德一也。日月至焉者、或日一至焉、或月一至焉。能造二其域一而不レ能レ久也。○程子曰、三月、天道小變之節、言二其久一也。過レ此則聖人矣。不レ違レ仁、只是無二纖毫私欲一。少有二私欲一、便是不仁。尹氏曰、此顏子於二聖人一、未レ達一閒者也。

○果―資性剛決、遇レ事能斷。○達―心胸穎悟、事理通曉。

○安井衡云、爲レ政之害、莫レ大ニ於優柔不斷一。故性果者、可ニ以從レ政。如ニ達與レ藝、則固不レ待レ言矣。

○汶、有レ二。一在ニ青州一、一在ニ徐州一。此指下在ニ徐州一者上。

○中井積德云、不レ仕ニ大夫之家一、可レ謂ニ高尚一矣。然不レ當下以ニ其仕焉者一爲中不可上。謝說過激、恐不レ當ニ采入一。

若ニ聖人一則渾然無ニ閒斷一矣。張子曰、始學之要、當丙知下三月不レ違、與ニ日月至焉一、內外賓主之辨上、使乙心意勉勉循循、而不甲レ能レ已。過レ此、幾非ニ在レ我者一。

○季康子問、仲由可レ使レ從レ政也與。子曰、由也果。於レ從レ政乎何有。曰、賜也可レ使レ從レ政也與。曰、賜也達。於レ從レ政乎何有。曰、求也可レ使レ從レ政也與。曰、求也藝。於レ從レ政乎何有。

與、平聲。○從レ政、謂レ爲ニ大夫一。果、有ニ決斷一。達、通ニ事理一。藝、多ニ才能一。○程子曰、季康子問下三子之才、可ニ以從レ政乎上。夫子答以ニ各有レ所レ長、非ニ惟三子一、人各有レ所レ長。能取ニ其長一、皆可レ用也。

○季氏使ニ閔子騫爲ニ費宰一。閔子騫曰、善爲レ我辭焉。如有ニ復レ我者一、則吾必在ニ汶上一矣。

費、音祕。爲、去聲。復、扶又反。汶、音問。○閔子騫、孔子弟子、名損。費、季氏邑。汶、水名、在ニ齊南魯北境上一。閔子不レ欲レ臣ニ季氏一。令ニ使者善爲レ己辭一。言若再來召レ我、則當ニ去之レ齊。○程子曰、仲尼之門、能不レ仕ニ大夫之家一者、閔子・曾子數人而已。謝氏曰、學者能少知ニ內外之分一、皆可ニ以樂レ道而忘ニ人之勢一。況閔子、得ニ聖人一爲ニ之依歸一。彼其視ニ季氏不義之富貴一、不ニ啻

犬彘一。又從而臣レ之、豈其心哉。在二聖人一則有二不レ然者一。蓋居二亂邦一、見二惡人一、在二聖人一則可。自二聖人一以下、剛則必取レ禍、柔則必取レ辱。閔子豈不レ能二早見而豫待一レ之乎。如下由也不レ得二其死一、求也爲二季氏一附益上。夫豈其本心哉。蓋既無二先見之知一、又無二克レ亂之才一故也。然則閔子其賢乎。

○伯牛有レ疾。子問レ之、自レ牖執二其手一。曰、亡レ之。命矣夫。斯人也、而有二斯疾一也。斯人也、而有二斯疾一也。

夫、音扶。○伯牛、孔子弟子、姓冉、名耕。有疾、先儒以爲レ癩也。牖、南牖也。禮、病者居二北牖下一。君視レ之、則遷二於南牖下一、使三君得二以南面視一レ己。時伯牛家以レ此禮一尊二孔子一。孔子不二敢當一。故不レ入二其室一、而自レ牖執二其手一。蓋與レ之永訣也。命、謂二天命一。言此人不レ應レ有二此疾一。而今乃有レ之。是乃天之所レ命也。然則非下其不レ能レ謹レ疾、而有二以致レ之、亦可レ見矣。○侯氏曰、伯牛以二德行一稱、亞二於顏・閔一。故其將レ死也、孔子尤痛二惜之一。

○子曰、賢哉回也。一簞食、一瓢飲、在二陋巷一。人不レ堪二其憂一。回也、不レ改二其樂一。賢哉回也。

食、音嗣。樂、音洛。○簞、竹器。食、飯也。瓢、瓠也。顏子之貧如レ此、而處レ之泰然、不三以害二其樂一。故夫子再言二賢哉回也一、以深歎二美之一。○程子曰、顏子之樂、非レ樂二簞瓢陋巷一也。不下以二貧窶一累二其心一、而改中

○淮南子、精神訓、子夏失レ明、冉伯牛爲レ厲。

○包咸云、伯牛有二惡疾一。不レ欲レ見レ人。故孔子自レ牖執二其手一也。

○金履祥云、北牖之牖字誤、當レ作レ墉。蓋室中北墉而南牖。墉、牆也。

朱註 侯氏—名仲良、字師聖、程子之門人。

○簞—圓曰レ簞、方曰レ笥。

○飮—謂レ漿。

○孔安國云、顏淵樂レ道、雖三簞食在二陋巷一、不レ改二其所一レ樂。

○安井衡云、廢、身廢不レ能レ行也。凡無レ足曰レ廢（中略）有レ足而不レ能レ行、猶レ無レ足也。

○馬融云、君子爲レ儒、將三以明二道一。小人爲レ儒、則矜二其名一。

○安井衡云、治レ邑、以レ得二人材一爲レ先。故仲尼問レ之。

○焉爾乎―邢昺本、爾作レ耳。校勘記云、皇本・

其所セ樂也。故夫子稱二其賢一。又曰、簞瓢陋巷非レ可レ樂。蓋自有二其樂一爾。其字當二玩味一。自有二深意一。又曰、昔受二學於周茂叔一。每令レ尋二仲尼・顏子樂處、所レ樂何事一。愚按、程子之言、引而不レ發。蓋欲三學者深思、而自二得之一。今亦不三敢妄爲二之說一。學者但當丁從二事於博文約禮之誨一、以至丙於欲レ罷不レ能、而竭乙其才甲。則庶三乎有二以得レ之矣。

○冉求曰、非レ不レ說二子之道一。力不レ足也。子曰、力不レ足者、中道而廢。今女畫（カギレリ）。說、音悅。女、音汝。○力不レ足者、欲レ進而不レ能。畫者、能進而不レ欲。謂二之畫一者、如二畫レ地以自限一也。○胡氏曰、夫子稱二顏回不レ改二其樂一。冉求聞レ之。故有二是言一。然使丁求說二夫子之道一、誠如丙口之說乙芻豢甲、則必將二盡レ力以求レ之。何患二力之不レ足哉。畫而不レ進、則日退而已矣。此冉求之所三以局二於藝一也。

○子謂二子夏一曰、女爲二君子儒一、無レ爲二小人儒一。儒、學者之稱。程子曰、君子儒、爲レ己、小人儒、爲レ人。○謝氏曰、君子小人之分、義與レ利之間而已。然所レ謂利者、豈必殖二貨財一之謂。以レ私滅レ公、適レ己自便、凡可三以害二天理一者、皆利也。子夏文學雖レ有レ餘、然意其遠者大者、或昧焉。故夫子語レ之以レ此。

○子游爲二武城宰一。子曰、女得レ人焉爾乎。曰、有二高麗本、乎下有哉字。按焉耳乎三字連文、已屬不詞。下又增哉字、更不成文。疑耳當爾字之訛。

朱註 飲射讀法—飲、謂鄕飲酒。射、謂鄕射。讀法、謂讀法禮。○見小欲速—見子路篇。

○邢昺云、按哀十一年左傳、記此事云、齊師伐我、及淸。孟孺子洩帥右師、冉求帥左師、及齊師戰于郊。右師奔。齊人從之。孟之側後入、以爲殿。抽矢策其馬曰、馬不進也。文不同者、各據所聞而記之也。

朱註 莊周所稱—見莊子、大宗師篇。

○此章、不字、朱註管到宋朝之美而讀、恐非。

澹臺滅明者、行不由徑。非公事、未嘗至於偃之室也。

女、音汝。澹、徒甘反。○武城、魯下邑。澹臺、姓。滅明、名。字、子羽。徑、路之小而捷者。公事、如飲射讀法之類。不由徑、則動必以正、而無見小欲速之意可知。非公事不見邑宰、則其有以自守、而無枉己徇人之私可見矣。○楊氏曰、爲政以人才爲先。故孔子以得人爲問。如滅明者、觀其二事之小、而其正大之情可見矣。後世有不由徑者、人必以爲迂。不至其室、人必以爲簡。非孔氏之徒、其孰能知而取之。愚謂、持身以滅明爲法、則無苟賤之羞。取人以子游爲法、則無邪媚之惑。

○子曰、孟之反不伐。奔而殿。將入門、策其馬曰、非敢後也。馬不進也。

殿、去聲。○孟之反、魯大夫、名側。胡氏曰、反、卽莊周所稱孟子反者是也。伐、誇功也。奔、敗走也。軍後曰殿。策、鞭也。戰敗而還、以後爲功。反奔而殿。故以此言自揜其功也。事在哀公十一年。○謝氏曰、人能操無欲上人之心、則人欲日消、天理日明。而凡可以矜己誇人者、皆無足道矣。然不知學者、欲上人之心、無時而忘也。若孟之反、可以爲法矣。

○子曰、不有祝鮀之佞、而有宋朝之美、難乎說見二拙著論語解義一。可二參看一。
○佞口才捷利、不二必諂諛一。憲問篇云、祝鮀治二宗廟一。
○何晏集解本、戸下有二者字一。
○孔安國云、言人立レ身成レ功、當レ由レ道。譬猶二出入、要當ㇾ從レ戸。皇侃云、道、先王之道也。
○物茂卿云、文、謂二禮樂一。史、掌二文書一。故朝廷制度、朝會・聘問儀節、莫レ不二通曉一、而德行不二必皆有一也。
○馬融云、言人所下以生二於世一而自終上者、以二其正直道一也。

免二於今之世一矣。鮀、徒何反。○祝、宗廟之官。鮀、衛大夫、字、子魚。有二口才一。朝、宋公子、有二美色一。言衰世好レ諛悦レ色。非レ此難レ免。蓋傷レ之也。

○子曰、誰能出不レ由レ戸。何莫レ由二斯道一也。言人不レ能レ出不レ由レ戸、何故乃不レ由二此道一耶。怪而歎レ之之辭。○洪氏曰、人知二出必由一レ戸、而不レ知二行必由一レ道。非二道遠一レ人、人自遠爾。

○子曰、質勝レ文則野。文勝レ質則史。文質彬彬、然後君子。野、野人、言二鄙略一也。史、掌二文書一、多聞習レ事、而誠或不レ足也。彬彬、猶二班班一、物相雜而適均之貌。言學者當二損レ有レ餘、補一レ不レ足。至二於成德一、則不レ期レ然而然矣。○楊氏曰、文質不レ可二以相勝一。然質之勝レ文、猶下之甘可二以受一レ和、白可中以受上レ采也。文勝而至二於滅一レ質、則其本亡矣。雖レ有レ文、將二安施一乎。然則與二其史一也寧野。

○子曰、人之生也直、罔レ之生也、幸而免。程子曰、生理本直。罔、不レ直也。而亦生者、幸而免爾。

○包咸云、學問知レ之者、不レ如二好レ之者篤一。好レ之者、不レ如二樂レ之者深一。

○王肅云、上、謂二上知之所一レ知也。兩擧二中人一、以二其可一レ上可レ下也。」帆足萬里云、上謂二天道知命之屬一也。

○安井衡云、裁二制事物一、各得二其宜一之謂レ義。民義、謂二人所一レ宜レ爲。此與二鬼神一對。故變レ人曰レ民。非二下民一也。爲政篇曰、非二其鬼一而祭レ之、諂也、見レ義不レ爲無レ

○子曰、知レ之者、不レ如二好レ之者一。好レ之者、不レ如二樂レ之者一。好、去聲。樂、音洛。○尹氏曰、知レ之者、知レ有二此道一也。好レ之者、好而未レ得也。樂レ之者、有レ所レ得、而樂レ之也。○張敬夫曰、譬二之五穀一、知者、知二其可一レ食者也。好者、食而嗜レ之者也。樂者、嗜レ之而飽者也。知而不レ能レ好、則是知レ之未レ至也。好レ之而未レ及二於樂一、則是好レ之未レ至也。此古之學者、所二以自强而不一レ息者與。

○子曰、中人以上、可二以語一レ上也。中人以下、不レ可二以語一レ上也。以上之上、上聲。語、去聲。○語、告也。言教レ人者、當下隨二其高下一而告中語之上、則其言易レ入、而無二躐レ等之弊一也。○張敬夫曰、聖人之道、精粗雖レ無二二致一、但其施レ教、則必因二其材一而篤焉。蓋中人以下之質、驟而語レ之太高、非三惟不レ能二以入一、且將下妄意躐レ等、而有中不レ切二於身一之弊上。亦終二於下一而已矣。故就二其所レ及而語レ之。是乃所四以使三之切問近思、而漸進二於高遠一也。

○樊遲問レ知。子曰、務二民之義一、敬二鬼神一而遠レ之。可レ謂レ知矣。問レ仁。曰、仁者先レ難而後レ獲。可レ謂レ仁矣。知・遠、皆去聲。○民、亦人也。獲、謂レ得也。專用二力於人道之所一レ宜、而不レ惑二於鬼神之不一レ可レ知、知者之事也。先二其事之所一レ難、而後二其効之所一レ得、仁者之心也。

勇也。與ㇾ此互相發。

○包咸云、知者自進。故動也。仁者無ㇾ欲。故靜也。又云、性靜者多壽考。

○安井衡云、樂、音洛、性與ㇾ之合也。釋文、五教反、則尚不ㇾ免ㇾ有二希望之意一。其義反淺。

○安井衡云、此論二風俗一也。風俗者、政事之田地、風俗善、則政教易ㇾ成。齊有二霸者之餘風一、俗尚二權詐一。故王者有ㇾ興、不ㇾ若二魯易ㇾ成也。

朱註 不ㇾ得ㇾ試―試、用也。

○觚不ㇾ觚―上觚指二其器一、下觚謂二其制一。

此必因二樊遲之失一而告ㇾ之。○程子曰、人多信二鬼神一惑也。而不ㇾ信者、又不ㇾ能ㇾ敬。能敬能遠、可ㇾ謂ㇾ知矣。又曰、先ㇾ難、克ㇾ己也。以ㇾ所ㇾ難爲ㇾ先、而不ㇾ計ㇾ所ㇾ獲、仁也。呂氏曰、當ㇾ務爲ㇾ急、不ㇾ求ㇾ所ㇾ難ㇾ知。力行ㇾ所ㇾ知、不ㇾ憚ㇾ所ㇾ難ㇾ爲。

○子曰、知者樂ㇾ水、仁者樂ㇾ山。知者動、仁者靜。知者樂、仁者壽。

知、去聲。樂、上二字、並五教反。下一字、音洛。○樂、喜好也。知者達二於事理一而周流無ㇾ滯、有ㇾ似二於水一。故樂ㇾ水。仁者安二於義理一而厚重不ㇾ遷、有ㇾ似二於山一。故樂ㇾ山。動靜、以ㇾ體言、樂壽、以ㇾ效言也。動而不ㇾ括。故樂。靜而有ㇾ常。故壽。○程子曰、非下體二仁知之深一者上、不ㇾ能ㇾ如ㇾ此形二容之一。

○子曰、齊一變、至二於魯一。魯一變、至二於道一。

孔子之時、齊俗急二功利一、喜二夸詐一。乃霸政之餘習。魯則重二禮教一、崇二信義一。猶有二先王之遺風一焉。但人亡政息、不ㇾ能ㇾ無二廢墜一爾。道、則先王之道也。言二二國之政俗有二美惡一。故其變而之ㇾ道、有二難易一。○程子曰、夫子之時、齊强魯弱。孰不三以爲二齊勝ㇾ魯也。然魯猶存二周公之法制一。齊由二桓公之霸一、爲二從ㇾ簡尚ㇾ功之治一、太公之遺法變易盡矣。故一變乃能至ㇾ魯。魯則修二擧廢墜一而已。一變則至二於先王之道一也。愚謂、二國之俗、唯夫子爲二能變ㇾ之、而不ㇾ得ㇾ試。然因二其言一以考ㇾ之、則其施爲緩急之序、亦略可ㇾ見矣。

○子曰、觚不ㇾ觚。觚哉。觚哉。

觚、音孤。○觚、稜也。或曰、酒器。或曰、木簡。皆器之有ㇾ稜者也。不ㇾ觚

者、蓋當時失二其制一、而不レ爲レ稜也。觚哉、觚哉。言不レ得レ爲レ觚也。○程子曰、觚而失二其形制一、則非レ觚也。擧二一器一、而天下之物、莫レ不二皆然一。故君而失二其君之道一、則爲レ不レ君。臣而失二其臣之職一、則爲二虛位一。范氏曰、人而不レ仁、則非レ人。國而不レ治、則不レ國矣。

○宰我問曰、仁者雖三告レ之曰二井有フ仁焉、其從レ之也。子曰、何爲其然也。君子可レ逝也。不レ可レ陷也。可レ欺也。不レ可レ罔也。

劉聘君曰、有レ仁之仁、當レ作レ人。今從レ之。從、謂下隨二之於井一而救セ之也。宰我信レ道不レ篤、而憂三爲レ仁之陷フ害。故有二此問一。逝、謂レ使三之往救一。陷、謂レ陷二之於井一。欺、謂三誑レ之以二理之所フ有。罔、謂三昧レ之以二理之所フ無。蓋身在二井上一、乃可三以救二井中之人一。若從二之於井一、則不三復能フ救レ之矣。此理甚明、人所レ易レ曉。仁者雖下切二於救フ人、而不セ私二其身一、然不レ應三如レ此之愚一也。

○子曰、君子博學二於文一、約レ之以レ禮、亦可三以弗一レ畔カ矣夫。

夫、音扶。○約、要也。畔、背也。君子學欲二其博一。故於レ文無レ不レ考。守欲二其要一。故其動必以レ禮。如レ此、則可三以不フ背二於道一矣。○程子曰、博學二於文一而不三約レ之以フ禮、必至二於汗漫一。博學矣、又能守レ禮而由二於規矩一、則亦可三以不フ畔レ道矣。

○物茂卿云、宰我井仁之問、慮三孔子陷フ禍、而以二微言一諷レ之也。古注・新注、其義甚淺無レ味。宰我之智、豈不レ知レ之。

朱註 劉聘君—名、勉之、字、致中、號二草堂一。建安人、朱子婦翁。

○帆足萬里云、約、約束也。約レ之以レ禮、以レ禮約二束其身一而使レ不レ失レ道也。

朱註 汗漫—渺茫貌。言三其無二歸宿一也。

○南子—宋女、子姓。

○安井衡云、孟子曰、仲尼不爲已甚者（離婁下篇）故陽貨之欲見孔子、孔子不見。及其饋蒸豚、乃往謝之（滕文公下篇）、禮不得不謝也。其見南子、亦猶如是耳。

朱註 所不與崔慶—見左傳襄公二十五年。

○中庸。鮮下有能字。似長。何晏云、世亂、先王之道廢、民鮮能行此道、久矣。

○卷子本・皇侃本衆下、竝有者字。

○子見南子。子路不說。夫子矢之曰、予所否者、天厭之。天厭之。

說、音悅。否、方九反。○南子、衞靈公之夫人、有淫行。孔子至衞。南子請見。孔子辭謝。不得已而見之。蓋古者仕於其國、有見其小君之禮。而子路、以夫子見此淫亂之人爲辱。故不悅。矢、誓也。所、誓辭也。如云所不與崔慶者之類。否、謂不合於禮、不由其道也。厭、棄絕也。聖人道大德全、無可不可。其見惡人、固謂在我有可見之禮、則彼之不善、我何與焉。然此豈子路所能測哉。故重言以誓之。欲其姑信此而深思以得之也。

○子曰、中庸之爲德也、其至矣乎。民鮮久矣。

鮮、上聲。○中者、無過不及之名也。庸、平常也。至、極也。鮮、少也。言民少此德、今已久矣。○程子曰、不偏之謂中、不易之謂庸。中者、天下之正道。庸者、天下之定理。自世教衰、民不興於行、少有此德久矣。

○子貢曰、如有博施於民、而能濟衆、何如、可謂仁乎。子曰、何事於仁。必也聖乎。堯舜其猶

朱註 醫書云云—素問風論云、衛氣有所凝而不行。故其肉有不仁也。痺論云、脾氣熱、則胃乾而渴、肌肉不仁、發爲肉痿。○五十乃衣帛云云—出孟子、梁惠王上篇。

病諸。施、去聲。○博、廣也。仁以理言、通乎上下。聖以地言。則造其極之名也。乎者、疑而未定之辭。病、心有所不足也。言此何止於仁。必也聖人能之乎。則雖堯舜之聖、其心猶有所不足於此也。以是求仁、愈難而愈遠矣。

夫仁者、己欲立而立人、己欲達而達人。夫、音扶。○以己及人、仁者之心也。於此觀之、可以見天理之周流而無閒矣。狀仁之體、莫切於此。

能近取譬、可謂仁之方也已。譬、喩也。方、術也。近取諸身、以己所欲、譬之他人、知其所欲亦猶是也。然後推其所欲、以及於人、則恕之事、而仁之術也。於此勉焉、則有以勝其人欲之私、而全其天理之公矣。○程子曰、醫書以手足痿痹爲不仁。此言最善名狀。仁者以天地萬物爲一體。莫非己也。認得爲己、何所不至。若不屬己、自與己不相干。如手足之不仁。氣已不貫、皆不屬己。故博施濟衆、乃聖人之功用。仁至難言。故止曰、己欲立而立人、己欲達而達人。能近取譬、可謂仁之方也已。欲令如是觀仁、可以得仁之體。又曰、論語、言堯舜其猶病諸者二。夫博施者、豈非聖人之所欲。然必五十乃衣帛、七十乃食肉。聖人之心、非不欲少者亦衣帛食肉也。顧其養有所不贍爾。此病其施之不博也。濟衆者、豈非聖人之所欲。然治不過九州。聖人非不欲四海之外、亦兼濟也。顧其治有所不及爾。此病其濟之不衆也。推此以求修己以安百姓、則爲病可知。苟以吾治已足、則便不是聖人。呂氏曰、子貢有志於仁、徒事高遠、未知其方。孔子教以於己取之。庶近而可入。是乃爲仁之方、雖博施濟衆、亦由此進。

論語卷之四

述而第七

此篇多記二聖人謙レ己誨レ人之辭、及其容貌行事之實一。凡三十七章。

〇子曰、述而不レ作。信而好レ古。竊比二於我老彭一。

好、去聲。〇述、傳レ舊而已。作、則創始也。故作非二聖人一不レ能。而述則賢者可レ及。竊比、尊レ之之辭。我、親レ之之辭。老彭、商賢大夫、見二大戴禮一。蓋信レ古而傳述者也。孔子刪二詩書一、定二禮樂一、贊二周易一、修二春秋一。皆傳二先王之舊一、而未二嘗有レ所レ作也。故其自言如レ此。蓋不四惟不三敢當二作者之聖一、而亦不三敢顯然自附二於古之賢人一。蓋其德愈盛、而心愈下、不三自知二其辭之謙一也。然當二是時一、作者略備。夫子蓋集二羣聖之大成一而折二衷之一。其事雖レ述、而功則倍二於作一矣。此又不レ可レ不レ知也。

〇子曰、默而識レ之、學而不レ厭、誨レ人不レ倦。何有二於我一哉。

識、音志。又如レ字。〇識、記也。默識、謂三不レ言而存二諸心一也。一說、識、知也。不レ言而心解也。前說近レ是。何有二於我一、言何者能有二於我一也。三者、已

〇邢昺云、此篇皆明二孔子之志行一也。以下前篇論二賢人君子及仁者之德行一、成レ德有上漸、故以二聖人一次レ之。

朱註 大戴禮—虞戴德篇。

〇何有二於我一哉—言舍二是三者一之外、復何有。朱註恐非。

朱註 記—記得不二遺忘一也。

○孔安國云、夫子常以二此四者一爲レ憂。

○鄭玄本、燕作レ宴。後漢書、仇覽傳註、引作レ宴、與二鄭本一合。按、宴、正字、燕、假借字。

○中井積德云、此夫子自嘆二其身之衰一也。嘆レ身卽所三以嘆二レ世。

非三聖人之極至二、而猶不三敢當二。則謙而又謙之辭也。

○子曰、德之不レ脩、學之不レ講、聞レ義不レ能レ徙、不善不レ能レ改、是吾憂也。

尹氏曰、德必脩而後成。學必講而後明。見レ善能徙。改レ過不レ吝。此四者日新之要也。苟未レ能レ之、聖人猶憂。況學者乎。

○子之燕居、申申如也。夭夭如也。

燕居、閒暇無事之時。楊氏曰、申申、其容舒也。夭夭、其色愉也。○程子曰、此弟子善形二容聖人一處也。爲二申申字、說不レ盡、故更著二夭夭字一。今人燕居之時、不二怠惰放肆一、必太嚴厲。嚴厲時、著二此四字一不レ得。怠惰放肆時、亦著二此四字一不レ得。唯聖人便自有二中和之氣一。

○子曰、甚矣吾衰也。久矣、吾不三復夢見二周公一。

復、扶又反。○孔子盛時、志欲レ行二周公之道一。故夢寐之閒、如レ或レ見レ之。至三其老而不一レ能レ行也、則無三復是心二、而亦無三復是夢二矣。故因レ此而自歎二其衰之甚一也。○程子曰、孔子盛時、寤寐常存レ行二周公之道一。及二其老一也、則志慮衰而不レ可二以有一レ爲矣。蓋存レ道者、心無二老少之異一、而行レ道者、身老則衰也。

○帆足萬里云、據、如二據レ地之據一。以爲レ據也。依、如二衣之著レ身不一レ離也。

○邢昺云、束脩、是禮之薄者、其厚則有二玉帛之屬一。故云二以上一以包レ之也。

○卷子本・皇侃本、一隅下、有二而示レ之三字一。與二

○子曰、志二於道一、志者、心之所レ之之謂。道、則人倫日用之閒、所レ當レ行者、是也。知レ此、而心必之レ焉、則所レ適者正、而無二他岐之惑一矣。據二於德一、據、音倨。○據者、執守之意。德則行レ道而有レ得二於心一者也。得二之於心一、而守レ之不レ失、則終始惟一、而有二日新之功一矣。依二於仁一、依者、不レ違之謂。仁、則私欲盡去、而心德之全也。工夫至レ此、而無二終食之違一、則存養之熟、無三適而非二天理之流行一矣。游二於藝一。游者、玩レ物適レ情之謂。藝、則禮樂之文、射御書數之法、皆至理所レ寓、而日用之不レ可レ闕者也。朝夕游焉、以博二其義理之趣一、則應レ務有レ餘、而心亦無レ所レ放矣。○此章言人之爲レ學、當レ如レ是也。蓋學莫レ先二於立レ志。志レ道、則心存二於正一而不レ他。據レ德、則道得二於心一、而不レ失。依レ仁、則德性常用、而物欲不レ行。游レ藝、則小物不レ遺、而動息有レ養。學者於レ此、有二以不レ失二其先後之序、輕重之倫一焉。則本末兼該、內外交養、日用之閒、無二少閒隙一、而涵泳從容、忽不四自知三其入二於聖賢之域一矣。

○子曰、自レ行二束脩一以上、吾未二嘗無一レ誨焉。脩、脯也。十脡爲レ束。古者相見、必執レ贄以爲レ禮。束脩、其至薄者。蓋人之有レ生、同具二此理一。故聖人之於レ人、無レ不レ欲三其入二於善一。但不レ知二來學一、則無二往教之禮一。故苟以レ禮來、則無レ不レ有二以教一レ之也。

○子曰、不レ憤不レ啓。不レ悱不レ發。舉二一隅一、不下以二三

文選西京賦李善注所引合。

○此章、朱本、合前章爲一章。邢昺本分爲二章。今從邢本。

朱註此二者合前章而言。

○帆足萬里云、行三軍之行猶用也。

○詩經、小雅小旻篇、不敢暴虎。不敢馮河。馮、陵也。無舟陵波而渉也。

隅反、則不復也。憤、房粉反。悱、芳匪反。復、扶又反。○憤者、心求通而未得之意。悱者、口欲言而未能之貌。啓、謂開其意。發、謂達其辭。物之有四隅者、擧一可知其三。反者、還以相證之義。復、再告也。上章已言聖人誨人不倦之意。因幷記此。欲學者勉於用力、以爲受教之地也。○程子曰、憤悱、誠意之見於色辭者也。待其誠至而後告之。既告之、又必待其自得、乃復告爾。又曰、不待憤悱而發、則知之不能堅固。待其憤悱而後發、則沛然矣。

○子食於有喪者之側、未嘗飽也。臨喪哀、不能甘也。

○子於是日哭、則不歌。哭、謂弔哭。一日之內、餘哀未忘、自不能歌也。○謝氏曰、學者於此二者、可見聖人情性之正也。能識聖人之情性、然後可以學道。

○子謂顏淵曰、用之則行、舍之則藏。惟我與爾有是夫。舍、上聲。夫、音扶。○尹氏曰、用舍無與於己、行藏安於所遇。命不足道也。顏子幾於聖人。故亦能之。子路曰、子行三軍、則誰與。萬二千五百人爲軍。大國三軍。子路、見孔子獨美顏淵、自負其勇、意夫子若行三軍、必與己同。子曰、暴虎馮河、死而無悔者、吾不與也。必

朱註 徒搏―徒、空也。搏、手擊也。○徒涉―無ㇾ舟而渡ㇾ水也。

○而―史記、作ㇾ如。焦循云、而與ㇾ如通。

○皇侃云、周禮有二條狼氏一。職掌二執ㇾ鞭以趨避一。王出入、則八人夾ㇾ道。公則六人、侯伯四人、子男二人。鄭言、趨而避二行人一。若二今卒避ㇾ車之爲一也。

○齊―古、與ㇾ齋通。

也臨ㇾ事而懼、好ㇾ謀而成者也。馮、皮冰反。好、去聲。○暴虎、徒搏。馮河、徒涉。懼、謂ㇾ敬二其事一。成、謂ㇾ成二其謀一。言ㇾ此、皆以抑二其勇一而教ㇾ之。然行ㇾ師之要、實不ㇾ外ㇾ此。子路蓋不ㇾ知也。○謝氏曰、聖人於二行藏之閒一、無ㇾ意無ㇾ必。其行非ㇾ貪ㇾ位。其藏非二獨善一也。若有二欲心一、則不ㇾ用而求ㇾ行、舍ㇾ之而不ㇾ藏矣。是以惟顏子爲ㇾ可三以與二於此一。子路雖ㇾ非下有二欲心一者上、然未ㇾ能ㇾ無二固必一也。至下以ㇾ行二三軍一爲上ㇾ問、則其論益卑矣。夫子之言、蓋因二其失一而救ㇾ之。夫不ㇾ謀無ㇾ成、不ㇾ懼必敗。小事尙然。而況於ㇾ行二三軍一乎。

○子曰、富而可ㇾ求也、雖二執鞭之士一、吾亦爲ㇾ之。如不ㇾ可ㇾ求、從二吾所一ㇾ好。好、去聲。○執鞭、賤者之事。設言、富若可ㇾ求、則雖下身爲二賤役一以求上ㇾ之、亦所ㇾ不ㇾ辭。然有ㇾ命焉。非ㇾ求ㇾ之可ㇾ得也、則安二於義理一而已矣。何必徒取ㇾ辱哉。○蘇氏曰、聖人未三嘗有ㇾ意二於求一ㇾ富也。豈問二其可不可一哉。爲二此語一者、特以明二其決不ㇾ可ㇾ求爾。楊氏曰、君子非下惡二富貴一而不上ㇾ求。以三其在ㇾ天無二可ㇾ求之道一也。

○子之所ㇾ愼、齊・戰・疾。齊、側皆反。○齊之爲ㇾ言、齊也。將ㇾ祭而齊二其思慮之不ㇾ齊者一、以交二於神明一也。誠之至與ㇾ不ㇾ至、神之饗與ㇾ不ㇾ饗、皆決二於此一。戰、則衆之死生、國之存亡繫焉。疾、又吾身之所二以死生存亡一者、皆不ㇾ可二以不一ㇾ謹也。○尹氏曰、夫子無ㇾ所ㇾ不ㇾ謹。弟子記二其大者一耳。

○三月ー言二其久一也。物茂卿云、子在レ齊、聞レ韶三月。句。聞レ韶者、學レ韶也。

朱註 史記ー孔子世家。

○卷子本・皇侃本、也下曰上、有二子字一。

○卷子本・皇侃本、何怨下有二乎字一。與二左傳哀公三年、正義・史記、伯夷傳索隱所レ引合。可レ從。

○子在レ齊、聞レ韶三月。不レ知二肉味一。曰、不レ圖爲レ樂之至二於斯一也。

史記、三月上、有二學レ之二字一。不レ知二肉味一、蓋心一二於是一、而不レ及二乎他一也。曰、不レ意舜之作レ樂至二於如レ此之美一。則有三以極二其情文之備一、而不レ覺二其歎息之深一也。蓋非二聖人一不レ足三以及二此。○范氏曰、韶盡レ美、又盡レ善。樂之無三以加二此也。故學レ之三月、不レ知二肉味一、而歎二美之一如レ此。誠之至、感之深也。

○冉有曰、夫子爲（タスケン）二衞君一乎。子貢曰、諾、吾將レ問レ之。

爲、去聲。○爲、猶レ助也。衞君、出公輒也。靈公、逐二其世子蒯聵一。公薨、而國人立二蒯聵之子輒一。於レ是晉納二蒯聵一、而輒拒レ之。時孔子居レ衞、衞人以下蒯聵得二罪於父一、而輒嫡孫當上レ立、故冉有疑而問レ之。諾、應辭也。

入曰、伯夷・叔齊何人也。曰、古之賢人也。曰、怨乎。曰、求レ仁而得レ仁。又何怨。出曰、夫子不レ爲也。

伯夷・叔齊、孤竹君之二子。其父將レ死、遺命立二叔齊一。父卒、叔齊遜二伯夷一。伯夷曰、父命也。遂逃去。叔齊亦不レ立而逃レ之。國人立二其中子一。其後武王伐レ紂。夷齊扣レ馬而諫。武王滅レ商。夷齊恥レ食二周粟一、去隱二于首陽山一、遂餓而死。怨、猶レ悔也。君子居二是邦一、不レ非二其大夫一。況其君乎。故子貢

○帆足萬里云、古以レ漿爲レ飲。貧者即飲レ水也。

○皇侃云、當二孔子爾時、年已四十五六一。故云加二我數年一、五十而學レ易也。此說可レ從。

朱註 劉忠定—名安世、字器之宋大名府元城人。

不レ斥二衞君一、而以二夷齊一爲レ問。夫子告レ之如レ此。則其不レ爲二衞君一可レ知矣。蓋伯夷以二父命一爲レ尊、叔齊以二天倫一爲レ重。其遜レ國也、皆求下所三以合二乎天理之正一、而即中乎人心之安上。既而各得二其志一焉、則視レ棄二其國一、猶二敝蹤一爾。何怨之有。若二衞輒之據レ國拒レ父、而唯恐レ失レ之、其不レ可二同レ年而語一明矣。○程子曰、伯夷・叔齊、遜レ國而逃、諫レ伐而餓。終無二怨悔一。夫子以爲レ賢。故知二其不レ與レ輒也。

○子曰、飯二疏食一、飲レ水、曲レ肱而枕レ之。樂亦在二其中一矣。不義而富且貴、於レ我如二浮雲一。

飯、符晚反。食、音嗣。枕、去聲。樂、音洛。○飯、食レ之也。疏食、麤飯也。聖人之心、渾然天理、雖レ處二困極一、而樂亦無レ不レ在焉。其視二不義之富貴一、如二浮雲之無一レ有、漠然無レ所レ動二於其中一也。○程子曰、非レ樂二疏食飲水一也。雖二疏食飲水一、不レ能レ改二其樂一也。不義之富貴、視レ之輕如二浮雲一然。又曰、須レ知二所レ樂者何事一。

○子曰、加二我數年一、五十以學レ易、可三以無二大過一矣。

劉聘君見二元城劉忠定公一、自言、嘗讀二他論一、加作レ假、五十作レ卒。蓋加・假、聲相近而誤讀。卒與二五十一、字相似而誤分也。愚按、此章之言、史記作下假二我數年一、若レ是我於レ易則彬彬矣上。加正作レ假、而無二五十字一。蓋是時孔子年已幾二七十一矣。五十字誤無レ疑也。學レ易則明二乎吉凶消長之理、進退存亡之道一。故可三以無二大過一。蓋聖人深見易道之無窮、而言此以教人、使知其不可不學、而又不可以易而學也。

○子所雅言、詩書・執禮。皆雅言也。雅、常也。執、守也。詩、以理情性、書、以道政事、禮、以謹節文。皆切於日用之實。故常言之。禮獨言執者、以人所執守而言。非徒誦說而已也。○程子曰、孔子雅素之言、止於如此。若性與天道、則有不可得而聞者。要在默而識之也。謝氏曰、此因學易之語、而類記之。

○葉公問孔子於子路。子路不對。葉、舒涉反。○葉公、楚葉縣尹、沈諸梁、字子高、僭稱公也。葉公不知孔子。必有非所問而問者。故子路不對。抑亦以聖人之德、實有未易名言者歟。子曰、女奚不曰、其爲人也、發憤忘食、樂以忘憂、不知老之將至云爾。未得、則發憤而忘食。已得、則樂之而忘憂。以是二者、俛焉日有孳孳、而不知年數之不足。但自言其好學之篤耳。然深味之、則見其全體至極、純亦不已之妙、有非聖人不能及者。蓋凡夫子之自言、類如此。學者宜致思焉。

○子曰、我非生而知之者。好古、敏以求之者

○史記孔子世家。

○孔安國云、雅言、正言也。鄭玄云、禮不誦。故言執。」劉台拱、論語駢枝云、孔子生長於魯、不能不魯語。惟誦詩讀書、執禮、必正言其音。所以重先王之訓典、謹末學之流失。此說可從。朱註、恐非。

○伊藤維楨云、當時之人、有以夫子爲生

知不一レ由レ學者上。故言レ此以曉レ人。

朱註 怪異―山精水妖、天變地異之類。○勇力―尙二血氣一而不レ顧二義理一。

○皇侃本・唐石經、作下我三人行、必得二我師一焉上。

○此章朱註未レ妥。說詳二拙著論語解義一。宜二參看一。

朱註 見レ賢思レ齊云云―里仁篇。

○包咸云、天生二德於予一者、謂三授レ我以二聖性一也。

也。好、去聲。○生而知レ之者、氣質清明、義理昭著、不レ待レ學而知也。敏、速也。謂二汲汲一也。○尹氏曰、孔子以二生知之聖一、每云レ好レ學者、非二惟勉一レ人也。蓋生而可レ知者、義理爾。若二夫禮樂名物、古今事變一、亦必待レ學而後、有三以驗二其實一也。

○子不レ語二怪・力・亂・神一。怪異・勇力・悖亂之事、非二理之正一。固聖人所レ不レ語。鬼神、造化之迹、雖レ非レ不レ正、然非二窮レ理之至一、有二未レ易レ明者一。故亦不二輕以語一レ人也。○謝氏曰、聖人語レ常而不レ語レ怪。語レ德而不レ語レ力。語レ治而不レ語レ亂。語レ人而不レ語レ神。

○子曰、三人行、必有二我師一焉。擇二其善者一而從レ之、其不善者而改レ之。三人同行、其一我也。彼二人者、一善、一惡、則我從二其善一、而改二其惡一焉。是二人者、皆我師也。○尹氏曰、見レ賢思レ齊、見二不賢一而內自省、則善惡皆我之師、進レ善其有レ窮乎。

○子曰、天生二德於予一。桓魋其如レ予何。魋、徒雷反。○桓魋、宋司馬向魋也。出二於桓公一。故又稱二桓氏一。魋欲レ害二孔子一。孔子言、天既賦レ我以二如レ是之德一、則桓魋其奈レ我何。言必不レ能二違レ天害一レ己。

○子曰、二三子以レ我爲レ隱乎。吾無レ隱乎爾。吾

○皇侃本、行上有二所字一。
○與、共也。物茂卿云、言吾所レ行、必與二二三子一共レ之。莫レ有下所二隱而獨行一者上。蓋欲三二三子默而識一レ之也。

○帆足萬里云、文、詩書禮樂也。文行以正二其外一、忠信以治二其內一也。

○皇侃云、當時澆亂、人皆誇張、指レ無爲レ有、說レ虛爲レ盈、家貧約、而作二奢泰一。皆與レ恆反。
○善人以下、孔子異日之言也。以レ類合爲二一章一。故加二子曰字一。非二衍文一也。

無下行而不レ與二二三子一者上。是丘也。諸弟子以二夫子之道高深不レ可二幾及一、故疑二其有一レ隱、而不レ知二聖人作止語默無レ非レ教也。故夫子以二此言一曉レ之。與、猶レ示也。○程子曰、聖人之道、猶レ天然。門弟子、親炙而冀レ及レ之、然後知二其高且遠一也。使二誠以爲レ不レ可レ及、則趨向之心、不レ幾二於怠一乎。故聖人之教、常俯而就レ之如レ此。非三獨使二資質庸下者、勉思企及一、而才氣高邁者、亦不二敢躐易而進一也。呂氏曰、聖人體レ道無レ隱、與二天象一昭然、莫レ非二至教一。常以レ示レ人、而人自不レ察。

○子以レ四教。文・行・忠・信。行、去聲。○程子曰、教レ人以三學レ文脩レ行而存二忠信一也。忠信、本也。

○子曰、聖人吾不二得而見一レ之矣。得レ見二君子者一、斯可矣。聖人、神明不レ測之號。君子、才德出レ衆之名。子曰、善人吾不二得而見一レ之矣。得レ見二有レ恆者一、斯可矣。恆、胡登反。○子曰字、疑衍文。恆、常久之意。張子曰、有レ恆者、不レ貳二其心一。善人者、志二於仁一而無レ惡。亡而爲レ有、虛而爲レ盈、約而爲レ泰。難二乎有一レ恆矣。○亡、讀爲レ無。○三者、皆虛夸之事。凡若レ此者、必不レ能レ守二其常一也。○張敬夫曰、聖人君子、以レ學言。善人有レ恆者、以レ質言。愚謂、有レ恆者之與二聖人一、高下固懸絶矣。然未レ有下不レ自レ有レ恆而能至二於聖一者上也。故章末申言三有レ恆之義一。其示二人入レ德之門一、可レ謂二深切而著明一矣。

○子釣而不レ綱。弋不レ射レ宿（ネトリヲ）。射、食亦反。○綱、以二大繩一屬レ網、絶レ流而漁者也。弋、以二生絲一繫レ矢而射也。宿、宿鳥。○洪氏曰、孔子少貧賤、爲二養與一レ祭、或不レ得レ已而釣弋。如二獵較一是也。然盡レ物取レ之、出二其不意一、亦不レ爲也。此可レ見二仁人之本心一矣。待レ物如レ此。待レ人可レ知。小者如レ此。大者可レ知。

○子曰、蓋有下不レ知而作レ之者上。我無レ是也。多聞擇二其善者一而從レ之、多見而識レ之、知之次也。識、音志。○不レ知而作、不レ知二其理一而妄作也。孔子自言、未三嘗妄作一。蓋亦謙辭。然亦可レ見三其無二所レ不レ知也。識、記也。所レ從不レ可レ不レ擇。記則善惡皆當レ存レ之以備二參考一。如レ此者、雖レ未レ能三實知二其理一、亦可三以次二於知レ之者一也。

○互鄕難二與言一。童子見。門人惑。見、賢遍反。○互鄕、鄕名。其人習二於不善一、難二與言一レ善。惑者、疑三夫子不レ當レ見レ之也。

子曰、與（ユルス）二其進一也。不レ與二其退一也。唯何

○孔安國云、釣者、一竿釣。綱者、爲二大綱一以橫二絶流一、以レ繳繫レ釣。羅屬著レ綱。」蓋我邦所レ謂延繩（ナハ）者也。朱註恐非。

朱註 獵較—見二孟子、萬章下篇一。

○安井衡云、知之次、與二不レ知而作レ之之知一同。皆謂レ知レ道（中略）多聞擇二其善者一而從レ之、多見而識二錄之一、雖レ未レ能レ作、猶勝三夫不レ知而妄作者一。可三以爲二知道之次一也。

○伊藤維楨云、聖人待レ物之仁、猶三天地之造二化萬物一。生者自生、殺者自殺。而生物之心、自無レ息二於其閒一。何其大哉。

○鄭玄云、往猶レ去也。人虛レ己自潔而來、當レ與二其進一レ之。亦何能保二其去後之行一也。此說可レ從。保、保二證將來一之義。

○司敗—陳楚名二司寇一、爲二司敗一。

○皇侃本、子下曰上、有二對字一。

○取、娶古字。

○同姓—昭公是周公後。吳是大伯後。昭公與レ吳同姬姓。

甚。人潔レ己以進、與二其潔一也。不レ保二其往一也。疑此章有二錯簡一。人潔至二往也一、十四字、當レ在下與二其進一也之前上。潔、脩治也。與、許也。往、前日也。言人潔レ己而來、但許二其能自潔一耳。固不レ能レ保二其前日所レ爲之善惡一也。但許二其進而來見一耳。非レ許二其既退而爲二不善一也。蓋不レ追二其既往一。不レ逆二其將來一。以二是心一至、斯受レ之耳。唯字上下、疑又有二闕文一。大抵亦不レ爲二已甚一之意。○程子曰、聖人待レ物之洪如レ此。

○子曰、仁遠乎哉。我欲レ仁、斯仁至矣。仁者、心之德、非レ在レ外也。放而不レ求。故有二以爲レ遠者一。反而求レ之、則即レ此而在矣。夫豈遠哉。○程子曰、爲レ仁由レ己。欲レ之則至。何遠之有。

○陳司敗問。昭公知レ禮乎。孔子曰、知レ禮。陳、國名。司敗、官名。即司寇也。昭公、魯君、名稠。習二於威儀之節一。當時以爲レ知レ禮。故司敗以爲レ問。而孔子答レ之如レ此。孔子退。揖二巫馬期一而進レ之曰、吾聞、君子不レ黨。君子亦黨乎。君取二於吳一。爲二同姓一。謂二之吳孟子一。君而知レ禮、孰不レ知レ禮。取、七住反。○巫馬、姓。期、字。孔子弟子、名施。司敗揖而進レ之也。相助匿レ非曰レ黨。禮、不レ娶二同姓一。而魯與レ吳皆姬姓。謂二之吳孟子一者、諱レ之使下若二宋女子

○佐藤坦云、昭公取二於同姓一、以二子字一配稱。或若二美稱一然、或若二宋女一然。是其掩飾之術也。

○巫馬期以告云云—孔安國、云以二司敗之言一告也。諱二國惡一禮也。聖人道弘。故受以爲レ過也。

○何晏云、樂二其善一。故使二重歌一、而後自和レ之也。

姓者一然上。

巫馬期以告。子曰、丘也幸。苟有レ過、人必知レ之。孔子不レ可二自謂レ諱二君之惡一。又不レ可下以レ娶二同姓一爲上レ知レ禮。故受以爲レ過而不レ辭。○吳氏曰、魯蓋夫子父母之國。昭公、魯之先君也。司敗又未三嘗顯言二其事一。而遽以レ知レ禮爲レ問。其對レ之宜レ如レ此也。及三司敗以爲レ有レ黨、而夫子受以爲レ過。蓋夫子之盛德、無レ所レ不レ可也。然其受以爲レ過也、亦不四正言三其所二以過一。初若下不レ知二孟子之事一者上。可三以爲二萬世之法一矣。

○子與レ人歌而善、必使レ反レ之、而後和レ之。○和、去聲。反、復也。必使二復歌一者、欲下得二其詳一而取中其善上也。而後和レ之者、喜下得二其詳一而與中其善上也。此見下聖人氣象從容、誠意懇至、而其謙遜審密、不レ掩二人善一又如上レ此。蓋一事之微、而衆善之集、有下不レ可二勝既一者上焉。讀者宜二詳味一レ之。

○子曰、文莫二吾猶レ人也。躬行二君子一、則吾未三之有レ得。莫、疑辭。猶レ人、言不レ能レ過レ人、而尚可二以及レ人。未三之有レ得、則全未レ有レ得。皆自謙之辭。而足三以見二言行之難易緩急一。欲三人之勉二其實一也。○謝氏曰、文、雖二聖人一無レ不二與レ人同一。故不レ遜。能躬行二君子一、斯可二以入レ聖。故不レ居。猶レ言二君子道者三、我無レ能焉。

○子曰、若ニ聖與一レ仁、則吾豈敢。抑爲（マナビテ）レ之（ヲ）不レ厭、誨レ人不レ倦、則可レ謂ニ云爾一已矣。公西華曰、正唯弟子不レ能レ學也。此亦夫子之謙辭也。聖者、大而化レ之。仁、則心德之全、而人道之備也。爲レ之、謂レ爲ニ仁聖之道一。誨レ人亦謂ニ以レ此教一レ人也。然不レ厭不レ倦、非ニ己有一レ之、則不レ能。所ニ以弟子不一レ能レ學也。○晁氏曰、當時有下稱ニ夫子聖且仁一者上。以レ故夫子辭レ之。苟辭レ之而已焉、則無下以進ニ天下之材一、率中天下之善上。將レ使下聖與レ仁爲ニ虛器一、而人終莫中能至上矣。故夫子雖レ不レ居ニ仁聖一、而必以ニ爲レ之不レ厭、誨レ人不一レ倦、自處也。可レ謂ニ云爾一已矣者、無レ他之辭也。公西華仰而歎レ之。其亦深知ニ夫子之意一矣。

○子疾病（ヘイナリ）。子路請レ禱。子曰、有レ諸。子路對曰、有レ之。誄曰、禱ニ爾于上下神祇一。子曰、丘之禱久矣。誄、力軌反。○禱、謂レ禱ニ於鬼神一。有レ諸、問下有ニ此理一否上。誄者、哀レ死而述ニ其行一之辭也。上下、謂ニ天地一。天曰レ神、地曰レ祇。禱者、悔レ過遷レ善、以祈ニ神之佑一也。無ニ其理一則不ニ必禱一。既曰レ有レ之、則聖人未ニ嘗有一レ過、無ニ善可一レ遷。其素行固已合ニ於神明一。故曰、丘之禱久矣。又士喪禮、疾病行ニ禱五祀一。蓋臣子迫切之至情、有下不レ能ニ自已一者上。

○皇侃云、爲、猶レ學也。爲レ之不レ厭、謂下雖レ不四敢云ニ自有三仁聖二、而學ニ仁聖之道一、不上レ厭也。
○馬融云、正如レ所レ言、弟子猶不レ能レ學。況仁聖乎。

朱註 晁氏―名說之、字以道、宋人。

○皇侃云、疾甚曰レ病。孔子疾甚也。」鄭玄本、無ニ病字一。翟灝云、集解於ニ子罕篇一、始釋ニ病字一、則此有ニ病字一非。

朱註 士喪禮―儀禮篇名。行ニ禱五祀一、謂レ行ニ禱禮於五祀一也。

○不孫─孫、同レ遜。
○帆足萬里云、凡奢侈者、必至レ侮二蔑人一。儉嗇者、必至二固陋一。是自然之勢也。

○子張篇、子夏曰、君子有二三變一。望レ之儼然。卽レ之也溫。聽二其言一也厲。」物茂卿云、溫而厲、卽レ之也溫。聽二其言一也厲。威而不レ猛。恭而安、望レ之儼然。

初不下請二於病者一而後禱上也。故孔子之於二子路一、不二直拒一レ之、而但告以三無レ所レ事レ禱之意一。

○子曰、奢則不孫。儉則固。與(ヨリハ)二其不孫(ナラン)一也、寧固。孫、去聲。○孫、順也。固、陋也。奢儉俱失レ中、而奢之害大。○晁氏曰、不レ得レ已而救二時之弊一也。

○子曰、君子坦蕩蕩。小人長戚戚。坦、平也。蕩蕩、寬廣貌。程子曰、君子循レ理。故常舒泰。小人役二於物一。故多二憂戚一。○程子曰、君子坦蕩蕩、心廣體胖。

○子溫而厲、威而不レ猛、恭而安。厲、嚴肅也。人之德性、本無レ不レ備、而氣質所レ賦、鮮レ有レ不レ偏。惟聖人全體渾然、陰陽合レ德。故其中和之氣、見二於容貌之閒一者如レ此。門人熟察而詳記レ之。亦可レ見二其用レ心之密一矣。抑非下知足三以知二聖人一、而善言二德行一者上、不レ能レ記。故程子以爲二曾子之言一。學者所レ宜二反復而玩一レ心也。

泰伯第八

凡二十一章。

○子曰、泰伯其可レ謂二至德一也已矣。三以二天下一讓、民無二得而稱一焉。

泰伯、周大王之長子。至德、謂下德之至極無二以復加一者上也。三讓、謂二固遜一也。無二得而稱一、其遜隱微、無二迹可一レ見也。蓋大王三子、長泰伯、次仲雍、次季歷。大王之時、商道寖衰、而周日彊大。季歷又生二子昌一、有二聖德一。大王因有二翦レ商之志一、而泰伯不レ從。大王遂欲下傳二位季歷一以及上レ昌。泰伯知レ之、卽與二仲雍一逃二之荊蠻一。於レ是大王乃立二季歷一、傳レ國至レ昌、而三二分天下一、有二其二一。是爲二文王一。文王崩、子發立。遂克レ商而有二天下一。是爲二武王一。夫以二泰伯之德一、當二商周之際一、固足下以朝二諸侯一有中天下上矣。乃棄不レ取。而又泯二其迹一焉。則其德之至極爲二如何一哉。蓋其心卽夷齊扣レ馬之心、而事之難レ處、有二甚レ焉者一。宜夫子之歎息而讚二美之一也。泰伯不レ從、事見二春秋傳一。

○子曰、恭而無レ禮則勞。愼而無レ禮則葸。勇而無レ禮則亂。直而無レ禮則絞。

葸、絲里反。絞、古卯反。○葸、畏懼貌。絞、急切也。無レ禮則無二節

○伊藤維楨云、以二天下一讓、謂レ讓二其國一。蓋因三周有二天下一而追二稱之一。聖賢之心、皆爲二天下一、而不レ爲レ己。泰伯之讓二季歷一、蓋爲二斯民一計也。而其後文武之道、大被二於天下一、民陰受二其賜一、而不レ知三實爲二泰伯之德一。此夫子所三以歎二其至德一也。

朱註春秋傳―僖公五年。

○安井衡云、絞、如二絞死之絞一。訓レ急是也。言責レ人急切、不二少假借一也。

文㆒。故有㆓四者之弊㆒。

○君子篤㆓於親㆒、則民興㆓於仁㆒。故舊不㆑遺、則民不㆑偸。

君子、謂㆔在㆑上之人㆒也。興、起也。偸、薄也。○張子曰、人道知㆑所㆓先後㆒、則恭不㆑勞。愼不㆑葸。勇不㆑亂。直不㆑絞。民化而德厚矣。○吳氏曰、君子以下、當㆔自爲㆓一章㆒。乃曾子之言也。愚按、此一節、與㆓上文㆒不㆓相蒙㆒。而與㆓首篇愼㆑終追㆑遠之意㆒相類。吳說近㆑是。

○曾子有㆑疾。召㆓門弟子㆒曰、啓㆓予足㆒、啓㆓予手㆒。詩云、戰戰兢兢、如㆑臨㆓深淵㆒、如㆑履㆓薄冰㆒。而今而後、吾知㆑免夫。小子。

夫、音扶。○啓、開也。曾子平日以爲、身體受㆓於父母㆒。不㆓敢毀傷㆒。故於㆑此使㆘弟子開㆓其衾㆒而視㆖之。詩、小旻之篇。戰戰、恐懼。兢兢、戒謹。臨㆑淵、恐㆑墜。履㆑冰、恐㆑陷也。曾子以㆓其所㆑保之全㆒示㆓門人㆒、而言㆘其所㆓以保㆑之之難㆖如㆑此。至㆓於將㆑死、而後知㆓其得㆑免㆓於毀傷㆒也。小子、門人也。語畢而又呼㆑之、以致㆓反復丁寧之意㆒。其警㆑之也深矣。○程子曰、君子曰㆑終、小人曰㆑死。君子保㆓其身㆒以沒。爲㆑終㆓其事㆒也。故曾子以㆓全歸㆒爲㆑免矣。尹氏曰、父母全而生㆑之、子全而歸㆑之。曾子臨㆑終而啓㆓手足㆒、爲㆑是故也。非㆑有㆑得㆓於道㆒、能如㆑是乎。范氏曰、身體猶不㆑可㆑虧。況虧㆓其行㆒、以辱㆓其親㆒乎。

○此章舊本皆合㆓前章㆒爲㆓一章㆒、非也。物茂卿云、君子篤㆓於親㆒以下、吳氏謂當㆔自爲㆓一章㆒。是也。翟灝云、四書辨疑曰、兩節文勢事理、皆不㆓相類㆒。分㆑此自作㆓一章㆒、實爲㆓愜當㆒。而以爲㆓曾子之言㆒、卻是過慮。

○孔安國云、言㆓此詩㆒者、喩㆔己常戒愼、恐㆑有㆑所㆓毀傷㆒。

○中井積德云、君子以レ位而言。與二下文有司一相照。欲下就二敬子身上一告戒上。故先稱二君子一。

○安井衡云、有無以レ道言、虛實以レ德言。

○曾子有レ疾。孟敬子問レ之。孟敬子、魯大夫仲孫氏、名捷。問レ之者、問二其疾一也。曾子言曰、鳥之將レ死、其鳴也哀。人之將レ死、其言也善。言、自言也。鳥畏レ死。故鳴哀。人窮反レ本。故言善。此曾子之謙辭。欲下敬子知二其所レ言之善一而識上レ之也。君子所レ貴二乎道一者三。動二容貌一、斯遠二暴慢一矣。正二顏色一、斯近レ信矣。出二辭氣一、斯遠二鄙倍一矣。籩豆之事、則有司存。遠・近、竝去聲。○貴、猶レ重也。容貌、擧二一身一而言。暴、粗厲也。慢、放肆也。信、實也。正二顏色一而近レ信、則非二色莊一也。辭、言語。氣、聲氣也。鄙、凡陋也。倍、與レ背同。謂レ背レ理也。籩、竹豆。豆、木豆。言道雖レ無レ所レ不レ在、然君子所レ重者、在二此三事一而已。是皆脩レ身之要、爲レ政之本。學者所レ當二操存省察一、而不レ可レ有二造次顚沛之違一者也。若夫籩豆之事、器數之末、道之全體、固無レ不レ該。然其分則有司之守、而非二君子之所一レ重矣。○程子曰、動二容貌一、擧二一身一而言也。周旋中レ禮、暴慢斯遠矣。正二顏色一則不レ妄。斯近レ信矣。出二辭氣一、正由レ中出、斯遠二鄙倍一。三者正レ身而不二外求一。故曰、籩豆之事、則有司存。尹氏曰、養二於中一則見二於外一。曾子蓋以レ脩レ己爲レ爲レ政之本。若二乃器用事物之細一、則有司存焉。

○曾子曰、以レ能問二於不能一、以レ多問二於寡一、有レドモ若ク

○帆足萬里云、犯、爲三人所二侵狂一也。

朱註 馬氏─名融、字季長、後漢人。才高博洽、著述甚富。鄭玄其徒也。

○鄭玄云、六尺之孤、年十五已下。」帆足萬里云、周六尺、當二本邦四尺三寸餘一。謂二十四五歲童子一。

○大節─何晏云、大節、安二國家一、定二社稷一。

○包咸云、弘、大也。毅、強而能斷也。士弘毅、然後能負二重任一、致二遠路一。

無キガ、實若レ虛、犯サルルモ而不レ校セ。昔者吾友嘗從二事於斯一矣。校、計校也。友、馬氏以爲二顏淵一。是也。顏子之心、唯知二義理之無一レ窮、不レ見二物我之有一レ閒。故能如レ此。○謝氏曰、不レ知二有レ餘在一レ己、不レ足在レ人。不下必得爲レ在レ己、失爲レ在レ人。非下幾二於無レ我者上不レ能也。

○曾子曰、可三以託二六尺之孤一、可三以寄二百里之命一。臨二大節一而不レ可レ奪也。君子人與、君子人也。與、平聲。○其才可下以輔二幼君一、攝中國政上、其節至二於死生之際一而不レ可レ奪。可レ謂二君子一矣。與、疑辭。也、決辭。設二爲問答一、所三以深著二其必然一也。○程子曰、節操如レ是、可レ謂二君子一矣。

○曾子曰、士不レ可三以不二弘毅一。任重而道遠。弘、寬廣也。毅、強忍也。非レ弘不レ能レ勝二其重一。非レ毅無三以致二其遠一。仁以爲二己任一。不二亦重一乎。死而後已。不二亦遠一乎。仁者、人心之全德、而必欲三以レ身體而力二行之一。可レ謂レ重矣。一息尚存、此志不レ容二少懈一。可レ謂レ遠矣。○程子曰、弘而不レ毅、則無二規矩一而難レ立。毅而不レ弘、則隘陋而無二以居レ之。又曰、弘大剛毅、然後能勝二重任一而遠到。

○子曰、興二於詩一、興、起也。詩、本二性情一。有レ邪有レ正。其爲レ言、既易レ知、而吟詠之閒、抑揚反覆、其感レ人又易レ入。故學者之初、所下以興二起其好レ善惡レ惡之心一、而不中能二自已一者、必於レ此而得レ之。立二於禮一、禮、以二恭敬辭遜一爲レ本、而有二節文度數之詳一。可三以固二人肌膚之會、筋骸之束一。故學者之中、所二以能卓然自立、而不下爲三事物之所二搖奪一者、必於レ此而得レ之。成二於樂一。樂、有二五聲十二律一。更唱迭和、以爲二歌舞八音之節一。可下以養二人之性情一、而蕩二滌其邪穢一、消中融其查滓上。故學者之終、所四以至三於義精仁熟、而自和二順於道德一者、必於レ此而得レ之。是學之成也。○按內則、十歲學二幼儀一、十三學レ樂誦レ詩、二十而後學レ禮、則此三者、非二小學傳授之次一。乃大學終レ身所レ得之難易先後淺深也。程子曰、天下之英才、不レ爲レ少矣。特以二道學不レ明、故不レ得レ有レ所二成就一。夫古人之詩、如二今之歌曲一。雖二閭里童稚一、皆習二聞之一而知二其說一。故能興起。今雖二老師宿儒一、尚不レ能レ曉二其義一。況學者乎。是不レ得レ興二於詩一也。古人自二洒掃應對一、以至二冠婚喪祭一、莫レ不レ有レ禮。今皆廢壞。是以人倫不レ明、治レ家無レ法。是不レ得レ立二於禮一也。古人之樂、聲音所三以養二其耳一。采色所三以養二其目一。歌詠所三以養二其性情一。舞蹈所三以養二其血脈一。今皆無レ之。是不レ得レ成二於樂一也。是以古之成レ材也易、今之成レ材也難。

○子曰、民可レ使レ由レ之。不レ可レ使レ知レ之。民可レ使三之由二於是理之當然一。而不レ能

○伊藤維楨云、詩出二於人情一、而其美刺亦足三以感レ人。故可二以興一。

○安井衡云、興者、興二發其志一也。立、猶レ定也。心行定立、不レ爲三物所二移動一也。成者、德之成也。樂主レ和。和順積二乎中一、德之所二以成一也。

○安井衡云、此論下爲二政敎一之法上。之字、指二政敎一。

朱註 朝四暮三―出二列子、黄帝篇一。蓋借二狙公之籠二羣狙一、以比下後世之愚二黔首一、不レ使三之知二而相籠上也。

○安井衡云、此章亦教レ人以二御レ世之法一。故以次二前章一也。

○周公―周公旦。

朱註 矜夸―挾二己之所一レ有、以夸レ人。○鄙嗇―慳二己之所一レ有、不レ與レ人。

○穀―如二憲問篇、邦有レ道穀之穀一。

レ使四之知三其所二以然一也。○程子曰、聖人設レ教、非レ不レ欲二人家喩而戸曉一也。然不レ能レ使二之知一。但能使三之由二之爾。若曰三聖人不レ使二民知一、則是後世朝四暮三之術也。豈聖人之心乎。

○子曰、好レ勇疾レ貧亂也。人而不仁、疾レ之已甚、亂也。

好、去聲。○好レ勇而不レ安レ分、則必作レ亂。惡二不仁之人一、而使三之無レ所レ容、則必致レ亂。二者之心、善惡雖レ殊、然其生レ亂則一也。

○子曰、如有二周公之才之美一、使二驕且吝一、其餘不レ足レ觀也已。

才美、謂二智能技藝之美一。驕、矜夸。吝、鄙嗇也。○程子曰、此甚言二驕吝之不可一也。蓋有二周公之德一、則自無二驕吝一。若但有二周公之才一而驕吝焉、亦不レ足レ觀矣。又曰、驕、氣盈。吝、氣歉。愚謂、驕吝雖レ有二盈歉之殊一、然其勢常相因。蓋驕者吝之枝葉、吝者驕之本根。故嘗驗二之天下之人一、未レ有二驕而不レ吝、吝而不レ驕者一也。

○子曰、三年學、不レ至二於穀一、不レ易レ得也。

易、去聲。○穀、祿也。至、疑當レ作レ志。爲レ學之久、而不レ求レ祿、如レ此之人、不レ易レ得也。○楊氏曰、雖三子張之賢一、猶以レ干レ祿爲レ問。況其下者乎。然則三年學而不レ至二於穀一、宜レ不レ易レ得也。

○子曰、篤信好學、守死善道。好、去聲。○篤、厚而力也。不篤信、則不能好學。然篤信而不好學、則所信或非其正。不守死、則不能以善其道。然守死而不足以善其道、則亦徒死而已。蓋守死者、篤信之效、善道者、好學之功。危邦不入、亂邦不居。天下有道則見、無道則隱。○見、賢遍反。○君子見危授命。則仕危邦者、無可去之義。在外則不入可也。亂邦、未危而刑政紀綱紊矣。故潔其身而去之。天下、擧一世而言。無道則隱其身而不見也。此惟篤信好學、守死善道者能之。邦有道、貧且賤焉、恥也。邦無道、富且貴焉、恥也。世治而無可行之道、世亂而無能守之節、碌碌庸人、不足以爲士矣。可恥之甚也。○晁氏曰、有學有守、而去就之義潔、出處之分明、然後爲君子之全德也。

○子曰、不在其位、不謀其政。程子曰、不在其位、則不任其事也。若君大夫問而告者、則有矣。

○子曰、師摯之始、關雎之亂、洋洋乎盈耳哉。

○危邦、謂將亂之國。亂邦、謂既亂之國。包咸云、危邦不入、謂始欲適。亂邦不居、今欲去。亂、謂臣弑君、子弑父。危者、將亂之兆。

○位—公卿大夫之位。

○物茂卿云、詩大序、關雎・麟趾・鵲巢・騶虞、是謂四始。始與亂、皆樂中名目。蓋言師摯之奏四始也、其關雎之亂、最盛美也。此說似長。

朱註 史記—孔子世家。」

朱註 不屑之教誨—出孟子、告子下篇。○蹄齧—蹄、與踶同。齧、反噬也。」

○中井積德云、追亡捉賊、而未及者、其心急急忙忙、弗少懈也。此借以喩焉。

○之—指學。

○衞靈公篇、子曰、無爲而治者、其舜與。與此章之義相發。

○孔安國云、則、法也。美堯能法天而行化。

摯、音志。雎七余反。○師摯、魯樂師、名摯也。亂、樂之卒章也。史記曰、關雎之亂、以爲風始。洋洋、美盛意。孔子自衞反魯而正樂。適師摯在官之初、故樂之美盛如此。

○子曰、狂而不直。侗而不愿。悾悾而不信。吾不知之矣。侗、音通。悾、音空。○侗、無知貌。愿、謹厚也。悾悾、無能貌。吾不知之者、甚絶之之辭。亦不屑之教誨也。○蘇氏曰、天之生物、氣質不齊。其中材以下、有是德、則有是病、有是病、必有是德。故馬之蹄齧者、必善走。其不善者、必馴。有是病而無是德、則天下之棄才也。

○子曰、學如不及、猶恐失之。言人之爲學、既如有所不及矣。而其心猶竦然、惟恐其或失之。警學者當如是也。○程子曰、學如不及、猶恐失之、不得放過。才說姑待明日、便不可也。

○子曰、巍巍乎、舜禹之有天下也、而不與焉。與、去聲。○巍巍、高大之貌。不與、猶言不相關。言其不以位爲樂也。

○子曰、大哉、堯之爲君也、巍巍乎。唯天爲大。唯堯則之。蕩蕩乎、民無能名焉。唯、猶獨也。則、猶準也。蕩蕩、廣遠之稱也。言物之高大、莫ㇾ有下過ニ於天一者上、而獨堯之德、能與ㇾ之準。故其德之廣遠、亦如ニ天之不ㇾ可下以ニ言語一形容上也。

巍巍乎、其有ニ成功一也。煥乎、其有ニ文章一。 成功、事業也。煥、光明之貌。文章、禮樂法度也。堯之德、不ㇾ可ㇾ名。其可ㇾ見者此爾。○尹氏曰、天道之大、無ㇾ爲而成。唯堯則ㇾ之、以治ニ天下一。故民無ニ得而名一焉。所ㇾ可ㇾ名者、其功業文章、巍然煥然而已。

○舜有ニ臣五人一而天下治。 治、去聲。○五人、禹・稷・契・皐陶・伯益。

武王曰、予有ニ亂臣十人一。 書、泰誓之辭。馬氏曰、亂、治也。十人、謂ニ周公旦・召公奭・太公望・畢公・榮公・大顚・閎夭・散宜生・南宮适。其一人謂ニ文母一。劉侍讀、以爲子無ニ臣ㇾ母之義一。蓋邑姜也。九人治ㇾ外、邑姜治ㇾ內。或曰、亂、本作ㇾ乿。古治字也。

孔子曰、才難。不ニ其然一乎。唐虞之際、於ㇾ斯爲ㇾ盛。有ニ婦人一焉、九人而已。 稱ニ孔子一者、上係ニ武王一。君臣之際、記者謹ㇾ之。才難、蓋古語、而孔子然ㇾ之也。才者、德之用也。唐虞、堯舜有ニ天下一之號。際、交會之閒、言周室人才之多、惟唐虞之際、乃盛ニ於此一。降ㇾ自ニ夏商一、皆不ㇾ能ㇾ及。然猶但有ニ此數人一爾。是才之難ㇾ得也。

三ニ分天下一有ニ其二一、以服ニ事殷一。周之德、其可ㇾ謂ニ至德一也已矣。 春秋傳曰、文王率ニ商

○成功—如ニ書經、堯典、百姓昭明、黎民於變時雍一是也。

○漢書、儒林傳・論衡、齊世篇引、文章下、竝有ニ也字一。爲ㇾ是。

朱註 劉侍讀—名敞、字原父、宋人。○邑姜—武王后、太公女。

○帆足萬里云、才難、賢才難ㇾ得也。

○孔安國云、際者、堯舜交會之閒。斯、此也。此ニ於周一也。言堯舜交會之閒、比ニ於周一、周最盛ニ多賢才一。然尚有ニ一婦人一、其餘九人而已。人才難ㇾ得、豈不ㇾ然乎。

朱註 春秋傳—左傳襄公四年。

〇包咸云、方里爲レ井、井閒有レ溝。溝廣深四尺。十里爲レ成、成閒有レ洫。洫廣深八尺。

之畔國一、以事レ紂。蓋天下歸二文王一者六州。荊・梁・雍・豫・徐・揚也。惟青・兗・冀、尚屬レ紂耳。范氏曰、文王之德、足三以代レ商。天與レ之、人歸レ之。乃不レ取而服事焉。所三以爲二至德一也。孔子因二武王之言一、而及二文王之德一。且與二泰伯一皆以二至德一稱レ之。其指微矣。或曰、宜下斷三三分以下、別以二孔子曰一起レ之、而自爲中一章上。

〇子曰、禹吾無二閒然一矣。菲二飲食一、而致二孝乎鬼神一、惡二衣服一、而致二美乎黻冕一、卑二宮室一、而盡二力乎溝洫一。禹吾無二閒然一矣。

閒、去聲。菲、音匪。黻、音弗。洫、呼域反。〇閒、罅隙也。謂下指二其罅隙一而非中議之上也。菲、薄也。致二孝鬼神一、謂二享祀豐潔一。衣服、常服。黻、蔽膝也。以レ韋爲レ之。冕、冠也。皆祭服也。溝洫、田閒水道、以正二疆界一、備二旱潦一者也。或豐、或儉、各適二其宜一。所三以無二罅隙之可一レ議也。故再言以深美レ之。〇楊氏曰、薄二於自奉一、而所レ勤者民之事、所レ致レ飾者宗廟朝廷之禮。所レ謂有二天下一而不レ與也。夫何閒然之有。

論語卷之五

子罕第九

凡三十章。

○子罕言レ利。與レ命與レ仁。罕、少也。程子曰、計レ利則害レ義。命之理微、仁之道大。皆夫子所二罕言一也。

○達巷黨人曰、大哉孔子。博學而無レ所レ成レ名。達巷、黨名。其人姓名不レ傳。博學無レ所レ成レ名。蓋美二其學之博一、而惜三其不レ成二一藝之名一也。子聞レ之、謂二門弟子一曰、吾何執。執レ御乎、執レ射乎。吾執レ御矣。執、專執也。射御皆一藝、而御爲二人僕一、所レ執尤卑。言欲レ使三我何所レ執以成レ名乎。然則吾將レ執レ御矣。聞二人譽レ己、承レ之以レ謙也。○尹氏曰、聖人道全而德備。不レ可下以二偏長一目上レ之也。達巷黨人、見二孔子之大一、意二其所レ學者博一、而惜丁其不丙以二一善一得乙名於世甲。蓋慕二聖人一而不レ知者也。故孔子曰、欲レ使三我何所レ執而得レ成レ名乎。然則吾將レ執レ御矣。

○邢昺云、此篇皆論二孔子之德行一也。故以次二泰伯・堯・禹之至德一。

○物茂卿云、子罕言レ利。絕句。與レ命與レ仁。蓋孔子言レ利、則必與レ命俱、與レ仁俱。」清儒焦循亦有二此說一。可レ從。

○黨―五百家爲レ黨。

○無レ所レ成レ名―與下前篇民無二能名一焉上同。鄭玄云、美下孔子博學二道藝一不中成二一名一而已上。可レ從。尹說以爲レ惜。恐非。

〇子曰、麻冕禮也。今也純儉。吾從レ衆。麻冕、緇布冠也。純、絲也。儉、謂二省約一。緇布冠、以二三十升布一爲レ之。升八十縷、則其經二千四百縷矣。細密難レ成。不レ如二用レ絲之省約一。拜レ下禮也。今拜二乎上一、泰也。雖レ違レ衆、吾從レ下。臣與レ君行レ禮、當レ拜二於堂下一。君辭レ之、乃升成レ拜。泰、驕慢也。〇程子曰、君子處レ世、事之無レ害二於義一者、從レ俗可也。害二於義一、則不レ可レ從也。

〇子絶レ四。毋レ意、毋レ必、毋レ固、毋レ我。絶、無之盡者。毋、史記作レ無、是也。意、私意也。必、期必也。固、執滯也。我、私己也。四者相爲二終始一。起二於意一、遂二於必一、留二於固一、而成二於我一也。蓋意必常在二事前一。固我常在二事後一。至二於我一又生レ意、則物欲牽引、循環不レ窮矣。〇程子曰、此毋字、非二禁止之辭一。聖人絶二此四者一、何用二禁止一。張子曰、四者有レ一焉、則與二天地一不二相似一。楊氏曰、非下知足三以知二聖人一、詳視而默識上レ之、不レ足二以記レ此。

〇子畏二於匡一。畏者、有二戒心一之謂。匡、地名。史記云、陽虎曾暴二於匡一。夫子貌似二陽虎一。故匡人圍レ之。曰、文王既沒、文不レ在レ茲乎。道之顯者謂二之文一。蓋禮樂制度之謂。不レ曰レ道而曰レ文、亦謙辭也。茲、此也。孔子自謂。天之將レ喪二斯文一也、後死者不レ得レ與二於斯文一也。天

〇麻—績レ麻爲レ布也。
朱註 絲—蠶絲也。
〇安井衡云、此章、載二孔子制作之微意一也（中略）敎レ儉制レ驕、亦制レ人御レ世之一斑也。讀者其可レ不レ用レ心乎哉。

〇毋レ我—伊藤維楨云、毋レ我者、善與レ人同、舍レ己從レ人也。
〇帆足萬里云、此章語二聖人之行、唯義所レ在、從容中レ道也。
朱註 史記—孔子世家。
〇匡—宋地名。
朱註 史記—孔子世家。
〇中井積德云、此與三天生二德於予一（述而篇）一例、絶不レ見二謙意一。

○又多能—佐藤坦云、又字、見多能無與於聖。

之未喪斯文也、匡人其如予何。喪・與、竝去聲。○馬氏曰、文王既沒。故孔子自謂後死者。言天若欲喪此文、則必不使我得與於此文。今我既得與於此文、則是天未欲喪此文也。天既未欲喪此文、則匡人其奈我何。言必不能違天害己也。

○大宰問於子貢曰、夫子聖者與、何其多能也。大、音泰。與、平聲。○孔氏曰、大宰、官名。或吳、或宋、未可知也。與者、疑辭。大宰蓋以多能爲聖也。子貢曰、固天縱之、將聖。又多能也。縱、猶肆也。言不爲限量也。將、殆也。謙若不敢知之辭。聖無不通、多能乃其餘事。故言又以兼之。子聞之曰、大宰知我乎。吾少也賤。故多能鄙事。君子多乎哉、不多也。言由少賤、故多能。而所能者鄙事爾。非以聖而無不通也。且多能非所以率人。故又言君子不必多能、以曉之。牢曰、子云、吾不試、故藝。牢、孔子弟子、姓琴、字子開、一字子張。試、用也。言由不爲世用、故得以習於藝而通之。○吳氏曰、弟子記夫子此言之時、子牢因言昔之所聞、有如此者。其意相近。故併記之。

○子曰、吾有知乎哉、無知也。有鄙夫、問於我、

○空空―誠實貌。釋文云、空空、鄭或作二悾悾一。包咸云、悾悾、愨也。
○焦循云、此兩端、卽中庸、舜執二其兩端一、用二其中於民一之兩端也。
朱註 來儀―來舞而有二容儀一也。○龍馬―爾雅、馬八尺以上爲レ龍。
○齊衰―衰、麻服也。齊衰、有二下縫一也。○冕―大夫以上冠也。
○卷子本・皇侃本、少下有二者字一。
○帆足萬里云、仰レ之彌高、規模高大也。鑽レ之彌堅、其德深厚也。

空空如也。我叩二其兩端一而竭焉。叩、音口。○孔子謙言、己無二知識一。但其告レ人、雖三於至愚一、不二敢不一レ盡耳。叩、發動也。兩端、猶レ言二兩頭一。言終始本末、上下精粗、無レ所レ不レ盡。○程子曰、聖人之教レ人、俯就レ之若レ此。猶恐下衆人以爲二高遠一而不上レ親也。聖人之道、必降而自卑。不レ如レ此、則人不レ親。賢人之言、則引而自高。不レ如レ此、則道不レ尊。觀二於孔子・孟子一、則可レ見矣。尹氏曰、聖人之言、上下兼盡。卽二其近一、衆人皆可二與知一。極二其至一、則雖二聖人一亦無二以加一焉。是之謂二兩端一。如レ答二樊遲之問二仁知一、兩端竭盡無二餘蘊一矣。若二夫語レ上而遺レ下、語レ理而遺レ物、則豈聖人之言哉。

○子曰、鳳鳥不レ至、河不レ出レ圖。吾已矣夫。夫、音扶。○鳳、靈鳥。舜時來儀。文王時鳴二於岐山一。河圖、河中龍馬負レ圖、伏羲時出。皆聖王之瑞也。已、止也。○張子曰、鳳至圖出、文明之祥。伏羲舜文之瑞不レ至、則夫子之文章知二其已一矣。

○子見二齊衰者、冕衣裳者與一レ瞽者。見レ之雖レ少必作。過レ之必趨。齊、音咨。衰、七雷反。少、去聲。○齊衰、喪服。冕、冠也。衣、上服。裳、下服。冕而衣裳、貴者之盛服也。瞽、無レ目者。作、起也。趨、疾行也。或曰、少當レ作レ坐。○范氏曰、聖人之心、哀レ有レ喪、尊レ有レ爵、矜二不成人一。其作與レ趨、蓋有二不レ期然而然者一。尹氏曰、此聖人之誠心、內外一者也。

○顏淵喟然歎曰、仰レ之彌高、鑽レ之彌堅。瞻レ之

〇如有所立卓爾ー言顏淵既竭其才之效果也。舊註、皆爲夫子卓立、非。

朱註 可欲之謂善ー見孟子、盡心下篇。

朱註 請事斯語ーー見顏淵篇。〇三月不違ー見雍也篇。

在前、忽焉在後。喟、苦位反。鑽、祖官反。〇喟、歎聲。仰彌高、不可及。鑽彌堅、不可入。在前在後、恍惚不可爲象。此顏淵深知夫子之道、無窮盡、無方體而歎之也。

夫子循循然善誘人。博我以文、約我以禮。循循、有次序貌。誘、引進也。博文約禮、教之序也。言夫子道雖高妙、而教人有序也。侯氏曰、博我以文、致知格物也。約我以禮、克己復禮也。程子曰、此顏子稱聖人最切當處、聖人教人、唯此二事而已。

欲罷不能、既竭吾才。如有所立卓爾。雖欲從之、末由也已。卓、立貌。末、無也。此顏子自言其學之所至也。蓋悅之深、而力之盡、所見益親、而又無所用其力也。吳氏曰、所謂卓爾、亦在乎日用行事之閒。非所謂窈冥昏默者。程子曰、到此地位、功夫尤難。直是峻絕。又大段著力不得。楊氏曰、自可欲之謂善、充而至於大、力行之積也。大而化之、則非力行所及矣。此顏子所以未達一閒也。〇程子曰、此顏子所以爲深知孔子而善學之者也。胡氏曰、無上事而喟然歎。此顏子學既有得。故述其先難之故、後得之由、而歸功於聖人也。高堅前後、語道體也。仰鑽瞻忽、未領其要也。惟夫子循循善誘、先博我以文、使我知古今、達事變、然後約我以禮、使我尊所聞、行所知。如行者之赴家、食者之求飽。是以欲罷而不能、盡心盡力、不少休廢。然後見夫子所立之卓然、雖欲從之、末由也已。是蓋不怠所從。必求至乎卓立之地也。抑斯歎也、其在請事斯語之後、三月不違之時乎。

○病閒―皇侃云、閒、病勢斷絶、有閒隙也。

○馬融云、二三子、門人也。就使我有臣而死其手、我寧死於弟子之手乎。

○美玉―喩孔子之抱道。○藏・沽―喩孔子之行藏。

○子疾病。子路使門人爲臣。夫子時已去位、無家臣。子路欲以家臣治其喪。其意實尊聖人、而未知所以尊也。病閒、曰、久矣哉、由之行詐也。無臣而爲有臣。吾誰欺、欺天乎。閒、如字。○病閒、少差也。病時不知。既差乃知其事。故言我之不當有家臣、人皆知之。不可欺也。而爲有臣。則是欺天而已。人而欺天、莫大之罪。引以自歸。其責子路深矣。且予與其死於臣之手也、無寧死於二三子之手乎。且予縱不得大葬、予死於道路乎。無寧、寧也。大葬、謂君臣禮葬。死於道路、謂棄而不葬。又曉之以不必然之故。○范氏曰、曾子將死、起而易簀。曰、吾得正而斃焉、斯已矣。子路欲尊夫子、而不知無臣之不可爲有臣。是以陷於行詐、罪至欺天。君子之於言動、雖微不可不謹。夫子深懲子路、所以警學者也。楊氏曰、非知至而意誠、則用智自私、不知行其所無事。往往自陷於行詐欺天、而莫之知也。其子路之謂乎。

○子貢曰、有美玉於斯。韞匵而藏諸。求善賈

朱註 乘レ桴浮レ海—見二公冶長篇一。

○述而篇、默而識レ之、學而不レ厭、誨レ人不レ倦。何有二於我一乎。此章何有二於我一乎。正同二其義一。言我之爲レ人、能行二此四事一而已。餘無レ可レ稱也。

○孟子、離婁篇。原泉混

而沽レ諸。子曰、沽レ之哉。沽レ之哉。我待レ賈者也。韞、紆粉反。匵、徒木反。賈、音嫁。○韞、藏也。匵、匱也。沽、賣也。子貢以二孔子有レ道不一レ仕、故設二此二端一以問也。孔子言固當レ賣レ之。但當レ待レ賈、而不レ當レ求レ之耳。○范氏曰、君子未二嘗不一レ欲レ仕也。又惡レ不レ由二其道一。士之待レ禮、猶二玉之待一レ賈也。若下伊尹之耕二於野一、伯夷・太公之居中於海濱上、世無二成湯文王一、則終焉而已。必不下枉レ道以從レ人、衒レ玉而求上レ售也。

○子欲レ居二九夷一。東方之夷有二九種一。欲レ居レ之者、亦乘レ桴浮レ海之意。或曰、陋、如レ之何。子曰、君子居レ之、何陋之有。君子所レ居則化。何陋之有。

○子曰、吾自レ衞反レ魯、然後樂正、雅頌各得二其所一。魯哀公十一年冬、孔子自レ衞反レ魯。是時周禮在レ魯。然詩樂亦頗殘缺失レ次。孔子周二流四方一、參二互考訂一、以知二其說一。晚知二道終不一レ行。故歸而正レ之。

○子曰、出則事二公卿一、入則事二父兄一、喪事不二敢不一レ勉。不レ爲二酒困一。何有二於我一哉。說見二第七篇一。然此則其事愈卑、而意愈切矣。

○子在二川上一曰、逝者如レ斯夫。不レ舍二晝夜一。夫、音扶。舍、上聲。

者、莫レ如二川流一。故於レ此發、以示レ人。欲三學者時時省察、而無二毫髮之閒斷一也。○程子曰、此道體也。天運而不レ已。日往則月來、寒往則暑來。水流而不レ息、物生而不レ窮。皆與レ道爲レ體。運二乎晝夜一、未三嘗已二也。是以君子法レ之、自强不レ息。及二其至一也、純亦不レ已焉。又曰、自レ漢以來、儒者皆不レ識二此義一。此見二聖人之心、純亦不レ已也。純亦不レ已、乃天德也。有二天德一、便可レ語二王道一。其要只在レ謹レ獨。愚按、自レ此至二終篇一、皆勉二人進一レ學不レ已之辭。

○子曰、吾未レ見二好レ德如レ好レ色者一也。

好、去聲。○謝氏曰、好二好色一、惡二惡臭一、誠也。好レ德如レ好レ色、斯誠好レ德矣。然民鮮レ能レ之。○史記、孔子居レ衞。靈公與二夫人一同レ車、使二孔子爲二次乘一。招二搖市一過レ之。孔子醜レ之。故有二是言一。

○子曰、譬如レ爲レ山。未レ成二一簣一、止、吾止也。譬如レ平レ地。雖レ覆二一簣一、進、吾往也。

簣、求位反。覆、芳服反。○簣、土籠也。書曰、爲レ山九仞、功虧二一簣一。夫子之言、蓋出二於此一。言山成而但少二一簣一。其止者吾自止耳。平レ地而方覆二一簣一。其進者吾自往耳。蓋學者自强不レ息、則積レ少成レ多。中道而止、則前功盡棄。其止其往、皆在レ我而不レ在レ人也。

混、不レ舍二晝夜一。○安井衡云、春秋之末、天下大亂、人不レ聊二其生一。孔子欲下輔二明君一以拯上レ之。而世主不レ能レ用。歲月如レ流、孔子亦已老矣。偶見二川流之一去不一レ反、於レ是乎喟然以歎、而發二此言一也。

朱註 史記—孔子世家。
○招搖—如二翺翔一也。

○佐藤坦云、平レ地與レ爲レ山對。謂二汙者塡一レ之令レ平。」安井衡亦云、平レ地與レ爲レ山對。謂下地有二凸凹一而平上レ之。覆二一簣一、覆二之凹處一也。
朱註 書曰—旅獒篇。

○中井積德云、不レ惰、正以二侍坐聽一レ語之時一而言。所謂於二吾言一無レ所レ不レ說(先進篇)是也。

朱註 上章—指二譬如レ爲レ山章一。

○孔安國云、言萬物有下生而不二育成一者上。喻二人亦然一。

○卷子本・皇侃本、畏下焉上、有二也字一。已下有二矣字一。

朱註 曾子曰—見二大戴禮、曾子立身篇一。

○子曰、語レ之而不レ惰者、其回也與。

語、去聲。與、平聲。○惰、懈怠也。范氏曰、顏子聞二夫子之言一、而心解力行、造次顚沛、未二嘗違一レ之。如下萬物得二時雨之潤一、發榮滋長上。何有二於惰一。此羣弟子所レ不レ及也。

○子謂二顏淵一曰、惜乎、吾見二其進一也。未レ見二其止一也。

進止二字、說見二上章一。顏子既死、而孔子惜レ之。言其方進而未レ已也。

○子曰、苗而不レ秀者有矣夫。秀而不レ實者有矣夫。

夫、音扶。○穀之始生曰レ苗、吐レ華曰レ秀、成レ穀曰レ實。蓋學而不レ至二於成一、有二如レ此者一。是以君子貴二自勉一也。

○子曰、後生可レ畏。焉知二來者之不一レ如レ今也。四十五十而無レ聞焉、斯亦不レ足レ畏也已。

焉知之焉、於虔反。○孔子言、後生年富力彊。足二以積レ學而有一レ待。其勢可レ畏。安知二其將來不一レ如二我之今日一乎。然或不レ能二自勉一、至二於老一而無レ聞、則不レ足レ畏矣。言レ此以警レ人、使三及レ時勉二學也。曾子曰、五十而不二以レ善聞一、則不レ聞矣。蓋述二此意一。○尹氏曰、少而不レ勉、老而無レ聞、則亦已矣。自レ少而進者、安知二其不一レ至二於極一乎。是可レ畏也。

○子曰、法語之言、能無レ從乎。改レ之爲レ貴。巽與之言、能無レ說(ブコト)乎。繹(ヌルヲ)レ之爲レ貴。說而不レ繹、從而不レ改、吾末二如(トモスルコト)レ之何一也已矣。

法語者、正言レ之也。巽言者、婉而導レ之也。繹、尋二其緒一也。法言人所二敬憚一。故必從。然不レ改、則面從而已。巽言無レ所二乖忤一。故必說。然不レ繹、則又不レ足三以知二其微意之所レ在也。○楊氏曰、法言、若下孟子論レ行二王政一之類上是也。巽言、若下其論二好レ貨好レ色之類上是也。語レ之而不レ達、拒レ之而不レ受、猶之可也。其或喩焉、則尚庶二幾其能改繹一矣。從且說矣、而不二改繹一焉、則是終不二改繹一也已。雖二聖人一其如レ之何哉。

○子曰、主二忠信一、毋レ友二不レ如レ己者一。過則勿レ憚レ改。

重出而逸二其半一。

○子曰、三軍可レ奪レ帥也。匹夫不レ可レ奪レ志也。

侯氏曰、三軍之勇在レ人。匹夫之志在レ己。故帥可レ奪、而志不レ可レ奪。如可レ奪、則亦不レ足レ謂二之志一矣。

○子曰、衣二敝縕袍一、與下衣二狐貉一者上立、而不レ恥者、

○孔安國云、人有レ過、以二正道一告レ之、口無レ不レ順二從之一。能必自改レ之、乃爲レ貴。

○馬融云、巽、恭也。謂二恭遜謹敬之言一。聞レ之無レ不レ說者一。能尋繹行レ之、乃爲レ貴。

○佐藤坦云、此章、蓋因二前章一特出レ之。說而不レ繹、從而不レ改、以レ不レ主二忠信一也。主二忠信一、則無二復此患一。故出レ之。

朱註 重出—既出二學而篇一。

其由也與。衣、去聲。縕、紆粉反。貉、胡各反。與、平聲。○敝、壞也。縕、枲著也。袍、衣有著者也。蓋衣之賤者。狐貉、以狐貉之皮為裘。衣之貴者。子路之志如此、則能不以貧富動其心。而可以進於道矣。故夫子稱之。不忮不求、何用不臧。忮、之鼓反。○忮、害也。求、貪也。臧、善也。言能不忮不求、則何為不善乎。此衛風雄雉之詩。孔子引之以美子路也。呂氏曰、貧與富交、彊者必忮、弱者必求。子路終身誦之。子曰、是道也、何足以臧。終身誦之、則自喜其能、而不復求進於道矣。故夫子復言此以警之。○謝氏曰、恥惡衣惡食、學者之大病。善心不存、蓋由於此。子路之志如此、其過人遠矣。然以衆人而能此、則可以為善矣。子路之賢、宜不止此。而終身誦之、則非所以進於日新也。故激而進之。

○子曰、歳寒、然後知松柏之後彫也。范氏曰、小人之在治世、或與君子無異。惟臨利害、遇事變、然後君子之所守可見也。○謝氏曰、士窮見節義、世亂識忠臣。欲學者必周於德。

○子曰、知者不惑。仁者不憂。勇者不懼。明足以燭理。故不惑。理足以勝私。故不憂。氣足以配道義。故不懼。此學之序也。

朱註 枲著—カラムシノワタイレ」

○物茂卿云、不忮不求、當別為一章。子路誦此詩、而孔子抑之也。孔子之於子路、或稱或抑、所以成材也。故聯而記之、俾學者知孔子教育英材之意。此說可從。

朱註 恥惡衣惡食—見里仁篇。」

○後彫—皇侃本、彫、作凋。」

○中井積德云、是章、三語三平、是現成人物、指定三人而評之也。不當作全德之一人。仁者之不憂、以其有所安也（中略）勇者之不懼、亦唯以其果決而已矣。

○中庸、亦以知仁勇為三達德。

○子曰、可與共學、未可與適道。可與適道、未可與立。可與立、未可與權。

可與者、言其可與共爲此事也。程子曰、可與共學、知所以求之也。可與適道、知所往也。可與立者、篤志固執而不變也。權、稱錘也。所以稱物而知輕重者也。可與權、謂能權輕重使合義也。○楊氏曰、知爲己、則可與共學矣。學足以明善、然後可與適道。信道篤、然後可與立。知時措之宜、然後可與權。洪氏曰、易九卦、終於巽以行權。權者、聖人之大用。未能立而言權、猶人未能立而欲行、鮮不仆矣。程子曰、漢儒以反經合道爲權。故有權變權術之論、皆非也。權只是經也。自漢以下、無人識權字。愚按、先儒誤以此章連下文偏其反而、爲一章。故有反經合道之說。程子非之、是矣。然以孟子嫂溺援之以手之義推之、則權與經亦當有辨。

○唐棣之華、偏其反而。豈不爾思。室是遠而。

棣、大計反。○唐棣、郁李也。偏、晉書作翩。然則反亦當與翻同。言華之搖動也。而、語助也。此逸詩也。於六義屬興。上兩句無意義。但以起下兩句之辭耳。其所謂爾、亦不知其何所指也。

子曰、未之思也夫。何遠之有。

夫、音扶。○夫子借其言而反之。蓋前篇仁遠乎哉之意。○程子曰、聖人未嘗言易以驕人之志。亦未嘗言難以阻人之進。但曰未之思也夫、何遠之有。此言極有涵蓄、意思深遠。

○伊藤維楨云、漢儒以經對權、謂反經合道爲權、非也。權字當以禮字對。不可以經字對。孟子曰、男女授受不親、禮也。嫂溺、援之以手者權也。蓋禮有一定之則、而權制其宜者也。

朱註 易九卦―謂履・謙・復・恆・損・益・困・井・巽。詳見易、繫辭下傳。

○中井積德云、唐棣之花、兩三相麗。本同而末異。一東一西、其反翩然也。以喩我與汝、一彼一此、遠相離異也。恐亦男女相思之詩矣。或兄弟朋友之睽離者。

朱註 晉書―劉喬傳。

○前篇―述而篇云、子曰、仁遠乎哉。我欲仁斯仁至矣。

○安井衡云、中庸九經、首レ修レ身。蓋取レ人以レ身。身不レ修、天下國家不レ可二得而治一。子罕篇、備載二仲尼聖德之盛一。故此又備載二躬行之美一、以次レ之、以終二上論一。

○孔安國云、侃侃、和樂貌也。誾誾、中正貌也。可レ從。

朱註 許氏―後漢許愼、字叔重、著二說文一。

鄉黨第十

楊氏曰、聖人之所レ謂道者、不レ離二乎日用之閒一也。故夫子之平日、一動一靜、門人皆審視而詳記レ之。尹氏曰、甚矣孔門諸子之嗜レ學也。於二聖人之容色言動一、無レ不三謹書而備錄レ之、以貽二後世一。今讀二其書一、卽二其事一、宛然如二聖人之在一レ目也。雖レ然、聖人豈拘拘而爲レ之者哉。蓋盛德之至、動容周旋、自中二乎禮一耳。學者欲レ潛二心於聖人一、宜二於レ此求一焉。舊說凡一章、今分爲二十七節一。

○孔子於二鄉黨一、恂恂如也。似二不レ能レ言者一。恂、相倫反。○恂恂、信實之貌。似二不レ能レ言者一、謙卑遜順、不下以二賢知一先上レ人也。鄉黨、父兄宗族之所レ在。故孔子居レ之。其容貌辭氣如レ此。其在二宗廟朝廷一、便便言。唯謹爾。朝、直遙反。下同。便、旁連反。○便便、辯也。宗廟、禮法之所レ在。朝廷、政事之所レ出。言不レ可三以不二明辯一。故必詳問而極言レ之。但謹而不レ放爾。○此一節、記下孔子在二鄉黨宗廟朝廷一、言貌之不上レ同。

○朝與二下大夫一言、侃侃如也。與二上大夫一言、誾誾如也。侃、苦旦反。誾、魚巾反。○此君未レ視レ朝時也。王制、諸侯上大夫卿、下大夫五人。許氏說文、侃侃、剛直也。誾誾、和悅而諍也。君在、踧踖如也。與與如也。○踧、子六反。踖、子亦反。與、平聲。或如字。○君在、視朝也。踧踖、恭敬不寧之貌。與與、威儀中適之貌。張子曰、與與、不忘向君也。亦通。○此一節、記孔子在朝廷事上接下之不同也。

○君召使擯、色勃如也。足躩如也。擯、必刃反。躩、驅若反。○擯、主國之君、所使出接賓者。勃、變色貌。躩、盤辟貌。皆敬君命故也。揖所與立、左右手。衣前後、襜如也。襜、赤占反。○所與立、謂同爲擯者也。擯用命數之半。如上公九命、則用五人、以次傳命。揖左人則左其手、揖右人則右其手。襜、整貌。趨進、翼如也。疾趨而進、張拱。端好、如鳥舒翼。賓退、必復命曰、賓不顧矣。紓君敬也。○此一節、記孔子爲君擯相之容。

○入公門、鞠躬如也。如不容。鞠躬、曲身也。公門高大而若不容、敬之至也。立不中門、行不履閾。閾、于逼反。○中門、中於門也。謂當棖闑之間、君出入處也。閾、門限也。禮、士大夫出入公門、由闑右、不踐閾。謝氏曰、立中門、則當尊。行履閾、則不恪。過位、色勃如也。足躩如也。其

○與與―皇侃云、與與、猶徐徐也。

朱註 盤辟―辟、音璧、同躄。盤旋若有所不能進也。

○本邦諸舊本、右下手上、有其字。

○清儒兪樾云、翼如、猶勃如・躩如之類。皆以一字形容之。非必取象於鳥也。爾雅、釋詁曰、翼、敬也。釋訓曰、翼翼、恭也。翼如之翼、亦此義耳。

朱註 禮―禮記、曲禮篇。

言似二不レ足者一。位、君之虛位。謂二門屏之閒一。人君宁立之處、所レ謂宁也。君雖レ不レ在、過レ之必敬。不下敢以二虛位一而慢上レ之也。言似レ不レ足、不二敢肆一也。

攝レ齊升レ堂、鞠躬如也。屏レ氣似二不レ息者一。○齊、音咨。攝、摳也。齊、衣下縫也。禮、將レ升レ堂、兩手摳レ衣。使二去レ地尺一。恐二躡レ之而傾跌失一レ容也。屏、藏也。息、鼻息出入者也。近二至尊一、氣容肅也。

出降二一等一、逞二顏色一、怡怡如也。沒レ階趨進、翼如也。復二其位一、踧踖如也。陸氏曰、趨下本無二進字一。俗本有レ之誤也。○等、階之級也。逞、放也。漸遠二所尊一。舒レ氣解レ顏。怡怡、和悅也。沒レ階、下盡レ階也。趨、走就レ位也。復レ位踧踖、敬之餘也。○此一節、記二孔子在レ朝之容一。

○執レ圭、鞠躬如也。如レ不レ勝。上如レ揖、下如レ授。勃如戰色。足蹜蹜如レ有レ循。勝、平聲。蹜、色六反。○圭、諸侯命圭。聘二問鄰國一、則使二大夫執以通一レ信。如レ不レ勝、執二主器一、執レ輕如レ不レ克。敬謹之至也。上如レ揖、下如レ授。謂二執レ圭平衡、手與レ心齊、高不レ過レ揖、卑不レ過レ授也。戰色、戰而色懼也。蹜蹜、擧レ足促狹也。如レ有レ循、記所レ謂擧レ前曳レ踵、言行不レ離レ地、如レ緣レ物也。

享禮、有二容色一。享、獻也。既聘而享、用二圭璧一、有二庭實一。有二容色一、和也。儀禮曰、發レ氣滿レ容。

私

○攝レ齊―曲禮上篇云、兩手摳レ衣、去レ齊尺。是也。

○復二其位一―李惇云、復過二君之虛位一也。若泥二定其字一、以爲二己之位一、又何必踧踖乎。

朱註 陸氏―陸德明、著二經典釋文一。

朱註 平衡―平、如レ衡也。曲禮下篇、執二天子之器一、則上衡。國君平衡。注、上衡、謂レ高二於心一也。平衡、謂三與レ心平一。○記所レ謂―禮記、玉藻篇。擧レ前・曳レ踵、略擧二前趾、曳後・跟、不離地也。
○儀禮—聘禮記。
○緅—赤而微黑、如雀頭色。
○必表而出—本邦諸舊本・皇侃本、竝出下無之字。皇侃云、在家當暑、絺綌可單。若出則加上衣。故曰必表而出也。此說可從。朱註、非也。
朱註 詩所謂—詩經、鄘風、君子偕老篇。

覿、愉愉如也。私覿、以私禮見也。愉愉、則又和矣。○此一節、記孔子爲君聘於鄰國之禮也。晁氏曰、孔子定公九年仕魯、至十三年適齊。其閒絕無朝聘往來之事。疑使擯執圭兩條、但孔子嘗言其禮當如此爾。

○君子不以紺緅飾。紺、古暗反。緅、側由反。○君子、謂孔子。紺、深青揚赤色、齊服也。緅、絳色。三年之喪、以飾練服也。飾、領緣也。紅紫不以爲褻服。紅紫、閒色不正。且近於婦人女子之服也。褻服、私居服也。言此則不以爲朝祭之服可知。當暑袗絺綌。必表而出之。袗、單也。葛之精者曰絺、麤者曰綌。表而出之、謂先著裏衣、表絺綌而出之於外。欲其不見體也。詩所謂蒙彼縐絺是也。緇衣羔裘、素衣麑裘、黃衣狐裘。麑、研奚反。○緇、黑色。羔裘用黑羊皮。麑、鹿子、色白。狐、色黃。衣以裼裘、欲其相稱。褻裘長、短右袂。長、欲其溫。短右袂、所以便作事。必有寢衣、長一身有半。長、去聲。○齊主於敬。不可解衣而寢。又不可著明衣而寢。故別有寢衣。其半蓋以覆足。程子曰、此錯簡。當在齊必有明衣布之下。愚謂、如此則此條與明衣變食、既得以類相從。而褻裘狐貉、亦得以類相從矣。狐貉之厚以居。狐貉、毛深溫厚。私居取其適體。去喪無所

朱註 要─腰也。

○不時不食─江熙云、不時、謂生非其時。若冬梅・李實也。

不佩。去、上聲。○君子無故、玉不去身。觿礪之屬、亦皆佩也。非帷裳必殺之。殺、去聲。○朝祭之服、裳用正幅如帷。要有襞積、而旁無殺縫。其餘若深衣、要半下、齊倍要、則無襞積而有殺縫矣。羔裘玄冠、不以弔。喪主素、吉主玄。弔必變服。所以哀死。吉月、必朝服而朝。吉月、月朔也。孔子在魯致仕時如此。○此一節、記孔子衣服之制。蘇氏曰、此孔子遺書、雜記曲禮。非特孔子事也。

○齊必有明衣、布。齊、側皆反。○齊必沐浴。浴竟即著明衣。所以明潔其禮也。以布爲之。此下脫前章寢衣一簡。齊必變食、居必遷坐。變食、謂不飲酒、不茹葷。遷坐、易常處也。○此一節、記孔子謹齊之事。楊氏曰、齊所以交神。故致潔變常以盡敬。

○食不厭精、膾不厭細。食、音嗣。○食、飯也。精、鑿也。牛羊與魚之腥、聶而切之爲膾。食精則能養人。膾麤則能害人。不厭、言以是爲善。非謂必欲如是也。食饐而餲。魚餒而肉敗、不食。色惡不食。臭惡不食。失飪不食。不時不食。食饐之食、

○不レ得二其漿一—魚膾非二芥漿一不レ食之類。

朱註 陸續之母—出二後漢書、獨行傳一。

○不二多食一—承二薑食一言。

朱註 胙肉—胙、福也。謂二祭肉一。

音嗣。饐、於冀反。餲、烏邁反。飪、而甚反。○饐、飯傷二熱濕一也。餲、味變也。魚爛曰レ餒、肉腐曰レ敗。色惡臭惡、未レ敗而色臭變也。飪、烹調生熟之節也。不レ時、五穀不レ成、果實未レ熟之類。此數者、皆足二以傷一レ人。故不レ食。

割不レ正不レ食。不レ得二其醬一不レ食。割レ肉不二方正一者不レ食。造次不レ離二於正一也。漢陸續之母、切レ肉未二嘗不一レ方。斷レ葱以レ寸爲レ度。蓋其質美、與レ此暗合也。食レ肉用レ醬、各有レ所レ宜。不レ得則不レ食、惡二其不一レ備也。此二者、無レ害二於人一。但不二以レ嗜レ味而苟食一耳。

肉雖レ多、不レ使レ勝二食氣一。惟酒無レ量、不レ及レ亂。食、音嗣。量、去聲。○食以レ穀爲レ主。故不レ使三肉勝二食氣一。酒以爲レ人合レ歡。故不レ爲レ量。但以レ醉爲レ節、而不レ及レ亂耳。程子曰、不レ及レ亂者、非二惟不一レ使レ亂レ志、雖二血氣一亦不レ可レ使レ亂。但浹洽而已可也。

沽酒市脯、不レ食。沽・市、皆買也。恐下不二精潔一、或傷上レ人也。與レ不レ嘗二康子之藥一同意。

不レ撤二薑食一。薑、通二神明一、去二穢惡一。故不レ撤。

不二多食一。適レ可而止、無二貪心一也。

祭二於公一、不レ宿レ肉。助二祭於公一、所レ得胙肉。歸卽頒賜、不レ俟レ經レ宿者、不レ留二神惠一也。

祭肉不レ出二三日一。出二三日一、不レ食レ之矣。家之祭肉、則不レ過二三日一、皆以分賜。蓋過二三日一、則肉必敗、而人不レ食レ之。是褻二鬼神之餘一也。但比二君所レ賜胙一、可二少緩一耳。

食不レ語。寢不レ言。答述曰レ語、自言曰レ言。范氏曰、聖人存レ心不レ他。當レ食而食、當レ寢而寢。言語非二其時一也。楊氏曰、肺爲二氣主一、而聲出焉。寢食、則氣室而不通。語言、恐傷之也。亦通。

雖疏食菜羹瓜祭。必齊如也。食、音嗣。陸氏曰、魯論、瓜作必。○古人飲食、每種各出少許、置之豆閒之地、以祭先代始爲飲食之人。不忘本也。齊、嚴敬貌。孔子雖薄物必祭。其祭必敬。聖人之誠也。○此一節、記孔子飲食之節。謝氏曰、聖人飲食如此。非極口腹之欲。蓋養氣體、不以傷生、當如此。然聖人之所不食、窮口腹者、或反食之。欲心勝而不暇擇也。

○席不正不坐。謝氏曰、聖人心安於正。故於位之不正者、雖小不處。

○郷人飲酒、杖者出斯出矣。杖者、老人也。六十杖於郷。未出不敢先。既出不敢後。

郷人儺、朝服而立於阼階。儺、乃多反。○儺、所以逐疫。周禮、方相氏掌之。阼階、東階也。儺雖古禮而近於戲。亦必朝服而臨之者、無所不用其誠敬也。或曰、恐其驚先祖五祀之神、欲其依己而安也。○此一節、記孔子居郷之事。

○問人於他邦、再拜而送之。拜送使者、如親見之敬也。

康子饋藥。拜而受之。曰、丘未達。不敢嘗。范氏曰、凡賜食必嘗以拜。藥未達、則不敢嘗。受而不飲、則虛人之賜。故告之如此。然則可飲而飲、不可飲而不飲。皆在其中矣。楊氏曰、大夫有賜、拜而受之、禮也。未達不敢嘗、謹疾也。必告之、直也。○此一節、

○再拜而送之―伊藤維楨云、宋楊簡嘗作書與人、書楊某再拜、付之僕。既發。忽自思不親拜而書拜、僞也。急呼僕返、置書案上、設拜而後遺。暗合于孔子拜送使者之意。學者有若此忠信、而後可以言學。○未達―皇侃云、未曉此藥治何疾。故不敢嘗之。

朱註品嘗食—每ニ品物一皆先嘗レ之。示レ無レ毒也。○皇侃云、病者欲レ生。東是生陽之氣、故眠頭首レ東也。故玉藻（禮記、篇名）云、君子之居、恆當ニ于戶一、寢恆東首者是也。

朱註重出—既出ニ八佾篇一。

記ニ孔子與レ人交之誠意一。

○廐焚。子退レ朝。曰、傷レ人乎。不レ問レ馬。非レ不レ愛レ馬。然恐レ傷レ人之意多。故未レ暇レ問。蓋貴レ人賤レ畜、理當レ如レ此。

○君賜レ食、必正レ席先嘗レ之。君賜レ腥、必熟而薦レ之。君賜レ生、必畜レ之。畜、許六反。○食恐ニ或餕餘一。故不ニ以薦一。正レ席先嘗、如レ對レ君也。言ニ先嘗一、則餘當ニ以頒賜一矣。腥、生肉。熟而薦ニ之祖考一、榮ニ君賜一也。畜レ之者、仁ニ君之惠一、無レ故不ニ敢殺一也。

侍ニ食於君一、君祭先飯。飯、扶晚反。○周禮、王日一擧、膳夫授レ祭、品嘗食、王乃食。故侍食者、君祭、則己不レ祭而先飯。若ニ爲レ君嘗食一然。不ニ敢當ニ客禮一也。

疾君視レ之、東首、加ニ朝服一、拖レ紳。首、去聲。拖、徒我反。○東首、以受ニ生氣一也。病臥不レ能ニ著衣束帶一。又不レ可下以ニ褻服一見上レ君。故加ニ朝服於身一、又引ニ大帶於上一也。

君命召、不レ俟レ駕行矣。急趨ニ君命一、行出而駕車隨レ之。○此一節、記ニ孔子事レ君之禮一。

○入ニ太廟一、每レ事問。重出。

○容、修容儀也。

朱註 前篇―子罕篇。

○王者之所天―王者以民爲天、見管子・前漢書。天者人資而生者也。

朱註 記曰―禮記、玉藻篇。

○朋友死、無所歸。曰、於我殯。朋友以義合。死無所歸、不得不殯。朋友之饋、雖車馬、非祭肉不拜。朋友有通財之義。故雖車馬之重不拜。祭肉則拜者、敬其祖考、同於己親也。○此一節、記孔子交朋友之義。

○寢不尸。居不容。尸、謂偃臥似死人也。居、居家。容、容儀。范氏曰、寢不尸、非惡其類於死也。惰慢之氣、不設於身體。雖舒布其四體、而亦未嘗肆耳。居不容、非惰也。但不若奉祭祀見賓客而已。申申夭夭、是也。

見齊衰者、雖狎必變。見冕者與瞽者、雖褻必以貌。狎、謂素親狎。褻、謂燕見。貌、謂禮貌。餘見前篇。

凶服者式之。式負版者。式、車前橫木。有所敬、則俯而憑之。負版、持邦國圖籍者。式此二者、哀有喪、重民數也。人惟萬物之靈、而王者之所天也。故周禮獻民數於王、王拜受之。況其下者、敢不敬乎。

有盛饌、必變色而作。敬主人之禮。非以其饌也。

迅雷風烈、必變。迅、疾也。烈、猛也。必變者、所以敬天之怒。記曰、若有疾風迅雷甚雨、則必變。雖夜必興、衣服冠而坐。○此一節、記孔子容貌之變。

〇升レ車、必正立執レ綏。

綏、挽以上レ車之索也。范氏曰、正立執レ綏、則心體無レ不レ正。而誠意肅恭矣。蓋君子莊敬、無レ所レ不レ在。升レ車則見二於此一也。

車中不二內顧一。不二疾言一。不二親指一。

內顧、回視也。禮曰、顧不レ過レ轂。三者皆失レ容、且惑レ人。〇此一節、記二孔子升レ車之容一。

〇色ミテ斯擧矣、翔而後集。

言鳥見二人之顏色不一レ善、則飛去。回翔審視而後下止。人之見レ幾而作、審擇レ所レ處、亦當レ如レ此。然此上下必有二闕文一矣。

曰、山梁雌雉、時哉時哉。子路共スレ之。三嗅而作ツ。

共、九用反、又居勇反。嗅、許又反。〇邢氏曰、梁、橋也。時哉、言三雉之飮啄得二其時一。子路不レ達。以爲二時物一而共二具之一。孔子不レ食。三嗅二其氣一而起。晁氏曰、石經嗅作レ戛。謂二雉鳴一也。劉聘君曰、嗅當レ作レ狊。古闃反。張二兩翅一也。見二爾雅一。愚按、如二後兩說一、則共字當レ爲二拱執之義一。然此必有二闕文一。不レ可三彊爲二之說一。姑記レ所レ聞、以俟二知者一。

〇中井積德云、執レ綏、將レ升之時事。不二內顧一以下、乃既升之後事（中略）將レ升レ車、馬或奔逸、尤當レ防二顚躓一。正立執レ綏、意專在二防備一。非レ事二威容一。

朱註 禮曰―曲禮篇。

〇中村正直云、色斯擧矣。翔而後集。不レ言レ爲二何物一。讀至二下段一、方知二是雌雉一。絕世妙文、天衣無縫、朱子乃疑三上下必有二闕文一者何哉。蓋鄉黨一篇、門人極レ力描寫、聖人聲音笑貌、躍然現出、行住坐臥、八面俱到。儀禮・檀弓・考工記、皆不レ能レ及焉。可レ知周人之文、精妙絕倫、而論語之文、則又出レ類拔レ萃者已。

論語卷之六

先進第十一

此篇多評二弟子賢否一。凡二十五章。胡氏曰、此篇記二閔子騫言行一者四。而其一直稱二閔子一。疑閔氏門人所レ記也。

○子曰、先進於二禮樂一、野人也。後進於二禮樂一、君子也。

先進後進、猶レ言二前輩後輩一。野人、謂二郊外之民一。君子、謂二賢士大夫一也。程子曰、先進於二禮樂一、文質得レ宜。今反謂二之質朴一、而以爲二野人一。後進之於二禮樂一、文過二其質一。今反謂二之彬彬一、而以爲二君子一。蓋周末文勝。故時人之言如レ此、不四自知三其過二於文一也。

如用レ之、則吾從二先進一。

用レ之、謂レ用二禮樂一。孔子既述二時人之言一、又自言二其如レ此。蓋欲二損レ過以就一レ中也。

○子曰、從二我於陳蔡一者、皆不レ及レ門也。

從、去聲。○孔子嘗厄二於陳

○安井衡云、周公之制レ禮、尚レ文以變二殷質一。則周初之俗、必質勝レ文矣。周道既衰、至二孔子之時一、文日勝、而質衰。孔子欲レ反二之周初之盛一。故發二此言一。則所レ云先進後進、以二周人一言レ之。

○又云、此君子與二野人一對。則指二在レ位者一而言レ之(中略)周初質勝。雖二在レ位者一、或未レ免レ有二朴野之狀一。所三以有二野人之目一也。此章專說二外貌威儀一、未レ及レ論二心術一。集注、士大夫上、加二一賢字一。便與二經旨一相乖矣。

○德行以下、編輯者因孔子有不及門之歎、記門人中最翹楚者十人。皇侃本、別爲二一章、非也。

朱註十哲—唐會要云、開元二十七年詔、十哲竝宜褒贈。

○助—孔安國云、助猶益也。

蔡之閒。弟子多從之者。此時皆不在門。故孔子思之。蓋不忘其相從於患難之中也。

德行、顏淵・閔子騫・冉伯牛・仲弓。言語、宰我・子貢。政事、冉有・季路。文學、子游・子夏。行、去聲。○弟子因孔子之言、記此十人、而幷目其所長、分爲四科。孔子敎人、各因其材、於此可見。○程子曰、四科乃從夫子於陳蔡者爾。門人之賢者、固不止此。曾子傳道而不與焉。故知十哲世俗論也。

○子曰、回也非助我者也。於吾言、無所不說。說、音悅。○助我、若子夏之起予。因疑問而有以相長也。顏子於聖人之言、默識心通、無所疑問。故夫子云然。其辭若有憾焉。其實乃深喜之。○胡氏曰、夫子之於回、豈眞以助我望之。蓋聖人之謙德、又以深贊顏子云爾。

○子曰、孝哉閔子騫。人不閒於其父母昆弟之言。閒、去聲。○胡氏曰、父母兄弟稱其孝友、人皆信之、無異詞者、蓋其孝友之實、有以積於中而著於外。故夫子歎而美之。

○南容三復白圭。孔子以其兄之子妻之。三・妻、竝去聲。○詩大雅抑之篇曰、白圭之玷、尚可磨也。斯言之玷、不可爲也。南容一日三復此言。事見家語。蓋深有意於謹言也。此邦有道、所以不廢、邦無道、所以免禍。故孔子以兄子妻之。○范氏曰、言者行之表、行者言之實、未有易其言而能謹於行者。南容欲謹其言如此、則必能謹其行矣。

○季康子問、弟子孰爲好學。孔子對曰、有顏回者。好學。不幸短命死矣。今也則亡。好、去聲。○范氏曰、哀公・康子問同、而對有詳略者、臣之告君、不可不盡。若康子者、必待其能問、乃告之。此教誨之道也。

○顏淵死。顏路請子之車以爲之椁。顏路、淵之父、名無繇。少孔子六歳。孔子始教而受學焉。椁、外棺也。請爲椁、欲賣車以買椁也。子曰、才不才、亦各言其子也。鯉也死、有棺而無椁。吾不徒行以爲之椁。以吾從大夫之後、不可徒行也。鯉、孔子之子伯魚也。先孔子卒。言鯉之才、雖不及顏淵、然己與顏路以父視之、則皆子也。孔子時已致仕、尚從大夫之列。言後、謙辭。○胡氏曰、孔子遇舊館人之喪、嘗脫驂以賻之矣。今乃不許顏

朱註 玷—音典、缺也。
○家語—弟子行篇。
○邦有道云云—見公冶長篇。

○卷子本・皇侃本・足利本、竝亡下、有未聞好學者也六字。
朱註 哀公—出雍也篇。

○椁—皇侃本、作槨。同。

朱註 舊館人—舊時舍館之主人也。事見禮記、檀弓篇。

路之請何耶。葬可以無椁、驂可以脫而復求。大夫不可以徒行。命車不可以與人而鬻諸市也。且爲所識窮乏者得我、而勉强以副其意、豈誠心與直道哉。或者以爲、君子行禮、視吾之有無而已。夫君子之用財、視義之可否。豈獨視有無而已哉。

○顏淵死。子曰、噫、天喪予、天喪予。 喪、去聲。○噫、傷痛聲。悼道無傳、若天喪已也。

○顏淵死。子哭之慟。從者曰、子慟矣。 從、去聲。○慟、哀過也。

曰、有慟乎。 哀傷之至、不自知也。

非夫人之爲慟、而誰爲。 夫、音扶。爲、去聲。○夫人、謂顏淵。言其死可惜、哭之宜慟。非他人之比也。○胡氏曰、痛惜之至、施當其可。皆情性之正也。

○顏淵死。門人欲厚葬之。子曰、不可。 喪具稱家之有無。貧而厚葬、不循理也。故夫子止之。

門人厚葬之。 蓋顏路聽之。

子曰、回也視予猶父也。予不得視猶子也。非我也、夫二三子也。

朱註 或者以爲云云—此蘇氏說也。

○何晏云、天喪予者、若喪己也。再言之者、痛惜之甚。

○從者—帆足萬里云、夫子蓋至顏子之家臨哭之。故有從者。

○皇侃本、誰爲下、有慟字。朱子從邢昺本。

○許白雲云、顏淵死四章。以次第言之、當是天喪予第一、哭之慟第二、請車第三、厚葬第四。蓋門人雜記夫子之言。故不計前後也。

○非我也—非我意欲其如此也。

歎レ不レ得レ如二葬レ鯉之得一レ宜、以責二門人一也。

○季路問レ事二鬼神一。子曰、未レ能レ事レ人、焉能事レ鬼。曰、敢問レ死。曰、未レ知レ生、焉知レ死。

焉、於虔反。○問レ事二鬼神一、蓋求下所三以奉二祭祀一之意上。而死者人之所レ必有、不レ可レ不レ知。皆切問也。然非三誠敬足二以事レ人、則必不レ能レ事レ神。非下原レ始而知上レ所二以生一、則必不レ能下反レ終而知中所二以死一。蓋幽明始終、初無二二理一。但學レ之有レ序、不レ可レ躐レ等。故夫子告レ之如レ此。○程子曰、晝夜者、死生之道也。知二生之道一、則知二死之道一。盡二事レ人之道一、則盡二事レ鬼之道一。死生人鬼、一而二、二而一者也。或言夫子不レ告二子路一、不レ知二此乃所三以深告レ之也。

○閔子侍レ側。誾誾如也。子路、行行如也。冉有・子貢、侃侃如也。子樂。

誾・侃、音義、見二前篇一。行、胡浪反。樂、音洛。○行行、剛強之貌。子樂者、樂下得二英才一而教中育之上。

若二由也一、不レ得二其死一然。

尹氏曰、子路剛強、有下不レ得二其死一之理上。故因以戒レ之。其後子路卒死二於衞孔悝之難一。洪氏曰、漢書引二此句一、上有二曰字一。或云、上文樂字、卽曰字之誤。

○安井衡云、云二未レ能未レ知、則既能既知之後、固將レ語レ之。子路地位、未レ至二於此一。欲三其用二力於人事之所レ急。故不二以告一。此蓋子路初見之言。

○陳羣云、鬼神及死事難レ明。語レ之無レ益。故不レ答也。

○卷子本・皇侃本・足利本、竝閔子下有二騫字一。

朱註 前篇—鄕黨篇。

○卷子本・皇侃本、竝若上有二曰字一。

○不レ得レ死然—然、猶レ焉也。

朱註王氏―名安石、字介甫宋臨川人。
○卷子本・皇侃本、瑟上、有二鼓字一。
朱註家語―辨樂解。又見二說苑、脩文篇一。
○安井衡云、堂接二賓客一、行二禮樂一之處。室其奧也。以喩二道之源一。
○師―子張名。
○商―子夏名。
○皇侃本、賢下有二乎字一。猶レ不レ及下有二也字一。

○魯人爲二長府一。長府、藏名。藏二貨財一曰レ府。爲、蓋改二作之一。閔子騫曰、仍二舊貫一、如レ之何、何必改作。仍、因也。貫、事也。王氏曰、改作、勞レ民傷レ財。在レ於得レ已、則不レ如下仍二舊貫一之善上。子曰、夫人不レ言、言必有レ中。夫、音扶。中、去聲。○言不二妄發一。發必當レ理。惟有德者能レ之。

○子曰、由之瑟、奚爲二於丘之門一。程子曰、言二其聲之不一レ和、與レ己不レ同也。家語云、子路鼓レ瑟。有二北鄙殺伐之聲一。蓋其氣質剛勇、而不レ足二於中和一。故其發二於聲一者如レ此。門人不レ敬二子路一。子曰、由也升レ堂矣、未レ入二於室一也。門人以二夫子之言一、遂不レ敬二子路一。故夫子釋レ之。升レ堂入レ室、喩下入レ道之次第上。言子路之學、已造二乎正大高明之域一。特未三深入二精微之奧一耳。未レ可下以二一事之失一、而遽忽上レ之也。

○子貢問、師與レ商也孰賢。子曰、師也過。商也不レ及。子張才高意廣、而好レ爲二苟難一。故常過レ中。子夏篤信謹守、而規模狹隘。故常不レ及。曰、然則師愈與。與、平聲。○愈、猶レ勝也。○子曰、過猶レ不レ及。道以二中庸一爲レ至。賢智之過、雖レ若レ勝二於愚不肖之不一レ及、然其失レ中則一也。○尹氏

曰、中庸之爲レ德也、其至矣乎。夫過與二不及一、均也。差レ之毫釐、繆以二千里一。故聖人之教、抑二其過一、引二其不レ及、歸二於中道一而已。

○季氏富二於周公一。而求也爲レ之聚斂而附二益之一。

爲、去聲。○周公以下王室至親、有二大功一、位中冢宰上、其富宜矣。季氏以二諸侯之卿一、而富過レ之。非下攘二奪其君一、刻中剝其民上、何以得レ此。冉有爲二季氏宰一、又爲レ之急二賦稅一以益二其富一。

子曰、非二吾徒一也。小子鳴レ鼓而攻レ之可也。

非二吾徒一、絕レ之也。小子鳴レ鼓而攻レ之、使下門人聲二其罪一以責上レ之也。聖人之惡二黨レ惡而害一レ民也如レ此。然師嚴而友親。故已絕レ之、而猶使二門人正一レ之。又見二其愛レ人之無一レ已如レ此。○范氏曰、冉有以二政事之才一施二於季氏一。故爲二不善一至二於如一レ此。由下其心術不レ明、不レ能レ反二求諸身一、而以レ仕爲上レ急故也。

○柴也愚。

柴、孔子弟子、姓高、字子羔。愚者、知不レ足而厚有レ餘。家語記、其足不レ履レ影。啓蟄不レ殺。方長不レ折。執二親之喪一、泣血三年、未二嘗見一レ齒。避レ難而行、不レ徑不レ竇。可三以見二其爲一レ人矣。

參也魯。

魯、鈍也。程子曰、參也竟以レ魯得レ之。又曰、曾子之學、誠篤而已。聖門學者、聰明才辯、不レ爲レ不レ多。而卒傳二其道一、乃質魯之人爾。故學以二誠實一爲レ貴也。○尹氏曰、曾子之才魯。故其學也確、所三以能深造二乎道一也。

師也辟。

辟、婢亦反。○辟、便辟也。謂下習二於容止一、少中誠實上也。

由也喭（ガン）。

○喭、五旦反。○喭、粗俗也。傳稱レ喭者、謂二俗論一也。○楊氏曰、四者性之偏、語レ之使レ知二自勵一也。吳

朱註 冢宰—六卿之長。
○佐藤坦云、兩節竝是孔子語。前節記レ實、後節議論。記者將二子曰字一、移二冠後節一。古文多二此例一。

朱註 家語—弟子行篇。

○辟—帆足萬里云、辟、偏僻也。」王弼云、喭、剛猛也。

○大永本、賜下有二也字一。
○皇侃本、億、作レ憶。阮元云、億・憶皆意之俗字。

朱註 夫子嘗曰━出二左傳、定公十五年一。

○安井衡云、莊、猶レ厲也。色莊者、謂二色厲而內荏者一（陽貨篇）

氏曰、此章之首、脫二子曰二字一。或疑下章子曰、當下在二此章之首一、而通爲中一章上。

○子曰、回也其庶レ乎（カラン）。屢空。庶、近也。言レ近レ道也。屢空、數至二空匱一也。不下以二貧窶一動レ心而求中富。故屢至二於空匱一也。言二其近レ道、又能安レ貧也。

賜不レ受レ命、而貨殖焉。億則屢中。中、去聲。○命、謂二天命一。貨殖、貨財生殖也。億、意度也。言子貢不レ如二顏子之安レ貧樂一レ道。然其才識之明、亦能料レ事而多中也。程子曰、子貢之貨殖、非レ若二後人之豐レ財。但此心未レ忘耳。然此亦子貢少時事、至レ聞二性與天道一、則不レ爲レ此矣。○范氏曰、屢空者、簞食瓢飲、屢絕而不レ改二其樂一也。天下之物、豈有下可レ動二其中一者上哉。貧富在レ天。而子貢以二貨殖一爲レ心、則是不レ能レ安二受天命一矣。其言而多中者、億而已。非二窮理樂レ天者一也。夫子嘗曰、賜不幸言而中。是使二賜多言一也。聖人之不レ貴レ言也如レ是。

○子張問二善人之道一。子曰、不レ踐レ迹。亦不レ入二於室一。善人、質美而未レ學者也。程子曰、踐レ迹、如レ言二循レ途守レ轍。善人雖レ不二必踐二舊迹一、而自不レ爲レ惡。然亦不レ能レ入二聖人之室一也。○張子曰、善人欲レ仁而未レ志二於學一者也。欲レ仁、故雖レ不レ踐二成法一、亦不レ蹈二於惡一、有二諸己一也。由レ不レ學、故無三自而入二聖人之室一也。

○子曰、論篤是與、君子者乎、色莊者乎。○與、如レ字。言但

○惑—孔安國云、惑其問同而答異。

○中井積德云、後、謂後至也。

以其言論篤實而與之、則未知其爲君子者乎、爲色莊者乎。言不可以言貌取人也。

○子路問、聞斯行諸。子曰、有父兄在、如之何、其聞斯行之。冉有問、聞斯行諸。子曰、聞斯行之。公西華曰、由也問、聞斯行諸。子曰、有父兄在。求也問、聞斯行諸。子曰、聞斯行之。赤也惑。敢問。子曰、求也退。故進之。由也兼人。故退之。

兼人、謂勝人也。張敬夫曰、聞義固當勇爲。然有父兄在、則有不可得而專者。若不稟命而行、則反傷於義矣。子路有聞、未之能行、惟恐有聞、則於所當爲、不患其不能爲矣。特患爲之之意或過、而於所當稟命者有闕耳。若冉求之資稟、失之弱。不患其不稟命也。患其於所當爲者逡巡畏縮、而爲之不勇耳。聖人一進之、一退之。所以約之於義理之中、而使之無過不及之患也。

○子畏於匡。顏淵後。子曰、吾以女爲死矣。曰、子在、回何敢死。女、音汝。○後、謂相失在後。何敢死、謂不赴鬭而必死也。胡氏曰、先王之制、民生於三。事之如一。惟其所在、則致死焉。況顏淵之於孔子、恩義兼盡。又非他人之爲師弟子者而已。卽夫子不幸而遇難、回必捐生以赴之矣。捐生以赴之、幸而不死、則必上告天子、下告方伯、請討以復讐。不但已也。夫子而在、則回何爲而不愛其死、以犯匡人之鋒乎。

○季子然問、仲由・冉求、可謂大臣與。與、平聲。○子然、季氏子弟。自多其家得臣二子。故問之。子曰、吾以子爲異之問。曾由與求之問。異、非常也。曾、猶乃也。輕二子、以抑季然也。所謂大臣者、以道事君、不可則止。以道事君者、不從君之欲。不可則止者、必行己之志。今由與求也、可謂具臣矣。具臣、謂備臣數而已。曰、然則從之者與。與、平聲。○意二子既非大臣、則從季氏之所爲而已。子曰、弒父與君、亦不從也。言二子雖不足於大臣之道、然君臣之義、則聞之熟矣。弒逆大故、必不從之。蓋深許二子以死難不可奪之節、而又以陰折季氏不臣之心也。○尹氏曰、季氏專權僭竊。二子仕其家而不能正也。知其不可而不能止也。可謂具臣矣。

朱註 民生於三。事之如一——國語、晉語、欒共子之語。三謂父生之、師教之、君食之。

○不可則止——謂不可以道事、則去位也。止、非諫止之止。與下下章云、子貢問友、子曰、忠告善道之。不可則止、語意正同。

○費―季氏私邑名。
○夫人之子―指二子羔一。
○安井衡云、子路以二口給一應レ師。其過固不レ待レ論焉。然以レ有二民社一爲レ學。則古所レ謂學者可レ知矣。
朱註 學而後入レ政云云―見二左傳襄公三十一年一子產之語。

是時季氏已有二無レ君之心一。故自多二其得レ人、意三其可レ使レ從レ己也。故曰、弑二父與一レ君、亦不レ從也。其庶二乎二子可レ免矣。

○子路使二子羔爲一費宰一。子路爲二季氏宰一而擧レ之也。子曰、賊二夫人之子一。夫、音扶。下同。○賊、害也。言子羔質美而未レ學。遽使レ治レ民、適以害レ之。子路曰、有二民人一焉、有二社稷一焉。何必讀レ書、然後爲レ學。言治レ民事レ神、皆所二以爲一レ學。子曰、是故惡二夫佞者一。惡、去聲。○治レ民事レ神、固學者事。然必學レ之已成、然後可三仕以行二其學一。若初未三嘗學一、而使二之卽仕以爲一レ學、其不レ至三於慢レ神而虐レ民者幾希矣。子路之言、非二其本意一。但理屈詞窮、而取二辨於口一、以禦レ人耳。故夫子不レ斥二其非一、而特惡二其佞一也。○范氏曰、古者學而後入レ政。未レ聞三以レ政爲二學者一也。蓋道之本在二於脩一レ身、而後及二於治一レ人。其說具二於方册一。讀而知レ之、然後能行。何可三以不レ讀レ書也。子路乃欲レ使二子羔以レ政爲一レ學、失二先後本末之序一矣。不レ知二其過一、而以二口給一禦レ人。故夫子惡二其佞一也。

○子路・曾晳・冉有・公西華、侍坐。坐、才臥反。○晳、曾參父、名點。子曰、以三吾一日長二乎爾一、毋二吾以一也。長、上聲。○言我雖三年少長二於女一、然女勿下以二我長一而難ㇾ言。蓋誘ㇾ之盡ㇾ言、以觀二其志一。而聖人和氣謙德、於ㇾ此亦可ㇾ見矣。居則曰、不二吾知一也。如或知ㇾ爾、則何以哉。言女平居、則言人不ㇾ知ㇾ我。如或有二人知一ㇾ女、則女將二何以爲一ㇾ用也。子路率爾而對曰、千乘之國、攝二乎大國之閒一、加ㇾ之以二師旅一、因ㇾ之以二饑饉一。由也爲ㇾ之、比ㇾ及二三年一、可ㇾ使ㇾ有ㇾ勇且知ㇾ方也。夫子哂ㇾ之。乘、去聲。饑、音機。饉、音僅。比、必二反、下同。哂、詩忍反。○率爾、輕遽之貌。攝、管束也。二千五百人爲ㇾ師、五百人爲ㇾ旅。因、仍也。穀不ㇾ熟曰ㇾ饑、菜不ㇾ熟曰ㇾ饉。方、向也。謂ㇾ向ㇾ義也。民向ㇾ義、則能親二其上一、死二其長一矣。哂、微笑也。求爾何如。對曰、方六七十、如五六十、求也爲ㇾ之、比ㇾ及二三年一、可ㇾ使ㇾ足ㇾ民。如二其禮樂一、以俟二君子一。求爾何如、孔子問也。下倣ㇾ此。方六七十里、小國也。如、猶ㇾ或也。五六十里、則又小矣。足、富足也。俟二君子一、言非二己所一ㇾ能。冉有謙退、又以二子路見一ㇾ哂、故其詞益遜。赤爾何如。對曰、非ㇾ曰ㇾ能ㇾ之、願學焉。宗廟之事、如會同、端

○率爾―皇侃本、率作ㇾ卒。通。
○中井積德云、攝、猶ㇾ接也。介也。方、義方也。
○公冶長篇、子曰、由也千乘之國、可ㇾ使ㇾ治二其賦一也。求也千室之邑、百乘之家、可ㇾ使ㇾ爲二之宰一也。赤也束帶立二於朝一、可ㇾ使下與二賓客一言上也。

○鏗爾―投㆑瑟之聲。

○撰―鄭玄本、作㆑僎。讀爲㆑詮、善言也。曾點謙辭。亦通。

○宋黃震、黃氏日抄云、夫子以㆓行㆑道救㆒㆑世爲㆑心。而時不㆓我與㆒。方㆘與㆓二三子㆒相㆗講-明於寂寞之濱㆖、而忽聞㆓曾點浴沂之言㆒、若㆑有㆔獨契㆓其浮㆑海居㆑夷之志、曲㆑肱水飮之樂㆒。故不㆑覺喟然而嘆。蓋其意之所㆑感者深矣。

○安井衡云、曾晳狂者、不㆑欲㆒㆑小㆓用其才㆒。優游養㆑德、以待㆓明王興㆒。其志可㆓嘉尙㆒。故孔子與㆑之也。

章甫、願㆑爲㆓小相㆒焉。相、去聲。○公西華、志㆓於禮樂之事㆒。嫌㆘以㆓君子㆒自居㆖。故將㆑言㆓己志㆒、而先爲㆓遜辭㆒。言㆑未㆑能而願㆑學也。宗廟之事、謂㆓祭祀㆒。諸侯時見曰㆑會、衆頫曰㆑同。端、玄端服。章甫、禮冠。相、贊㆓君之禮㆒者。言㆑小、亦謙辭。點爾何如。鼓㆑瑟希。鏗爾舍㆑瑟而作。對曰、異㆓乎三子者之撰㆒。子曰、何傷乎。亦各言㆓其志㆒也。曰、莫春者、春服既成。冠者五六人、童子六七人、浴㆓乎沂㆒、風㆓乎舞雩㆒、詠而歸。夫子喟然歎曰、吾與㆑點也。鏗、苦耕反。舍、上聲。撰、士免反。莫・冠、竝去聲。沂、漁依反。雩、音于。○四子侍坐、以㆑齒爲㆑序、則點當㆓次對㆒。以㆓方鼓㆒㆑瑟、故夫子先問㆓求・赤㆒、而後及㆑點也。希、閒歇也。作、起也。撰、具也。莫春、和煦之時。春服、單袷之衣。浴、盥濯也。今上巳祓除是也。沂、水名、在㆓魯城南㆒。地志以爲㆑有㆓溫泉㆒焉。理或然也。風、乘㆑涼也。舞雩、祭㆑天禱㆑雨之處、有㆓壇墠樹木㆒也。詠、歌也。曾點之學、蓋有㆕以見㆔夫人欲盡處、天理流行、隨㆑處充滿、無㆓少欠闕㆒。故其動靜之際、從容如㆑此。而其言㆑志、則又不㆑過㆘卽㆓其所㆑居之位㆒、樂㆗其日用之常㆖。初無㆓舍㆑己爲㆑人之意㆒。而其胷次悠然、直與㆓天地萬物㆒、上下同㆑流、各得㆓其所㆒之妙、隱然自見㆓於言外㆒。視㆘三子之規㆓規於事爲之末㆒者㆖、其氣象不㆑侔矣。故夫子歎息而深許㆑之、而門人記㆓其本末㆒、獨加レ詳焉。蓋亦有二以識一レ此矣。

三子者出。曾皙後。曾皙曰、夫三子者之言何如。子曰、亦各言二其志一也已矣。夫、音扶。曰、夫子何哂レ由也。點以下子路之志、乃所二優為一、而夫子哂レ之、故請二其說一。曰、爲レ國以レ禮。其言不レ讓。是故哂レ之。夫子蓋許二其能一、特哂二其不一レ遜。唯求則非レ邦也與。安見二方六七十、如五六十、而非一レ邦也者。與、平聲。下同。○曾點以二冉求亦欲レ爲レ國而不レ見レ哂、故微問レ之。而夫子之答無二貶詞一。蓋亦許レ之。唯赤則非レ邦也與。宗廟會同、非二諸侯一而何。赤也爲二之小一、孰能爲二之大一。

此亦曾皙問、而夫子答也。孰能爲二之大一、言無下能出二其右一者上。亦許レ之之詞。○程子曰、古之學者、優柔厭飫、有二先後之序一。如二子路・冉有・公西赤一、言レ志如レ此。夫子許レ之亦以レ此。自是實事。後之學者好レ高、如下人游二心千里之外一、然自身却只在中此。又曰、孔子與レ點、蓋與二聖人之志一同。便是堯舜氣象也。誠異二三子者之撰一、特行有レ不レ掩

朱註 漆雕開—事詳㆘公冶長篇、子使㆓漆雕開仕㆒章㆖。

焉耳。此所ㇾ謂狂也。子路等所ㇾ見者小。子路只爲ㇾ不ㇾ達㆓爲ㇾ國以ㇾ禮道理㆒、是以哂ㇾ之。若達、却便是這氣象也。又曰、三子皆欲㆓得ㇾ國而治㆑之。故夫子不ㇾ取。曾點狂者也。未㆔必能爲㆓聖人之事㆒、而能知㆓夫子之志㆒。故曰、浴㆓乎沂㆒、風㆓乎舞雩㆒、詠而歸。言㆔樂而得㆓其所㆒也。孔子之志、在㆓於老者安ㇾ之、朋友信ㇾ之、少者懷㆑之。使㆓萬物莫㆑不ㇾ遂㆓其性㆒。曾點知ㇾ之。故夫子喟然歎曰、吾與ㇾ點也。又曰、曾點・漆雕開、已見㆓大意㆒。

○安井衡云、下論多載弟子及外人之問答。先進多貶責悲傷之言、此篇多褒稱誘掖之語。自粗入精、亦猶上論編次之意。此篇所以次先進也。
○左傳、昭公十二年、克己復禮仁也、亦此義也。
○中井積德云、歸、如字、服也。孟子、其身正、而天下歸之(離婁上篇)與此同。極言其效也。

顔淵第十二 凡二十四章。

○顔淵問仁。子曰、克己復禮爲仁。一日克己復禮、天下歸仁焉。爲仁由己。而由人乎哉。仁者、本心之全德。克、勝也。己、謂身之私欲也。復、反也。禮者、天理之節文也。爲仁者、所以全其心之德也。蓋心之全德、莫非天理。而亦不能不壞於人欲。故爲仁者、必有以勝私欲而復於禮、則事皆天理、而本心之德、復全於我矣。歸、猶與也。又言一日克己復禮、則天下之人、皆與其仁。極言其效之甚速而至大也。又言爲仁由己、而非他人所能預。又見其機之在我而無難也。日日克之、不以爲難、則私欲淨盡、天理流行、而仁不可勝用矣。程子曰、非禮處、便是私意。既是私意、如何得仁。須是克盡己私、皆歸於禮、方始是仁。又曰、克己復禮、則事事皆仁。故曰、天下歸仁。謝氏曰、克己、須從性偏難克處克將去。顔淵曰、請問其目。子曰、非禮勿視、非禮勿聽、非禮勿言、非禮勿動。顔淵曰、回雖不敏、請事斯語矣。

目、條件也。顔淵聞二夫子之言一、則於二天理人欲之際一、已判然矣。故不三復有レ所二疑問一、而直請二其條目一也。非禮者、己之私也。勿者、禁止之辭。是人心之所三以爲レ主而勝レ私復レ禮之機也。私勝、則動容周旋、無レ不レ中レ禮。而日用之閒、莫レ非二天理之流行一矣。事、如レ事二事之事一。請事二斯語一、顔子默識二其理一、又自知三其力有二以勝一レ之。故直以爲二己任一而不レ疑也。○程子曰、顔淵問二克レ己復レ禮之目一。子曰、非禮勿レ視、非禮勿レ聽、非禮勿レ言、非禮勿レ動。四者身之用也。由二乎中一而應二乎外一。制二於外一、所三以養二其中一也。顔淵事二斯語一、所三以進二於聖人一。後之學二聖人一者、宜二服膺而勿一レ失也。因箴以自警。其視箴曰、心兮本虛、應レ物無レ迹。操レ之有レ要。視爲二之則一。蔽交二於前一、其中則遷。制二之於外一、以安二其內一。克レ己復レ禮、久而誠矣。其聽箴曰、人有二秉彝一。本二乎天性一。知誘物化、遂亡二其正一。卓彼先覺、知レ止有レ定。閑レ邪存レ誠。非禮勿レ聽。其言箴曰、人心之動、因レ言以宣。發禁二躁妄一、內斯靜專。矧是樞機、興レ戎出レ好、吉凶榮辱、惟其所レ召。傷レ易則誕、傷レ煩則支。己肆物忤。出悖來違。非レ法不レ道。欽哉訓辭。其動箴曰、哲人知レ幾、誠二之於思一。志士勵レ行、守二之於爲一。順レ理則裕、從レ欲惟危。造次克念、戰兢自持。習與レ性成、聖賢同レ歸。愚按、此章問答、乃傳授心法、切要之言。非二至明一不レ能レ察二其幾一。非二至健一不レ能レ致二其決一。故惟顔子得レ聞レ之。而凡學者亦不レ可二以不一レ勉也。程子之箴、發明親切。学者尤宜二深玩一。

○仲弓問レ仁。子曰、出レ門如レ見二大賓一、使レ民如レ承二大祭一。己所レ不レ欲、勿レ施二於人一。在レ邦無レ怨、在レ家無

朱註 箴―文體明辯、按、說文云、箴者、誡也。蓋醫者以二箴石一刺レ病。故有レ所二諷刺一而救二其失一者、謂二之箴一。

○左傳、僖公三十三年、引二臼季言一云、出レ門如レ賓、承レ事如レ祭、仁之則也。

○在レ邦・在レ家―安井衡云、參二之子張問レ達章一（顔淵篇）在レ邦、謂レ仕二諸侯一、在レ家、謂レ仕二卿大夫一。

○物茂卿云、出レ門二句、言レ敬、己所レ不レ欲二句、言レ恕。敬行レ仁之本、恕行レ仁之要。克レ己復レ禮、與二此章一皆古語。故皆曰、請事二斯語一。

朱註 乾道・坤道—朱熹曰、乾道、奮發有レ爲。坤道、靜重而持守。

○卷子本・皇侃本、竝斯下有二可字一。可レ從。

○孔安國云、行レ仁難、言レ仁亦不レ得レ不レ難。

レ恕。仲弓曰、雍雖レ不レ敏、請事二斯語一矣。敬以持レ己、恕以及レ物、則私意無レ所レ容、而心德全矣。內外無レ怨、亦以二其效一言レ之、使二以自考一也。○程子曰、孔子言レ仁。只說下出レ門如レ見二大賓一、使レ民如レ承二大祭一。看二其氣象一、便須二心廣體胖、動容周旋中一レ禮。唯謹レ獨、便是守レ之之法。或問、出レ門使レ民之時、如レ此可也。未二出レ門使レ民之時一、如レ之何。曰、此儼若レ思時也。有二諸中一而後見二於外一。觀二其出レ門使レ民之時一、其敬如レ此、則前二乎此一者、敬可レ知矣。非下因二出レ門使一レ民、然後有中此敬上也。愚按、克レ己復レ禮、乾道也。主レ敬行レ恕、坤道也。顏冉之學、其高下淺深、於レ此可レ見。然學者誠能從二事於敬恕之閒一、而有レ得焉、亦將レ無二己之可レ克矣。

○司馬牛問レ仁。司馬牛、孔子弟子、名犂、向魋之弟。子曰、仁者其言也訒。訒、音刃。○訒、忍也、難也。仁者心存、而不レ放。故其言若レ有レ所レ忍、而不二易發一。蓋其德之一端也。夫子以二牛多言而躁一、故告レ之以レ此。使二其於レ此而謹レ之、則所二以爲レ仁之方、不レ外レ是矣。曰、其言也訒、斯謂二之仁一已乎。子曰、爲レ之難。言レ之得レ無レ訒乎。牛意、仁道至大、不三但如二夫子之所一レ言。故夫子又告レ之以レ此。蓋心常存。故事不レ苟。事不レ苟。故其言自有下不レ得二而易一者上。非三強閉レ之而不レ出也。楊氏曰、觀二此及下章再問之語一、牛之易二其言一可レ知。○程子曰、雖下爲二司馬牛多言一故及中此、然聖人之言、亦止レ此

爲ㇾ是。愚謂、牛之爲ㇾ人如ㇾ此。若不㆔告ㇾ之以㆓其病之所ㇾ切、而泛以㆓爲ㇾ仁之大槩㆒語ㇾ之、則以㆓彼之躁㆒、必不ㇾ能㆔深思以去㆓其病㆒、而終無㆓自以入ㇾ德矣。故其告ㇾ之如ㇾ此。蓋聖人之言、雖ㇾ有㆓高下大小之不ㇾ同、然其切㆓於學者之身㆒、而皆爲㆓入ㇾ德之要㆒、則又初不ㇾ異也。讀者其致ㇾ思焉。

○司馬牛問㆓君子㆒。子曰、君子不ㇾ憂不ㇾ懼。向魋作ㇾ亂。牛常憂懼。故夫子告ㇾ之以ㇾ此。曰、不ㇾ憂不ㇾ懼、斯謂㆓之君子㆒矣乎。子曰、內省不ㇾ疚、夫何憂何懼。夫、音扶。○牛之再問、猶㆓前章之意㆒。故復告ㇾ之以ㇾ此。疚、病也。言由㆓其平日所ㇾ爲、無ㇾ愧㆓於心㆒。故能內省不ㇾ疚、而自無㆓憂懼㆒。未ㇾ可㆓遽以爲ㇾ易而忽ㇾ之也。○晁氏曰、不ㇾ憂不ㇾ懼、由㆓乎德全而無ㇾ疵。故無㆔入而不㆓自得㆒。非㆘實有㆓憂懼㆒而强排㆗遣之㆖也。

○司馬牛憂曰、人皆有㆓兄弟㆒。我獨亡。牛有㆓兄弟㆒而云ㇾ然者、憂㆓其爲ㇾ亂而將ㇾ死也。子夏曰、商聞ㇾ之矣。蓋聞㆓之夫子㆒。死生有ㇾ命、富貴在ㇾ天。命稟㆓於有生之初㆒、非㆔今所㆓能移㆒。天莫㆓之爲㆒而爲。非㆔我所㆓能必㆒。但當㆓順受㆒而已。君子敬而無ㇾ失、與ㇾ人恭而有ㇾ禮、四海之內、皆兄弟也。君子何

朱註 向魋作ㇾ亂―見㆓左傳哀公十四年㆒。

○孟子、公孫丑上篇、引㆓曾子言㆒云、吾曾聞㆓大勇於夫子㆒矣。自反而不ㇾ縮、雖㆓褐寬博㆒吾不ㇾ惴焉。自反而縮、雖㆓千萬人㆒吾往矣。與㆓此章㆒同㆓其義㆒。

○卷子本・皇侃本、斯下有㆓可字㆒。

○鄭玄云、牛兄桓魋行ㇾ惡、死亡無ㇾ日。我獨爲ㇾ無㆓兄弟㆒也。

○皇侃本、皆下有㆓爲字㆒。鹽鐵論、和親章、及文選

蘇子卿古詩註、竝引此文、皆有爲字。

朱註以哭子喪明—禮記、檀弓篇、子夏喪其子而喪其明。

○安井衡云、孔子以譖愬不行爲明。則以爲人上者言之矣(中略)明以智言、遠以慮言。智在目今、故曰明。慮及後日、故曰遠。

朱註易所謂—易經、剝卦、六四、剝牀以膚、凶、象曰、剝牀以膚、切近災也。剝、落也。牀、安身之坐者。切、迫也。言剝牀而上及於人之肌膚也。

朱註書曰—太甲中篇。

○卷子本・足利本、兵下民上、有使字。

患乎無兄弟也。既安於命、又當脩其在己者。故又言、苟能持己以敬、而不間斷。接人以恭、而有節文、則天下之人、皆愛敬之如兄弟矣。蓋子夏欲以寬牛之憂。故爲是不得已之辭。讀者不以辭害意可也。○胡氏曰、子夏四海皆兄弟之言、特以廣司馬牛之意。意圓而語滯者也。唯聖人則無此病矣。且子夏知此、而以哭子喪明。則以蔽於愛而昧於理。是以不能踐其言爾。

○子張問明。子曰、浸潤之譖、膚受之愬、不行焉、可謂明也已矣。浸潤之譖、膚受之愬、不行焉、可謂遠也已矣。譖、莊蔭反。愬、蘇路反。○浸潤、如水之浸灌滋潤、漸漬而不驟也。譖、毀人之行也。膚受、謂肌膚所受、利害切身。如易所謂剝牀以膚、切近災者也。愬、愬己之冤也。毀人者、漸漬而不驟、則聽者不覺其入、而信之深矣。愬冤者、急迫而切身、則聽者不及致詳、而發之暴矣。二者難察。而能察之、則可見其心之明、而不蔽於近矣。此亦必因子張之失而告之。故其辭繁而不殺、以致丁寧之意云。○楊氏曰、驟而語之、與利害不切於身者不行焉。有不待明者能之也。故浸潤之譖、膚受之愬不行、然後謂之明、而又謂之遠。遠則明之至也。書曰、視遠惟明。

○子貢問政。子曰、足食、足兵、民信之矣。言倉廩實而武備脩、

然後教化行、而民信ニ於我一不ニ離叛一也。子貢曰、必不レ得レ已而去、於ニ斯三者一何先。曰、去レ兵。去、上聲。下同。○言食足而信孚、則無レ兵而守固矣。子貢曰、必不レ得レ已而去、於ニ斯二者一何先。曰、去レ食。自レ古皆有レ死。民無レ信不レ立。民無レ食必死。然死者、人之所ニ必不レ免。無レ信、則雖レ生而無ニ以自立一。不レ若ニ死之爲レ安。故寧死而不レ失ニ信於民一。使ニ民亦寧死而不レ失ニ信於我一也。○程子曰、孔門弟子善問、直窮到レ底。如ニ此章一者、非ニ子貢一不レ能レ問。非ニ聖人一不レ能レ答也。愚謂、以ニ人情一而言、則兵食足、而後吾之信可ニ以孚ニ於民一。以ニ民德一而言、則信本人之所ニ固有一。非ニ兵食所ニ得而先一也。是以爲レ政者、當下身率ニ其民一、而以レ死守上レ之。不下以ニ危急一而可上レ棄也。

○棘子成曰、君子質而已矣。何以レ文爲。棘子成、衞大夫。疾ニ時人文勝一。故爲ニ此言一。子貢曰、惜乎夫子之說ニ君子一也、駟不レ及レ舌。言子成之言、乃君子之意。然言出ニ於舌一、則駟馬不レ能レ追レ之。又惜ニ其失言一也。文猶レ質也。質猶レ文也。虎豹之鞟、猶ニ犬羊之鞟一。鞟、其郭反。○鞟、皮去レ毛者也。言文質等耳。不レ可ニ相無一。若必

○安井衡云、立、住也。謂ニ堅立不レ動。若上無レ信、民心動搖、或棄ニ其地一而去。雖レ有ニ兵食一、亦將ニ如レ之何一。

○夫子―指ニ子成一。

○中井積德云、文質非ニ判然二物一。文是物之色、非ニ物外別有レ色。故曰、猶レ質也。質是色之物、非ニ色外別有レ物。故曰、猶レ文也。極ニ言其相連綴一、而不レ可レ釋也。

○卷子本・皇侃本、竝鞟、

作レ鞹。通。犬羊之鞟下、有二也字一。

○鄭玄云、盍、何不也。周法、什一而稅、謂二之徹一。徹、通也、爲二天下之通法一。

朱註 稅レ畝―春秋、宣公十五年、秋初稅レ畝。

朱註 貉―北方夷狄之國名。○藝―極也。

○帆足萬里云、崇レ德、使二德崇高一也。從レ義、猶レ遷レ善也。

盡去二其文一、而獨存二其質一、則君子小人無三以辨二矣。夫棘子成矯二當時之弊一、固失二之過一。而子貢矯二子成之弊一、又無二本末輕重之差一。胥失レ之矣。

○哀公問二於有若一曰、年饑、用不レ足。如レ之何。稱二有若一者、君臣之辭。用、謂二國用一。公意蓋欲三加レ賦以足二用也。有若對曰、盍レ徹乎。徹、通也、均也。周制一夫受二田百畝一、而與二同レ溝共レ井之人一、通レ力合作、計レ畝均收。大率民得二其九一、公取二其一一。故謂二之徹一。魯自二宣公稅一レ畝、又逐レ畝什取二其一一、則爲二什而取一レ二矣。故有若請三但專行二徹法一、欲三公節レ用以厚レ民也。曰、二、吾猶不レ足。如レ之何其徹也。二、卽所レ謂什二也。公以三有若不レ喩二其旨一、故言レ此以示二加レ賦之意一。對曰、百姓足、君孰與不レ足。百姓不レ足、君孰與足。民富則君不レ至二獨貧一。民貧則君不レ能二獨富一。有若深言二君民一體之意一、以止二公之厚斂一。爲二人上一者、所レ宜二深念一也。○楊氏曰、仁政必自二經界一始。經界正、而後井地均、穀祿平、而軍國之需、皆量レ是以爲レ出焉。故一徹而百度擧矣。上下寧憂レ不レ足乎。以三二猶不レ足、而敎二之徹一、疑若レ迂矣。然什一天下之中正。多則桀、寡則貉。不レ可レ改也。後世不レ究二其本一、而唯末之圖。故征斂無レ藝、費出無レ經。而上下困矣。又惡知三盍レ徹之當レ務、而不レ爲レ迂乎。

○子張問二崇レ德辨一レ惑。子曰、主二忠信一、徙レ義、崇レ德

○包咸云、愛惡當レ有レ常。一欲レ生レ之、一欲レ死レ之、是心惑也。
朱註舊說―鄭玄說。
○程子曰、此錯簡云云―此說可レ從。○堂堂乎張也―出二子張篇一。

○卷子本・皇侃本、吾下、有二豈字一。與二史記、孔子世家・漢書、武五子傳所一レ引合。可レ從。

也。主二忠信一、則本立。徙レ義、則日新。愛レ之欲二其生一、惡レ之欲二其死一。既欲二其生一、又欲二其死一、是惑也」。惡、去聲。○愛惡、人之常情也。然人之生死有レ命。非レ可二得而欲一也。以二愛惡一而欲二其生死一、則惑矣。既欲二其生一、又欲二其死一、則惑之甚也。誠不二以富一、亦祇二以異。此詩小雅我行其野之詞也。舊說、夫子引レ之、以明丁欲二其生死一者、不レ能レ使二之生死一、如丙此詩所レ言、不レ足二以致レ富、而適足乙以取甲レ異也。程子曰、此錯簡。當レ在下第十六篇齊景公有二馬千駟一之上上。因二此下文亦有二齊景公字一而誤也。○楊氏曰、堂堂乎張也。難二與竝爲レ仁矣。則非下誠善補レ過、不レ蔽二於私一者上。故告レ之如レ此。

○齊景公問二政於孔子一。齊景公、名杵臼。魯昭公末年、孔子適レ齊。孔子對曰、君君、臣臣、父父、子子。此人道之大經、政事之根本也。是時景公失レ政、而大夫陳氏厚施二於國一。景公又多二內嬖一、而不レ立二太子一。其君臣父子之閒、皆失二其道一。故夫子告レ之以レ此。公曰、善哉。信如君不レ君、臣不レ臣、父不レ父、子不レ子、雖レ有レ粟、吾得而食レ諸。景公善二孔子之言一、而不レ能レ用。其後果以二繼嗣不レ定、啓二陳氏弑レ君簒レ國之禍一。○楊氏曰、君之所二以君一、臣之所二以臣一、父之所二以父一、子之所二以子一、是必有レ道矣。景公知

朱註 悅而不レ繹—見二子罕篇一。悅、本作レ說。通。
○邢昺云、子路無レ宿レ諾、或分レ此別爲二一章一。今合レ之。

朱註 宿レ怨—見二孟子、萬章篇一。○句繹—小邾地名。○要—約也。○無レ盟—不レ須三與レ魯盟二矣。

○皇侃云、言身居二政事一、則莫二懈倦一。○子路篇、子路問レ政。子曰、先レ之勞レ之。請レ益。曰、無レ倦。

レ善二夫子之言一、而不レ知レ反三求其所二以然一。蓋悅而不レ繹者、齊之所三以卒二於亂一也。

○子曰、片言可二以折一レ獄者、其由也與。折、之舌反。與、平聲。○片言、半言。折、斷也。子路忠信明決。故言出而人信二服之一、不レ待二其辭之畢一也。子路無レ宿レ諾。宿、留也。猶二宿レ怨之宿一。急二於踐一レ言、不レ留二其諾一也。記者因二夫子之言一而記レ此、以見下子路之所三以取二信於人一者、由中其養之有上レ素也。○尹氏曰、小邾射以二句繹一奔レ魯。曰、使二季路要一レ我、吾無レ盟矣。千乘之國、不レ信二其盟一、而信二子路之一言一。其見レ信二於人一可レ知矣。一言而折レ獄者、信在二言前一、人自信レ之故也。不レ留レ諾、所三以全二其信一也。

○子曰、聽レ訟吾猶レ人也。必也使レ無レ訟乎。范氏曰、聽レ訟者、治二其末一、塞二其流一也。正二其本一、清二其源一、則無レ訟矣。○楊氏曰、子路片言可二以折一レ獄。而不レ知下以二禮遜一爲上レ國、則未レ能レ使二民無一レ訟者也。故又記二孔子之言一、以見下聖人不三以レ聽レ訟爲二レ難、而以レ使三民無レ訟爲上レ貴。

○子張問レ政。子曰、居レ之無レ倦、行レ之以レ忠。居、謂レ存二諸心一。無レ倦、則始終如レ一。行、謂レ發二於事一。以レ忠則表裏如レ一。○程子曰、子張少レ仁。無二誠心愛一レ民、則必倦而不レ盡レ心。故告レ之以レ此。

○子曰、博學二於文一、約レ之以レ禮、亦可三以弗レ畔矣夫。重出。

○子曰、君子成二人之美一。不レ成二人之惡一。小人反レ是。成者、誘掖獎勸、以成二其事一也。君子小人、所レ存、既有二厚薄之殊一。而其所レ好、又有二善惡之異一。故其用レ心不レ同如レ此。

○季康子問二政於孔子一。孔子對曰、政者正也。子帥以レ正、孰敢不レ正。范氏曰、未レ有三己不レ正而能正二人者一。○胡氏曰、魯自二中葉一、政由二大夫一。家臣效レ尤、據レ邑背叛、不レ正甚矣。故孔子以レ是告レ之、欲三康子以レ正自克、而改二三家之故一。惜乎康子之溺二於利欲一、而不レ能也。

○季康子患レ盜、問二於孔子一。孔子對曰、苟子之不欲、雖レ賞レ之不レ竊。言子不レ貪二欲一、則雖三賞レ民使二之爲一レ盜、民亦知レ恥而不レ竊。○胡氏曰、季氏竊レ柄、康子奪レ嫡。民之爲レ盜、固其所也。盍三亦反二其本一耶。孔子以二不欲一啓レ之、其旨深矣。奪レ嫡事、見二春秋傳一。

朱註 重出─已出二雍也篇一。但彼有二君子二字一。

○子路篇、子曰、其身正、不レ令而行。其身不レ正、雖レ令不レ從。又曰、苟正二其身一矣、於レ從政乎何有。不レ能レ正二其身一、如レ正レ人何。與二此章一同義。

○孔安國云、欲、多二情慾一也。言民化二於上一、不レ從二其所レ令、從二其所一レ好也。

朱註 春秋傳─左傳、哀公三年。

○季康子問政於孔子曰、如殺無道、以就有道、何如。孔子對曰、子爲政、焉用殺。子欲善、而民善矣。君子之德風、小人之德草。草上之風必偃。焉、於虔反。○爲政者、民所視效、何以殺爲。欲善則民善矣。上、一作尚。加也。偃、仆也。○尹氏曰、殺之爲言、豈爲人上之語哉。以身教者從、以言教者訟。而況於殺乎。

○子張問、士何如斯可謂之達矣。達者、德孚於人、而行無不得之謂。

子曰、何哉、爾所謂達者。子張務外。夫子蓋已知其發問之意。故反詰之、將以發其病而藥之也。

子張對曰、在邦必聞、在家必聞。言名譽著聞也。

子曰、是聞也、非達也。聞與達相似而不同。乃誠僞之所以分。學者不可不審也。故夫子既明辨之、下文又詳言之。夫達也者、質直而好義、察言而觀色、慮以下人。在

○就—卽也。同學而篇、就有道而正焉之就。孔安國云、就、成也。亦通。

○卷子本・皇侃本、風下、草下、竝有也字。與漢書、董仲舒傳・說苑、政理篇所引合。上、邢昺本、作尚。古相通。

朱註 以身教者云云—此二句、見後漢書、第五倫傳。

○中井積德云、達與聞、竝在聲譽上。達者有實於此、而聲譽徹于彼也。聞者已無其實、而聲譽施於人也。

○何哉爾所謂達者—倒語、以發疑問也。

○色取レ仁而行違―學而篇、子曰、巧言令色、鮮矣仁之意。

○安井衡云、崇レ德脩レ慝辨レ惑、皆脩レ身之要。故孔子善レ之。崇レ德辨レ惑、與二子張一問同、而答不レ同者、亦以二其所レ急告一レ之也。先レ事後レ得、戴記、儒行篇曰、先レ勞而後レ祿、正此章注脚也。

○一朝之忿云云―與二季氏篇云、其壯也、血氣

邦必達、在レ家必達。夫、音扶。下同。好・下皆去聲。○內主二忠信一、而所レ行合レ宜。審二於接レ物、而卑以自牧。皆自脩二於內一、不レ求二人知一之事。然德脩二於己一、而人信レ之、則所レ行自無二窒礙一矣。

夫聞也者、色取レ仁而行違。居レ之不レ疑。在レ邦必聞、在レ家必聞。行、去聲。○善二其顏色一以取二於仁一、而行實背レ之。又自以爲レ是、而無レ所二忌憚一。此不レ務レ實、而專務レ求レ名者。故虛譽雖レ隆、而實德則病矣。○程子曰、學者須二是務一レ實、不レ要レ近レ名。有レ意近レ名、大本已失。更學二何事一。爲レ名而學、則是僞也。今之學者、大抵爲レ名。爲レ名與レ爲レ利、雖二清濁不一レ同、然其利心則一也。尹氏曰、子張之學、病在二乎不一レ務レ實。故孔子告レ之、皆篤實之事。充二乎內一、而發二乎外一者也。當時門人親受二聖人之敎一、而差失有二如レ此者一。況後世乎。

○樊遲從遊二於舞雩之下一。曰、敢問レ崇レ德脩レ慝辨レ惑。慝、吐得反。○胡氏曰、慝之字從レ心從レ匿。蓋惡之匿二於心一者。脩者、治而去レ之。子曰、善哉問。善三其切二於爲一レ己。先レ事後レ得、非レ崇レ德與。攻二其惡一、無レ攻二人之惡一、非レ脩レ慝與。一朝之忿、忘二其身一、以及二其親一、非レ惑與。

方剛、戒レ之在レ鬪、孟子、離婁篇云、好レ勇鬪很、以危二父母一不孝也上、同義。

朱註 曾氏―名幾、字吉甫、宋河南人。

○擧レ直錯二諸枉一―謂擧二直者一、而措二之乎枉者之上一也。說見二爲政篇、哀公問曰章一。

○卷子本・皇侃本、哉下言上、有二是字一。

與、平聲。○先レ事後レ得、猶レ言二先レ難後レ獲也。爲レ所レ當レ爲、而不レ計二其功一、則德日積、而不レ自知一矣。專二於治レ己、而不レ責レ人、則己之惡無レ所レ匿矣。知下一朝之忿爲二甚微一、而禍及二其親一爲中甚大上、則有三以辨レ惑而懲二其忿一矣。樊遲麤鄙近レ利。故告レ之以二此三者一、皆所三以救二其失一也。○范氏曰、先レ事後レ得、上レ義而下レ利也。人惟有二欲レ利之心一、故德不レ崇。惟不三自省二己過一、而知二人之過一。故慝不レ脩。感レ物而易レ動者、莫レ如レ忿。忘二其身一以及二其親一、惑之甚者也。惑之甚者、必起二於細微一。能辨二之於早一、則不レ至二於大惑一矣。故懲レ忿所二以辨一レ惑也。

○樊遲問レ仁。子曰、愛レ人。問レ知。子曰、知レ人。上知字、去聲。下如レ字。

○愛レ人、仁之施。知レ人、知之務。

樊遲未レ達。曾氏曰、遲之意、蓋以下愛欲二其周一、而知有上レ所レ擇。故疑二二者之相悖一爾。

子曰、擧レ直錯二諸枉一、能使二枉者直一。擧レ直錯二諸枉者一、知也。使二枉者直一、則仁矣。如レ此則二者不三惟不二相悖一、而反相二爲用一矣。

樊遲退、見二子夏一曰、鄕也吾見二於夫子一而問レ知。子曰、擧レ直錯二諸枉一、能使二枉者直一。何謂也。

鄕、去聲。見、賢遍反。○遲以二夫子之言一、專爲二知者之事一。又未レ達下所三以能使二枉者直一之理上。

子夏曰、富哉言乎。歎三其

○此章孔子言、擧レ直錯ニ諸枉一。而子夏卻以下擧ニ皐陶・伊尹一而不仁者遠上、釋レ之。可レ見ニ枉即是不仁者、而直即是仁者一也。擧レ直錯ニ諸枉一、能使ニ枉者直一、即孟子所レ謂（盡心下篇）經正則庶民興也。

○伊藤維楨云、其人不レ可、則暫止不レ言。亦俟ニ其自悟一。

所レ包者廣、不ニ止言レ知。舜有ニ天下一、選ニ於衆一、擧ニ皐陶一、不仁者遠矣。湯有ニ天下一、選ニ於衆一、擧ニ伊尹一、不仁者遠矣。選、息戀反。陶、音遙。遠、如レ字。○伊尹、湯之相也。不仁者遠、言人皆化而爲レ仁、不レ見レ有ニ不仁者一。若ニ其遠去一爾。所レ謂使ニ枉者直一也。子夏蓋有下以知中夫子之兼ニ仁知一而言上矣。○程子曰、聖人之語、因レ人而變化。雖レ若レ有ニ淺近者一、而其包含無レ所レ不レ盡。觀ニ於此章一可レ見矣。非レ若下他人之言、語レ近則遺レ遠、語レ遠則不上レ知レ近也。尹氏曰、學者之問也、不ニ獨欲レ聞ニ其說一。又必欲レ知ニ其方一。不ニ獨欲レ知ニ其方一。又必欲レ爲ニ其事一。如三樊遲之問ニ仁知一也。夫子告レ之盡矣。樊遲未レ達。故又問焉。而猶未レ知ニ其何以爲レ之也。及三退而問ニ諸子夏一、然後有ニ以知レ之。使ニ其未レ喻、則必將ニ復問一矣。既問ニ於師一、又辨ニ諸友一。當時學者之務レ實也如レ是。

○子貢問レ友。子曰、忠告而善ニ道之一。不可則止。毋ニ自辱一焉。告、工毒反。道、去聲。○友、所ニ以輔レ仁。故盡ニ其心一以告レ之、善ニ其說一以道レ之。然以レ義合者也。故不可則止。若以數而見レ疏、則自辱矣。

○曾子曰、君子以レ文會レ友、以レ友輔レ仁。講レ學以會レ友、則道益明。取レ善以輔レ仁、則德日進。

○此篇大意、與二前篇一相類、故以爲レ次也。

○先レ之勞レ之一二之字指レ民。

○孔安國云、子路嫌二其少一。故請レ益。曰、無レ倦者、行二此上事一無レ倦則可。

○顏淵篇云、子張問レ政。子曰、居レ之無レ倦、行レ之以レ忠。

朱註 宰兼二衆職一―宰、家臣之長。衆、兼二統之一也。

論語卷之七

子路第十三 凡三十章。

○子路問レ政。子曰、先レ之勞レ之。勞、如レ字。○蘇氏曰、凡民之行、以レ身先レ之、則不レ令而行。凡民之事、以レ身勞レ之、則雖レ勤不レ怨。請レ益。曰、無レ倦。無、古本作レ毋。○吳氏曰、勇者喜二於有一レ爲、而不レ能二持久一。故以レ此告レ之。○程子曰、子路問レ政。孔子既告レ之矣。及レ請レ益、則曰レ無レ倦而已。未二嘗復有レ所レ告。姑使二之深思一也。

○仲弓爲二季氏宰一、問レ政。子曰、先二有司一。赦二小過一、舉二賢才一。有司、衆職也。宰、兼二衆職一。然事必先二之於彼一、而後考二其成功一、則己不レ勞、而事畢舉矣。過、失誤也。大者於レ事或有レ所レ害、不レ得レ不レ懲。小者赦レ之、則刑不レ濫、而人心悅矣。賢、有レ德者。才、有レ能者。舉而用レ之、則有司皆得二其人一、而政益脩矣。曰、焉知二賢才一而舉レ之。曰、舉二爾所レ知。爾所レ不レ知、人其舍レ諸。焉、於虔反。舍、上聲。○仲弓慮レ無三以盡二知一時之賢才一。故孔子告レ之以レ此。程子曰、人各親二其親一、然後不三獨親二其親一。仲弓曰、焉知二賢才一而舉レ之。子曰、舉二爾所レ知。爾所レ不レ知、人其舍レ諸。便見下仲弓與二聖人一用レ心之大小上。推二此義一、則一心可二以興レ邦、一心可二以喪一レ邦。只在二公私之閒一爾。○范氏曰、不レ先二有司一、則君行二臣職一矣。不レ赦二小過一、則下無二全人一矣。不レ舉二賢才一、則百職廢矣。失二此三者一、不レ可三以爲二季氏宰一。況天下乎。

○子路曰、衞君待レ子而爲レ政、子將ニ奚ヲカ先ニセント。衞君、謂二出公輒一也。是時魯哀公之十年、孔子自レ楚反二乎衞一。子曰、必也正レ名乎。是時出公不レ父二其父一、而禰二其祖一、名實紊矣。故孔子以レ正レ名爲レ先。謝氏曰、正レ名雖下爲二衞君一而言上、然爲レ政之道、皆當二以レ此爲一レ先。子路曰、有レ是哉、子之迂也。奚其正。迂、謂レ遠二於事情一。言非二今日之急務一也。子曰、野哉由也。君子於二其所レ不レ知、蓋闕如也。野、謂二鄙俗一。責三其不レ能二闕レ疑、而率爾妄對一也。名不レ正、則言不レ順。言不レ順、則事不レ成。楊氏曰、名不レ當二其實一、則言不レ順。言不レ順、則無二以考一レ實、而事不レ成。

○孔安國云、女所レ不レ知者、人將三自舉二其所一レ知。則賢才無レ遺。

朱註不レ父二其父一而禰二其祖一——蒯聵乃輒之父也。蒯聵欲二入君レ衞、而輒拒レ之。是不レ父二其父一。父廟曰レ禰。輒繼二靈公一、是禰二其祖一。

○有レ是哉子之迂也——物茂卿云、蓋時人有下以二孔子一爲レ迂者上。子路始以爲レ不レ然。今聞二孔子之言一、而謂レ有下如二時人之言一者上也。

○王肅云、所名之事、必可得而明言。所言之事、必可得而遵行。

○爲、治也。史記、弟子傳、無爲字、非也。
○卷子本・皇侃本、圃下曰上、有子字。爲是。

事不成、則禮樂不興。禮樂不興、則刑罰不中。刑罰不中、則民無所措手足。中、去聲。○范氏曰、事得其序之謂禮。物得其和之謂樂。事不成、則無序而不和。故禮樂不興。禮樂不興、則施之政事、皆失其道。故刑罰不中。故君子名之、必可言也。言之、必可行也。君子於其言、無所苟而已矣。程子曰、名實相須。一事苟、則其餘皆苟矣。○胡氏曰、衞世子蒯聵、恥其母南子之淫亂、欲殺之不果而出奔。靈公欲立公子郢。郢辭。公卒。夫人立之、又辭。乃立蒯聵之子輒、以拒蒯聵。夫蒯聵欲殺母、得罪於父、而輒據國以拒父。皆無父之人也。其不可有國也明矣。夫子爲政、而以正名爲先。必將具其事之本末、告諸天王、請於方伯、命公子郢而立之。則人倫正、天理得。名正言順、而事成矣。夫子告之之詳如此。而子路終不喩也。故事輒不去、卒死其難。徒知食焉不避其難之爲義、而不知食輒之食爲非義也。

○樊遲請學稼。子曰、吾不如老農。請學爲圃。曰、吾不如老圃。種五穀曰稼、種蔬菜曰圃。樊遲出。子曰、小人

朱註 五穀—朱子曰、稻・黍・稷・麥・菽也。○孟子所レ謂—滕文公上篇
○安井衡云、樊遲蓋憂二民貧力乏一、田圃多荒一、欲下學二農圃一以教上レ之。觀二孔子所レ答、其意自見矣。
○皇侃云、詩有二三百五篇一。云二三百一擧二全數一也。
○季氏篇、不レ學レ詩、無二以言一。

哉樊須也。小人、謂二細民一。孟子所レ謂小人之事者也。上好レ禮、則民莫二敢不一レ敬。上好レ義、則民莫二敢不一レ服。上好レ信、則民莫二敢不一レ用レ情。夫如レ是、則四方之民、襁二負其子一而至矣。焉用レ稼。好、去聲。夫、音扶。襁、居丈反。焉、於虔反。○禮・義・信、大人之事也。好レ義、則事合レ宜。情、誠實也。敬、服用レ情、蓋各以二其類一而應也。襁、織レ縷爲レ之、以約二小兒於背一者。○楊氏曰、樊遲遊二聖人之門一、而問二稼圃一。志則陋矣。辭而闢レ之可也。待二其出一而後言二其非一、何也。蓋於二其問一也、自謂二農圃之不一レ如、則拒レ之者至矣。須之學、疑不レ及レ此、而不レ能レ問。不レ能下以二三隅一反上矣。故不レ復。及二其既出一、則懼二其終不一レ喩也。求二老農老圃一而學焉、則其失愈遠矣。故復言レ之、使レ知二前所レ言者意有レ在也。

○子曰、誦二詩三百一、授レ之以レ政、不レ達。使二於四方一、不レ能二專對一。雖レ多、亦奚以爲。使、去聲。○專、獨也。詩本二人情一、該二物理一。可下以驗二風俗之盛衰一、見中政治之得失上。其言溫厚和平、長二於風諭一。故誦レ之者、必達二於政一而能言也。○程子曰、窮レ經將二以致一レ用也。世之誦レ詩者、果能從レ政而專對乎。然則其所レ學者、章句之末

○令―教令也。
○顏淵篇、政者正也。子帥以レ正、孰敢不レ正。」大學、其所レ令反二其所一レ好、而民不レ從。竝與二此章一同レ義。
○魯有二公子荊一、見二左傳、哀公二十五年一。故特加二衞字一以別レ之。
○中井積德云、始有、是未レ合也。荊乃認以爲レ合、而安レ之。少有、是合之時矣、未レ完也。荊乃認以爲レ完、而安レ之。富有、是完之時矣、未レ美也。荊乃認以爲レ美、而安レ之(中略)寡欲之人、大抵有二是意思一。

耳。此學者之大患也。

○子曰、其身正、不レ令而行。其身不レ正、雖レ令不レ從。

○子曰、魯衞之政、兄弟也。魯、周公之後。衞、康叔之後。本兄弟之國、而是時衰亂、政亦相似。故孔子歎レ之。

○子謂二衞公子荊一、善居レ室。始有、曰、苟合矣。少有、曰、苟完矣。富有、曰、苟美矣。公子荊、衞大夫。苟、聊且粗略之意。合、聚也。完、備也。言其循レ序而有レ節。不下以二欲レ速盡レ美累中其心上。○楊氏曰、務爲二全美一、則累レ物而驕吝之心生。公子荊皆曰レ苟而已。則不下以二外物一爲中心。其欲易レ足故也。

○子適レ衞。冉有僕。僕、御レ車也。子曰、庶矣哉。庶、衆也。冉有曰、既庶矣。又何加焉。曰、富レ之。庶而不レ富、則民生不レ遂。故制二田里一、薄二賦斂一、以富レ之。

曰、既富矣、又何加焉。曰、教レ之。富而不レ教、則近二於禽獸一。故必立二學校一、明二禮義一、以教レ之。○胡氏曰、天生二斯民一、立二之司牧一、而寄以二三事一。然自二三代一之後、能擧二此職一者、百無二一二一。漢之文・明、唐之太宗、亦云二庶且富一矣。西京之教無レ聞焉。明帝尊レ師重レ傅、臨レ雍拜レ老、宗戚子弟、莫レ不レ受レ學。唐太宗大召二名儒一、增二廣生員一、教亦至矣。然而未レ知レ所二以教一也。三代之教、天子公卿、躬二行於上一、言行政事、皆可二師法一。彼二君者、其能然乎。

○子曰、苟有二用レ我者一、朞月而已可也。三年有レ成。朞月、謂二周一歲之月一也。可者、僅辭。言二綱紀布一也。有レ成、治功成也。○尹氏曰、孔子歎三當時莫二能用一レ己也。故云レ然。愚按二史記一、此蓋爲二衞靈公不一レ能レ用而發。

○子曰、善人爲レ邦百年、亦可二以勝レ殘去一レ殺矣。誠哉是言也。勝、平聲。去、上聲。○爲レ邦百年、言二相繼而久一也。勝レ殘、化二殘暴之人一、使レ不レ爲レ惡也。去レ殺、謂下民化二於善一、可中以不上レ用二刑殺一也。蓋古有二是言一、而夫子稱レ之。程子曰、漢自二高惠一至二於文景一、黎民醇厚、幾致二刑措一。庶二乎其近一レ之矣。○尹氏曰、勝レ殘去レ殺、不レ爲レ惡而已。善人之功如レ是。若二夫聖人一、則不レ待二百年一。其化亦不レ止レ此。

○子曰、如有二王者一、必世而後仁。王者、謂二聖人受レ命而興一也。三十年爲二一世一。仁、謂二

○范甯云、衣食足、當訓二義方一也。

朱註 三事―庶・富・教也。○文・明―文帝・明帝也。○西京―前漢都二長安一。故謂二西京一。○雍―辟雍、天子之學名。○老―三老五更。

○三年―與二堯典云、三載考レ績之三載一同。先進篇、子路曰、比レ及二三年一、可レ使三有レ勇且知二レ方也。冉有曰、比レ及二三年一、可レ使レ足レ民。

○安井衡云、古者四十而仕、七十致レ事。故三十年曰レ世。仁者、謂下仁

澤滿二四海一、一民無レ不
レ得二其所一。與二三年有レ
成、自有レ間焉。故非
レ經二三十年之久一、雖二聖
人一、亦有レ所レ不レ能也。

○苟—誠也。

朱註 魏徵獻陵—唐書、魏徵傳、文德皇后(太宗之后)既葬。帝卽二苑中一、作二層觀一、以望二昭陵一(后陵)引レ徵同升。徵熟視曰、臣昏眊不レ能レ見。帝指二示之一。徵曰、臣以爲、陛下望二獻陵一(太宗母陵)昭陵則臣固見レ之矣。帝泣爲毀レ觀。蓋夫子明知二冉有所一レ議是國政一。乃陽爲レ不レ知而以爲二家事一。魏徵明知二太宗所レ指是昭陵一。乃陽爲レ不レ知而爲二獻陵一。語意略同。

教化浹一也。程子曰、周自二文武一至二於成王一、而後禮樂興。卽其效也。○或問、三年、必世、遲速不レ同、何也。程子曰、三年有レ成、謂二法度紀綱有レ成而化行一也。漸レ民以レ仁、摩レ民以レ義、使下之浹二於肌膚一、淪中於骨髓上、而禮樂可レ興。所レ謂仁也。此非二積久一、何以能致。

○子曰、苟正二其身一矣、於レ從レ政乎何有。不レ能レ正二其身一、如レ正レ人何。

○冉子退レ朝。子曰、何晏也。對曰、有レ政。子曰、其事也。如有レ政、雖レ不二吾以一、吾其與二聞之一。

朝、音潮。與、去聲。○冉有時爲二季氏宰一。朝、季氏之私朝也。晏、晩也。政、國政。事、家事。以、用也。禮、大夫雖レ不レ治レ事、猶得レ與二聞國政一。是時季氏專レ魯。其於二國政一、蓋有乙不下與二同列一議中於公朝上、而獨與二家臣一謀二於私室一者甲。故夫子爲二不レ知者一而言。此必季氏之家事耳。若是國政、我嘗爲二大夫一、雖レ不レ見レ用、猶當二與聞一。今既不レ聞、則是非二國政一也。語意與二魏徵獻陵之對一略相似。其所下以正二名分一、抑二季氏一、而教中冉有上之意深矣。

○定公問、一言而可二以興一レ邦、有レ諸。孔子對曰、言不可以若是其幾也。幾、期也。詩曰、如幾如式、言一言之閒、未可以如此而必期其效。人之言曰、爲君難、爲臣不易。易、去聲。○當時有此言也。如知爲君之難也、不幾乎一言而興邦乎。因此言而知爲君之難、則必戰戰兢兢、臨深履薄、而無一事之敢忽。然則此言也、豈不可以必期於興邦乎。爲定公言。故不及臣也。曰、一言而可以喪邦、有諸。孔子對曰、言不可以若是其幾也。人之言曰、予無樂乎爲君。唯其言而莫予違也。喪、去聲。下同。樂、音洛。○言他無所樂、惟樂此耳。如其善而莫之違也、不亦善乎。如不善而莫之違也、不幾乎一言而喪邦乎。范氏曰、如不善而莫之違、則忠言不至於耳。君日驕而臣日諂。未有不喪邦者也。○謝氏曰、知爲君之難、則必敬謹以持之。惟其言而莫予違、則讒諂面諛之人至矣。邦未必遽興喪也。而興喪之源、分於此。然此非識微之君子、何足以知之。

○中井積德云、一言興邦、一言喪邦、是一言僨事、一人定國(大學傳之九章)之類。當時舊有是語、而定公擧以爲問也。

朱註 詩曰―見小雅、楚茨篇。

○一言而可以喪邦―朱註本、無可以二字。今從皇侃本補之。

○葉公問レ政。音義、竝見二第七篇一。子曰、近者說、遠者來。○說、音悅。○被二其澤一則說、聞二其風一則來。然必近者說、而後遠者來也。

○子夏爲二莒父宰一、問レ政。子曰、無レ欲レ速、無レ見二小利一。欲レ速、則不レ達。見二小利一、則大事不レ成。父、音甫。○莒父、魯邑名。○欲二事之速成一、則急遽無レ序、而反不レ達。見二小者之爲レ利、則所レ就者小、而所レ失者大矣。○程子曰、子張問レ政。子曰、居レ之無レ倦、行レ之以レ忠。子夏問レ政。子曰、無レ欲レ速、無レ見二小利一。子張常過レ高而未レ仁。子夏之病、常在二近小一。故各以二切レ己之事一告レ之。

○葉公語二孔子一曰、吾黨有二直躬者一。其父攘レ羊、而子證レ之。語、去聲。○直躬、直レ身而行者。有レ因而盜曰レ攘。孔子曰、吾黨之直者、異二於是一。父爲レ子隱、子爲レ父隱。直在二其中一矣。爲、去聲。○父子相隱、天理人情之至也。故不レ求レ爲レ直、而直在二其中一。○謝氏曰、順レ理爲レ直。父不二爲レ子隱一、子不二爲レ父隱一。於レ理順耶。瞽瞍殺レ人、舜竊負而逃、遵二海濱一而處。當二是時一、

○明林希元、四書存疑云、譬如下十日之程、必照レ程行、一日一程、得二盡時一自然到得上。今不二照レ程行一。十二日就要レ到、必敝レ車隤レ馬傷レ足、而反不レ得レ到。故曰不レ達。

○陸德明、釋文云、躬、鄭本作レ弓。云、直人、名弓。兪樾云、鄭說是也。躬・弓、古通用耳。若以三直躬一爲二直レ身而行一、則孔子亦當レ云二吾黨之直レ躬者一。下文無二躬字一、知躬是人名也。因二其直一而名レ之曰二直躬一、猶下因二其狂一而名レ之曰中狂接與上。安井衡、亦有二此說一。

○隱—諱匿也。

愛レ親之心勝。其於二直不直一、何暇レ計哉。

○樊遲問レ仁。子曰、居處恭、執レ事敬、與レ人忠、雖レ之二夷狄一、不レ可レ棄也。恭、主レ容。敬、主レ事。恭見二於外一、敬主二乎中一。之二夷狄一不レ可レ棄、勉二其固守而勿一レ失也。○程子曰、此是徹上徹下語。聖人初無二二語一也。充レ之則睟レ面盎レ背。推而達レ之、則篤恭而天下平矣。胡氏曰、樊遲問レ仁者三。此最先。先レ難次レ之、愛レ人其最後乎。

○子貢問曰、何如斯可レ謂二之士一矣。子曰、行レ己有レ恥、使二於四方一、不レ辱二君命一、可レ謂レ士矣。使、去聲。○此其志有レ所レ不レ爲、而其材足二以有一レ爲者也。子貢能言。故以二使事一告レ之。蓋爲レ使之難、不下獨貴二於能言一而已上。

曰、敢問二其次一。曰、宗族稱レ孝焉、郷黨稱レ弟焉。弟、去聲。○此本立而材不レ足者。故爲二其次一。

曰、敢問二其次一。曰、言必信、行必果。硜硜然小人哉。抑亦可二以爲一レ次矣。行、去聲。硜、苦耕反。○果、必行也。硜、小石之堅確者。小人、言二其識量之淺狹一也。此其本末皆無レ足レ觀。然亦不レ害二其

朱註瞽瞍殺レ人—事見二孟子、盡心篇一。

○衞靈公篇、子張問レ行。子曰、言忠信、行篤敬、雖二蠻貊之邦一行矣。言不二忠信一、行不二篤敬一、雖二州里一行乎哉。

○樊遲問レ仁者合二此章一三。一出二雍也篇一、一出二顏淵篇一。

朱註睟レ面盎レ背—孟子、盡心上篇、睟然見二於面一、盎二於背一。

○中井積德云、硜硜、石聲、借以爲二堅確之貌一。荷蕢章、當二參考一。

○伊藤維楨云、子貢以二行レ己有レ恥、不レ辱二君命一難二其人一。以爲以レ此爲レ主、則自レ此以下者、不レ足レ爲レ士。然則人或有二棄材一。故再問二其次一。

朱註 皎皎—潔白貌。

○包咸云、中行、行能得二其中一者。言不レ得二中行一、則欲レ得二狂狷者一。

朱註 孟子曰—盡心下篇。

○嘐嘐然—志大言大也。

○夷考—夷、平也。

爲二自守一也。故聖人猶有レ取焉。下レ此、則市井之人、不二復可一レ爲レ士矣。

曰、今之從レ政者何如。子曰、噫、斗筲之人、何足レ算也。

筲、所交反。算、亦作レ筭。悉亂反。○今之從レ政者、蓋如二魯三家之屬一。噫、心不平聲。斗、量名、容二十升一。筲、竹器、容二斗二升一。斗筲之人、言二鄙細一也。算、數也。子貢之問每下。故夫子以レ是警レ之。○程子曰、子貢之意、蓋欲下爲二皎皎之行一、聞中於人上者。夫子告レ之、皆篤實自得之事。

○子曰、不下得二中行一而與ヤ之、必也狂狷乎。狂者進取、狷者有レ所レ不レ爲也。

狷、音絹。○行、道也。狂者、志極高而行不レ掩。狷者、知未レ及而守有レ餘。蓋聖人本欲下得二中道之人一而教ヤ之。然既不レ可レ得。而徒得二謹厚之人一、則未二必能自振抜而有レ爲也。故不レ若下得二此狂狷之人一、猶可丙因二其志節一而激二厲裁三抑之一、以進乙於道甲。非レ與下其終二於此一而已上也。○孟子曰、孔子豈不レ欲二中道一哉。不レ可二必得一。故思二其次一也（中略）。如二琴張・曾晳・牧皮一者、孔子之所レ謂狂矣（中略）。其志嘐嘐然、曰、古之人、古之人。夷二考其行一、而不レ掩焉者也。狂者又不レ可レ得。欲下得二不レ屑レ不レ潔之士一而與ヤ之。是狷也。是又其次也。

○子曰、南人有レ言。曰、人而無レ恆、不レ可三以作二巫

醫一。善夫。恆、胡登反。夫、音扶。○南人、南國之人。恆、常久也。巫、所三以交二鬼神一。醫、所三以寄二死生一。故雖二賤役一、而尤不レ可二以無一レ常。孔子稱二其言一而善レ之。

不レ恆二其德一、或承二之羞一。此易恆卦、九三爻辭。承、進也。子曰、不レ占而已矣。復加二子曰一、以別二易文一也。其義未レ詳。楊氏曰、君子於レ易、苟玩二其占一、則知二無レ常之取一レ羞矣。其爲レ無レ常也。蓋亦不レ占而已矣。意亦略通。

○子曰、君子和而不レ同。小人同而不レ和。和者、無二乖戾之心一。同者、有二阿比之意一。○尹氏曰、君子尚レ義。故有レ不レ同。小人尚レ利。安得而和。

○子貢問曰、鄕人皆好レ之、何如。子曰、未レ可也。鄕人皆惡レ之、何如。子曰、未レ可也。不レ如二鄕人之善者好レ之、其不善者惡一レ之。好・惡、竝去聲。○一鄕之人、宜レ有二公論一矣。然其閒亦各以レ類自爲二好惡一也。故善者好レ之、而惡者不レ惡、則必其有二苟合之行一。惡者惡レ之、而善者不レ好、則必其無二可レ好之實一。

○子曰、君子易レ事而難レ說也。說レ之不レ以レ道、

○善夫—足利本、夫、作レ哉。

○不レ占—安井衡云、易所三以占二吉凶一。不レ恆二其德一、其凶決矣。故不レ占而已矣。」中井積德云、蓋言、人未レ占二此爻一而已。是理確然實不レ待レ占也。

○何晏云、君子心和。然其所レ見各異。故曰レ不レ同。小人所二嗜好一者同。然各爭二其利一。故曰レ不レ和也。

○左傳、昭公二十年、晏子辨二和同之別一詳矣。宜二參看一。

○卷子本・皇侃本、章末惡レ之下、竝有二也字一。似レ長。

○孔安國云、不レ責二備於一人一。故易レ事也。

○孔安國云、器之、度才而官之。

○何晏云、君子自縱泰、似驕而不驕。小人拘忌、而實自驕矜。」安井衡云、言君子縱為其所當為、無所畏忌。其狀似驕、而實非驕。」

○王肅云、剛、無欲也。毅、果敢也。

○安井衡云、剛毅木訥、與巧言令色正相反。剛毅者、必不令色。木訥者、必不能巧言。」

○中井積德云、下文覆說者、謂朋友主於切偲、兄弟主於怡怡也。非謂朋友全不須怡怡、兄弟全不須切偲。

不說也。及其使人也、器之。小人難事而易說也。說之雖不以道、說也。及其使人也、求備焉。易、去聲。說、音悅。○器之、謂隨其材器而使之也。君子之心、公而恕。小人之心、私而刻。天理人欲之閒、每相反而已矣。

○子曰、君子泰而不驕。小人驕而不泰。君子循理。故安舒不矜肆。小人逞欲。故反是。

○子曰、剛毅木訥近仁。程子曰、木者質樸。訥者遲鈍。四者質之近乎仁者也。楊氏曰、剛毅則不屈於物欲。木訥則不至於外馳。故近仁。

○子路問曰、何如斯可謂之士矣。子曰、切切偲偲怡怡如也、可謂士矣。朋友切切偲偲。兄弟怡怡。胡氏曰、切切、懇到也。偲偲、詳勉也。怡怡、和悅也。皆子路所不足。故告之。又恐其混於所施、則兄弟有賊恩之禍、朋友有善柔之

朱註 親二其上一、死二其長一
—出二孟子、梁惠王下篇、鄒與レ魯鬨章一。
○孟子、告子下篇、不レ教レ民而用レ之、謂二之殃一レ民。與二此章一同義。

損一。故又別而言レ之。

○子曰、善人教レ民七年、亦可二以卽一レ戎矣。

教レ民者、教レ之以二孝弟忠信之行、務レ農講レ武之法一。卽、就也。戎、兵也。民知下親二其上一、死中其長上。故可二以卽一レ戎。○程子曰、七年云者、聖人度二其時可一矣。如下云二朞月・三年・百年・一世・大國五年・小國七年一之類上。皆當レ思二其作爲如何一。乃有レ益。

○子曰、以二不レ教民一戰、是謂レ棄レ之。

以、用也。言用二不レ教之民一以戰、必有二敗亡之禍一。是棄二其民一也。

○孔安國云、邦有レ道、當レ食二其祿一。君無レ道而在二其朝一食二其祿一、是恥辱也。朱注以二二句一爲二一事一、孔說以爲二二事一。以二泰伯篇、子曰邦有レ道貧且賤恥也、邦無レ道富且貴恥也語一考レ之、孔說爲レ是。

○此章、邢昺本、通二前章一、爲二一章一。可レ從。

○佐藤坦云、可二以爲一レ難矣。蓋稍許レ之。但未レ到二拔レ本塞一レ源。故曰、仁則吾不レ知也。

○包咸云、四者行之難者、未レ足二以爲一レ仁。

憲問第十四

胡氏曰、此篇疑原憲所レ記。凡四十七章。

○憲問レ恥。子曰、邦有レバレ道穀ス。邦無レ道穀、恥也。

憲、原思名。

穀、祿也。邦有レ道不レ能レ有レ爲。邦無レ道不レ能二獨善一。而但知レ食レ祿、皆可レ恥也。憲之狷介、其於二邦無レ道穀之可一レ恥、固知レ之矣。至二於邦有レ道穀之可一レ恥、則未二必知一也。故夫子因二其問一而幷言レ之、以廣二其志一、使下知レ所二以自勉一、而進中於有上レ爲也。

○克伐怨欲、不レ行焉、可二以爲一レ仁矣。

此亦原憲以二其所一レ能而問也。克、好レ勝。伐、自矜。怨、忿恨。欲、貪欲。

子曰、可二以爲一レ難矣。仁則吾不レ知也。

有二是四者一、而能制レ之、使レ不レ得レ行、可レ謂レ難矣。仁則天理渾然、自無二四者之累一、不レ行不レ足二以言一レ之也。○程子曰、人而無二克伐怨欲一、惟仁者能レ之。有レ之而能制二其情一、使レ不レ行、斯亦難レ能也。謂二之仁一、則未也。此聖人開示之深。惜乎憲之不レ能二再問一也。或曰、四者不レ行、固不レ得レ爲レ仁矣。然亦豈非二所レ謂克レ己之事、求レ仁之方一乎。曰、克二去己私一以復二禮一、則私欲不レ留、而天理之本然者得矣。若但制而不レ行、則是未レ有下拔二去病根一之意上、而容四其潛二藏隱三伏於胷中一也。豈克レ己求レ仁之謂哉。學者察二於二者之間一、則其

○子曰、士而懷居、不足以爲士矣。居、謂意所便安處也。

所以求仁之功、益親切而無滲漏矣。

○子曰、邦有道、危言危行。邦無道、危行言孫。行・孫、皆去聲。○危、高峻也。孫、卑順也。尹氏曰、君子之持身、不可變也。至於言、則有時而不敢盡、以避禍也。然則爲國者、使士言孫、豈不殆哉。

○子曰、有德者、必有言。有言者、不必有德。仁者必有勇。勇者不必有仁。有德者、和順積中、英華發外。能言者、或便佞口給而已。仁者、心無私累、見義必爲。勇者、或血氣之强而已。○尹氏曰、有德者必有言。徒能言者、未必有德也。仁者志必勇。徒能勇者、未必有仁也。

○南宮适問於孔子曰、羿善射、奡盪舟。倶不得其死然。禹稷躬稼而有天下。夫子不答。南宮适出。子曰、君子哉若人。尙德哉若人。适、古活反。

○懷居―皇侃云、懷居、猶居求安也。」

○孫―卷子本・皇侃本、竝作遜。通。

○包咸云、危、厲也。」皇侃云、君若有道、必以正理處人。故民可以得嚴厲其言行也。亦通。

○皇侃云、既有德、則其言語必中。故必有言也。殺身成仁。故必有勇也。

○佐藤坦云、盪舟、蓋謂捉舟首左右搖盪也。

○邢昺云、然、猶焉也。

朱註春秋傳─左傳、襄公四年。澆、五弔反。

○命─應二對鄰國一之辭命也。卽今外交文書。

朱註春秋傳─左傳、襄公三十一年云、子產之從レ政也、擇レ能而使レ之。馮簡子能斷二大事一、子大叔美秀而文、公孫揮知二四國之爲一、而辨二於大夫之族姓・班位・貴賤・能否一、而善爲二辭令一。裨諶能謀、謀二於野一則獲、謀二於邑一則否。鄭國

羿、音詣。奡、五報反。盪、土浪反。○南宮适、卽南容也。羿、有窮之君、善レ射。滅二夏后相一而簒二其位一。其臣寒浞、又殺レ羿而代レ之。奡、春秋傳作レ澆。浞之子也。力能陸地行レ舟。後爲二夏后少康一所レ誅。禹平二水土一、暨レ稷播種、身親二稼穡之事一。禹受二舜禪一、而有二天下一。稷之後、至二周武王一、亦有二天下一。适之意、蓋以二羿・奡一比下當世之有二權力一者上、而以二禹・稷一比二孔子一也。故孔子不レ答。然适之言如レ此。可レ謂二君子之人、而有二尚レ德之心一矣。不レ可三以不レ與。故俟二其出一而贊二美之一。

○子曰、君子而不仁者有矣夫。未レ有二小人而仁者一也。

夫、音扶。○謝氏曰、君子志二於仁一矣。然毫忽之閒、心不レ在焉、則未レ免レ爲二不仁一也。

○子曰、愛レ之、能勿レ勞乎。忠焉、能勿レ誨乎。

蘇氏曰、愛而勿レ勞、禽犢之愛也。忠而勿レ誨、婦寺之忠也。愛而知レ勞レ之、則其爲レ愛也深矣。忠而知レ誨レ之、則其爲レ忠也大矣。

○子曰、爲レ命、裨諶草二創之一、世叔討二論之一、行人子羽脩二飾之一、東里子產潤二色之一。（ツクルニ）（ヲ）

裨、婢之反。諶、時林反。○裨諶以下四人、皆鄭大夫。草、略也。創、造也。謂レ造二爲草藁一也。世叔、游吉也。春秋傳作二子太叔一。討、尋究也。論、講議也。行人、掌レ使之官。子羽、公孫揮也。脩飾、謂レ增二損之一。東里、地名、子產所レ居也。

將レ有二諸侯之事一。子產問二四國之爲於子羽一、且使三多爲二辭令一。與二裨諶一乘以適レ野、使レ謀二可否一、而告二馮簡子一使レ斷レ之。事成、乃授二子大叔一使レ行レ之、以應二對賓客一。是以鮮レ有二敗事一。」所レ傳與二此章一小異、義則同。」

○皇侃云、伯氏名偃、大夫。時伯氏有レ罪。管氏相レ齊、削二奪伯氏之地三百家一也。

朱註荀卿所レ謂—荀子、仲尼篇。

○學而篇、子貢曰、貧而無レ諂、富而無レ驕、何如。子曰、可也。未レ若二貧而樂レ道、富而好レ禮者一也。

潤色、謂三加以二文采一也。鄭國之爲二辭命一、必更二此四賢之手一而成。詳審精密、各盡二所長一。是以應二對諸侯一、鮮レ有二敗事一。孔子言レ此、蓋善レ之也。

○或問二子產一。子曰、惠人也。子產之政、不レ專二於寬一。然其心則一以レ愛レ人爲レ主。故孔子以爲二惠人一。蓋擧二其重一而言也。問二子西一。曰、彼哉彼哉。子西、楚公子申、能遜二楚國一、立二昭王一、而改二紀其政一。亦賢大夫也。然不レ能レ革二其僭王之號一。昭王欲レ用二孔子一、又沮二止之一。其後卒召二白公一以致二禍亂一、則其爲レ人可レ知矣。彼哉者、外レ之之辭。問二管仲一。曰、人也、奪二伯氏駢邑三百一、飯二疏食一、沒レ齒、無二怨言一。人也、猶レ言二此人一也。伯氏、齊大夫。駢邑、地名。齒、年也。蓋桓公奪二伯氏之邑一、以與二管仲一。伯氏自知二己罪一、而心服二管仲之功一。故窮約以終レ身、而無二怨言一。荀卿所レ謂與二之書社三百一、而富人莫二之敢拒一者、即此事也。○或問二管仲・子產孰優一。曰、管仲之德、不レ勝二其才一。子產之才、不レ勝二其德一。然於二聖人之學一、則槩乎其未レ有レ聞也。

○子曰、貧而無レ怨難。富而無レ驕易。易、去聲。○處レ貧難、處レ富易、人之常情。然人當下勉二其難一而不上レ可レ忽二其易一也。

○子曰、孟公綽、爲二趙魏老一則優。不レ可三以爲二滕薛大夫一。公綽、魯大夫。趙魏、晉卿之家。老、家臣之長。大家勢重而無二諸侯之事一。家老望尊而無二官守之責一。優、有レ餘也。滕・薛、二國名。大夫、任二國政一者。滕・薛國小政繁。大夫位高責重。然則公綽蓋廉靜寡欲、而短二於才一者也。○楊氏曰、知レ之弗レ豫、枉二其才一而用レ之、則爲レ棄レ人矣。此君子所二以患レ不レ知レ人也。言レ此則孔子之用レ人可レ知矣。

○子路問二成人一。子曰、若二臧武仲之知、公綽之不欲、卞莊子之勇、冉求之藝一、文レ之以二禮樂一、亦可三以爲二成人一矣。知、去聲。○成人、猶レ言二全人一。武仲、魯大夫、名紇。莊子、魯卞邑大夫。言兼二此四子之長一、則知足二以窮レ理、廉足二以養レ心、勇足二以力行一、藝足二以泛應一。而又節レ之以レ禮、和レ之以レ樂、使下德成二於內一、而文見中乎外上、則材全德備、渾然不レ見二一善成レ名之迹一。中正和樂、粹然無二復偏倚駁雜之蔽一、而其爲レ人也亦成矣。然亦之爲レ言、非二其至一者、蓋就二子路之所レ可レ及而語レ之也。若論二其至一、則非三聖人之盡二人道一、不レ足二以語レ此。曰、今之成人者、何必然。見レ利思レ義、見レ危授レ命、久要不レ忘二平生之言一、亦可三以爲二成人一矣。復加二曰字一者、既答而復言也。授レ命、言下不レ愛二其生一、

○伊藤維楨云、言若二四子之長一、皆足二以立レ世成レ名。而復以二禮樂一文レ之、則救レ偏補レ闕、足三以當二成人之名一。舊註以謂兼二四子之長一。非也。」物茂卿云、仁齋先生可レ謂三善解二論語一已。但救レ偏補レ闕、是仁齋亦不レ識二禮樂一也。文レ之以二禮樂一、納二諸先王

持以與人也。久要、舊約也。平生、平日也。有是忠信之實、則雖其才知禮樂、有所未備、亦可以爲成人之次也。○程子曰、知之明、信之篤、行之果、天下之達德也。若孔子所謂成人、亦不出此三者。武仲知也。公綽仁也。卞莊子勇也。冉求藝也。須是合此四人之能、文之以禮樂。亦可以爲成人矣。然而論其大成、則不止於此。若今之成人、有忠信而不及於禮樂、則又其次者也。又曰、臧武仲之知、非正也。若文之以禮樂、則無不正矣。又曰、語成人之名、非聖人孰能之。孟子曰、唯聖人然後可以踐形。如此方可以稱成人之名。胡氏曰、今之成人以下、乃子路之言、蓋不復聞斯行之之勇、而有終身誦之之固矣。未詳是否。

○子問公叔文子於公明賈。曰、信乎、夫子不言、不笑、不取乎。公叔文子、衞大夫公孫拔也。公明、姓。賈、名。亦衞人。文子爲人、其詳不可知。然必廉靜之士、故當時以三者稱之。公明賈對曰、以告者過也。夫子時然後言。人不厭其言。樂然後笑。人不厭其笑。義然後取。人不厭其取。子曰、其然、豈其然乎。厭者、苦其多而惡之之辭。事適其可、則人不厭、而不覺其有是矣。是以稱之、或過而以爲不言不笑不取也。然此言也、非禮義充溢於中、得時措之宜者不能。

之道也。文之云者（中略）養之成器、而後煥然可觀也。是豈但救偏補闕之謂哉。二說、相須、其義始通。

朱註孟子曰―盡心上篇。

○卷子本・皇侃本、言下、笑下、取下、竝有也字。

○其然、豈其然乎―皇侃云、然如此也。言今女所說者、當如此也。豈其然乎者、謂人

所レ傳三事、不レ言不レ笑不レ取。豈容レ如レ此乎。

○臧仲之事、見二左傳、襄公二十三年一。

朱註 要レ君者無レ上―孝經、五刑章語。

○漢書、鄒陽傳、引、作二齊桓公法而不一レ譎。

文子雖レ賢、疑未レ及レ此。但君子與二人爲一レ善、不レ欲三正言二其非一也。故曰二其然、豈其然乎一。蓋疑レ之也。

○子曰、臧武仲以レ防求レ爲二後於魯一。雖レ曰レ不レ要レ君、吾不レ信也。

要、平聲。○防、地名。武仲所レ封邑也。要、有レ挾而求也。武仲得レ罪奔レ邾、自レ邾如レ防。使レ請二立レ後而避一レ邑、以示三若不レ得レ請、則將二據レ邑以叛一、是要レ君也。○范氏曰、要レ君者無レ上。罪之大者也。武仲之邑、受二之於君一。得レ罪出奔、則立レ後在レ君。非二己所一レ得レ專也。而據レ邑以請。由二其好レ知而不一レ好レ學也。○楊氏曰、武仲卑レ辭請レ後。其跡非レ要レ君者一。而意實要レ之。夫子之言、亦春秋誅レ意之法也。

○子曰、晉文公譎而不レ正。齊桓公正而不レ譎。

譎、古穴反。○晉文公、名重耳。齊桓公、名小白。譎、詭也。二公皆諸侯盟主、攘二夷狄一以尊二周室一者也。雖二其以レ力假レ仁、心皆不一レ正、然桓公伐レ楚、仗レ義執レ言、不レ由二詭道一。猶爲三彼善二於此一。文公則伐レ衞以致レ楚、而陰謀以取レ勝、其譎甚矣。二君他事亦多類レ此。故夫子言レ此以發二其隱一。

○子路曰、桓公殺二公子糾一。召忽死レ之、管仲不レ死。曰、未レ仁乎。

糾、居黝反。召、音邵。○按二春秋傳一、齊襄公無道。鮑叔牙奉二公子小白一奔レ莒。及三無知弑二襄公一、管夷吾・召忽、奉二公子糾一

奔レ魯。魯人納レ之、未レ克、而小白入。是爲二桓公一。使三魯殺二子糾一、而請二管・召一。召忽死レ之、管仲請レ囚。鮑叔牙言二於桓公一以爲レ相。子路疑二管仲忘レ君事レ讐、忍レ心害レ理、不レ得レ爲レ仁也。

子曰、桓公九二合諸侯一、不レ以二兵車一、管仲之力也。如二其仁一、如二其仁一。

九、春秋傳作レ糾。督也。古字通用。不レ以二兵車一、言レ不レ假二威力一也。如二其仁一、言誰如二其仁一者。又再言以深許レ之。蓋管仲雖レ未レ得レ爲二仁人一、而其利澤及レ人、則有二仁之功一矣。

○子貢曰、管仲非二仁者一與。桓公殺二公子糾一、不レ能レ死。又相レ之。

與、平聲。相、去聲。○子貢意不レ死猶可。相レ之則已甚矣。

子曰、管仲相二桓公一、霸二諸侯一、一二匡天下一。民到二于今一、受二其賜一。微二管仲一、吾其被レ髮左レ衽矣。

被、皮寄反。衽、而審反。○霸、與レ伯同、長也。匡、正也。尊二周室一、攘二夷狄一、皆所三以正二天下一也。微、無也。衽、衣衿也。被髮左衽、夷狄之俗也。

豈若下匹夫匹婦爲レ諒也、自經二於溝瀆一、而莫中之知上也。

諒、小信也。經、縊也。莫二之知一、人不レ知也。後漢書引二此文一、莫字上、有二人字一。○程子曰、桓公、

○楊愼、丹鉛錄云、古人言二數之多一、止二于九一。中井積德亦云、九如レ字、亦語二多數一也、非二定數一。亦通。

朱註 春秋傳—左傳、僖公二十六年。

○馬融云、微、無也。無二管仲一、則君不レ君、臣不レ臣、皆爲二夷狄一。

朱註 後漢書—應劭奏議。

兄也。子糾、弟也。仲私於所事、輔之以争國、非義也。桓公殺之雖過、而糾之死實當。仲始與之同謀。遂與之同死可也。知輔之争爲不義、將自免以圖後功。亦可也。故聖人不責其死、而稱其功。若使桓弟而糾兄、管仲所輔者正。桓奪其國而殺之、則管仲之與桓、不可同世之讐也。若計其後功、而與其事桓、聖人之言、無乃害義之甚、啓萬世反覆不忠之亂乎。如唐之王珪・魏徵、不死建成之難、而從太宗、可謂害於義矣。後雖有功、何足贖哉。愚謂、管仲有功而無罪。故聖人獨稱其功、王魏先有罪而後有功、則不以相掩可也。

〇公叔文子之臣大夫僎、與文子同升諸公。僎、士免反。〇臣、家臣。公、公朝。謂薦之與己同進、爲公朝之臣也。子聞之曰、可以爲文矣。文者、順理而成章之謂。謚法亦有所謂錫民爵位曰文者。〇洪氏曰、家臣之賤、而引之使與己竝、有三善焉。知人、一也。忘己、二也。事君、三也。

〇子言衛靈公之無道也。康子曰、夫如是、奚而不喪。夫、音扶。喪、去聲。〇喪、失位也。孔子曰、仲叔圉治賓客、祝鮀治宗廟、王孫賈治軍旅。夫如是。奚其喪。仲叔

朱註 建成—唐高祖太子。〇太宗—建成弟。

〇禮記、檀弓下篇、公叔文子卒。其子戍請謚於君。(中略)君曰、昔者衛國凶饑、夫子爲粥與國之饑者。是不亦惠乎。昔者衛國有難。夫子以其死衛寡人。不亦貞乎。夫子聽衛國之政、修其班制、以與四隣交。衛國之社稷不辱。不亦文乎。故謂夫子貞惠文子。
〇羣書治要、也下康上、有季字。

朱註 詩曰―大雅、抑之篇。鄭玄云、競、彊也。人君爲レ政、無レ競三於得二賢人一、得二賢人一、則天下教二化於其俗一。」訓謂レ教二化之一也。

圉、卽孔文子也。三人皆衞臣。雖レ未三必賢一、而其才可レ用。靈公用レ之、又各當二其才一。○尹氏曰、衞靈公之無道、宜レ喪也。而能用二此三人一、猶足三以保二其國一。而況有道之君、能用二天下之賢才一者乎。詩曰、無レ競維人。四方其訓レ之。

○子曰、其言之不レ怍、則爲レ之也難。大言不レ慙、則無三必爲レ之志一、而不三自度二其能否一矣。欲レ踐二其言一、豈不レ難哉。

○陳成子弑二簡公一。成子、齊大夫、名恆。簡公、齊君、名壬。事在二春秋哀公十四年一。孔子沐浴而朝、告二於哀公一曰、陳恆弑二其君一。請討レ之。○朝、音潮。是時孔子致レ仕居レ魯。沐浴齊戒、以告レ君。重二其事一而不二敢忽一也。臣弑二其君一、人倫之大變、天理所レ不レ容。人人得而誅レ之。況鄰國乎。故夫子雖二已告レ老、而猶請二哀公一討レ之。公曰、告二夫三子一。夫、音扶。下夫同。○三子、三家也。時政在二三家一。哀公不レ得二自專一。故使二孔子告一レ之。孔子曰、以三吾從二大夫之後一、不三敢不レ告也。君曰、告二夫三子者一。孔子出而自言如レ此。意謂、弑レ君之賊、法所二必討一。大夫謀レ國、義所レ當レ告。君乃不レ能三自命二三子一、而使三我告二之邪。之二三

○陳澧云、如二胡氏之說一、則胡氏聖二於孔子一矣。孔子作二春秋一、乃不レ知二春秋一。而待二胡氏敎一レ之乎。孔子可下先發二魯國之兵一、而後告中哀公上乎、荒謬至レ此。而朱子采レ之、竊所レ不レ解也。

○兪樾云、此章之旨、蓋卽信而後諫之意。未レ信則以爲レ謗レ己。故惟勿レ欺者、能犯レ之也。

○荀子、勸學篇、君子之學也、入二乎耳一、著二乎心一、布二乎四體一、形二乎動靜一。端而言、蝡而動。一可三以爲二法則一。小人之學也、入二乎耳一、出二乎口一。口耳之間、則四寸耳。曷

子一告。不レ可。孔子曰、以三吾從二大夫之後一、不二敢不一レ告也。以二君命一往告。而三子魯之强臣、素有二無レ君之心一。實與二陳氏一聲勢相倚。故沮二其謀一、而夫子復以レ此應レ之。其所二以警一レ之者深矣。○程子曰、左氏記二孔子之言一曰、陳恆弑二其君一。民之不レ予者半。以二魯之衆一、加二齊之半一、可レ克也。此非二孔子之言一。誠若二此言一、是以レ力不レ以レ義也。若二孔子之志一、必將下正二名其罪一、上告二天子一、下告二方伯一、而率二與國一以討中之。至下於所二以勝一レ齊者上、孔子之餘事也。豈計二魯人之衆寡一哉。當二是時一、天下之亂極矣。因レ是足二以正一レ之、周室其復興乎。魯之君臣、終不レ從レ之。可レ勝レ惜哉。胡氏曰、春秋之法、弑レ君之賊、人得而討レ之。仲尼此擧、先發後聞可也。

○子路問レ事レ君。子曰、勿レ欺也。而犯レ之。犯、謂二犯レ顏諫爭一。○范氏曰、犯非二子路之所一レ難也。而以レ不レ欺爲レ難。故夫子敎以三先勿レ欺而後犯一也。

○子曰、君子上達。小人下達。君子循二天理一。故日進二乎高明一。小人徇二人欲一。故日究二乎汙下一。

○子曰、古之學者爲レ己、今之學者爲レ人。爲、去聲。○程子曰、爲レ己、欲レ得二之於己一也。爲レ人、欲レ見レ知二於人一也。○程子曰、古之學者爲レ己。其終至二於成一レ物。今之學者爲レ人。其終至二於喪一レ己。愚按、聖賢論二學者用一レ心得失之際一、其說

○蘧伯玉使二人於孔子一。使、去聲。下同。○蘧伯玉、衞大夫、名瑗。孔子居ㇾ衞、嘗主二於其家一。既而反ㇾ魯。故伯玉使二人來一也。孔子與二之坐一而問焉。曰、夫子何爲。對曰、夫子欲ㇾ寡二其過一而未ㇾ能也。使者出。子曰、使乎、使乎。與二之坐一、敬二其主一以及二其使一也。夫子、指二伯玉一也。言其但欲ㇾ寡ㇾ過、而猶未ㇾ能。則其省ㇾ身克ㇾ己、常若ㇾ不ㇾ及之意可ㇾ見矣。使者之言愈自卑約、而其主之賢益彰。亦可ㇾ謂下深知二君子之心一、而善二於辭令一者上矣。故夫子再言二使乎一以重美ㇾ之。按莊周稱三伯玉行年五十、而知二四十九年之非一。又曰、伯玉行年六十而六十化。蓋其進ㇾ德之功、老而不ㇾ倦。是以踐履篤實、光輝宣著。不二惟使者知ㇾ之、而夫子亦信ㇾ之也。

○子曰、不ㇾ在二其位一、不ㇾ謀二其政一。重出。

○曾子曰、君子思不ㇾ出二其位一。此艮卦之象辭也。曾子蓋嘗稱ㇾ之。記者因二上章之語一、而類二記之一也。○范氏曰、物各止二其所一、而天下之理得矣。故君子所ㇾ思不ㇾ出二其位一、而君臣上下大小、皆得二其職一也。

足三以美二七尺之軀一哉。又云、古之學者爲ㇾ己、今之學者爲ㇾ人。君子之學也、以美二其身一。小人之學也、以爲二禽犢一。當ㇾ爲二此章衍義一。

○伊藤維楨曰、伯玉之使、不ㇾ曰三其欲ㇾ無ㇾ過、而曰ㇾ欲ㇾ寡ㇾ過。不ㇾ曰二能寡ㇾ過、而曰ㇾ未ㇾ能。蓋深有ㇾ合二乎聖人之心一。宜乎夫子之深歎ㇾ之也。

朱註 重出—已出二泰伯篇一。

○毛奇齡云、舊本與二前章一合爲二一章一。惟夫子既言二位分之嚴一。故曾子引二夫子贊ㇾ易之詞一以爲ㇾ證。此說似ㇾ長。

○卷子本・皇侃本、而作之。行下、有也字。潛夫論、交際篇云、孔子疾夫言之過其行也。亦作之字。可從。

○里仁篇、古者言之不出、恥躬之不逮也。語意正同。」

朱註 成德以仁爲先云云—此章以成德之序言。故以仁爲先。子罕篇、知者不惑章、以進學之序言。故以知爲先也。

○卷子本・皇侃本、其無、作己無。

朱註 四見—學而・里仁、衞靈公三篇、與此章爲四。

○子曰、君子恥其言、而過其行。行、去聲。○恥者、不敢盡之意。過者、欲有餘之辭。

○子曰、君子道者三。我無能焉。仁者不憂、知者不惑、勇者不懼。知、去聲。○自責以勉人也。子貢曰、夫子自道也。道、言也。自道、猶云謙辭。○尹氏曰、成德以仁爲先、進學以知爲先。故夫子之言、其序有不同者以此。

○子貢方人。子曰、賜也賢乎哉。夫我則不暇。夫、音扶。○方、比也。乎哉、疑辭。比方人物而較其短長、雖亦窮理之事、然專務爲此、則心馳於外、而所以自治者疎矣。故褒之、而疑其辭、復自貶以深抑之。○謝氏曰、聖人責人、辭不迫切、而意已獨至如此。

○子曰、不患人之不己知。患其無能也。凡章指同而文不異者、一言而重出也。文小異者、屢言而各出也。此章凡四見、而文皆有異、則聖人於此一事、蓋屢言之。其丁寧之意、亦可見矣。

○子曰、不逆詐、不億不信。抑亦先覺者、是賢

乎。逆、未レ至而迎レ之也。億、未レ見而意レ之也。詐、謂二人欺一レ己。不信、謂二人疑一レ己。抑、反語辭。言雖下不レ逆レ詐不レ億中不信上而於二人之情僞一自然先覺、乃爲レ賢也。○楊氏曰、君子一二於誠一而已。然未レ有二誠而不一レ明者。故雖レ不レ逆レ詐不レ億二不信一而常先覺也。若夫不レ逆不レ億、而卒爲二小人所一レ罔焉、斯亦不レ足レ觀也已。

○微生畝謂二孔子一曰、丘何爲是栖栖者與。無二乃爲レ佞乎。與、平聲。○微生、姓。畝、名也。畝、名二呼夫子一而辭甚倨。蓋有二齒德一而隱者。栖栖、依依也。爲レ佞、言下其務爲二口給一以悅上レ人也。

孔子曰、非二敢爲一レ佞也。疾レ固也。疾、惡也。固、執レ一而不レ通也。聖人之於二達尊一、禮恭而言直如レ此。其警レ之亦深矣。

○子曰、驥不レ稱二其力一、稱二其德一也。驥、善馬之名。德、謂二調良一也。○尹氏曰、驥雖レ有レ力、其稱在レ德。人有レ才而無レ德、則亦奚足レ尚哉。

○或曰、以レ德報レ怨、何如。或人所レ稱、今見二老子書一。德、謂二恩惠一也。子曰、何以報レ德。言於二其所レ怨、既以レ德報レ之矣、則人之有レ德二於我一者、又將二何以報一レ之乎。以レ直報レ怨、以レ德報

○中井積德云、鄕黨戚族中、固有二齒尊者一。不三必論二德與レ隱

朱註 依依—親附不レ捨之意。

○疾レ固—包咸云、病二世固陋一。欲三行レ道以化一レ之。

○驥—善馬出二於冀北一、故字從レ冀。

朱註 調良—調者、習熟而易二控御一也。良者、順服而不二蹄齧一也。

○老子、六十三章云、大小多少、報レ怨以レ德。

○安井衡云、直以待レ怨耳。非二所レ謂報一也。而

德。於其所怨者、愛憎取舍、一以至公而無私、所謂直也。於其所德者、則必以德報之、不可忘也。○或人之言、可謂厚矣。然以聖人之言觀之、則見其出於有意之私、而怨德之報、皆不得其平也。必如夫子之言、然後二者之報、各得其所。然怨有不讎、而德無不報、則又未嘗不厚也。此章之言、明白簡約、而其指意曲折反復、如造化之簡易易知、而微妙無窮。學者所宜詳玩也。

○子曰、莫我知也夫。夫、音扶。○夫子自歎、以發子貢之問也。子貢曰、何爲其莫知子也。子曰、不怨天、不尤人。下學而上達。知我者其天乎。不得於天而不怨天。不合於人而不尤人。但知下學而自然上達。此但自言其反己自脩、循序漸進耳。無以甚異於人而致其知也。然深味其語意、則見其中自有人不及知、而天獨知之之妙。蓋在孔門、惟子貢之智、幾足以及此。故特語以發之。惜乎其猶有所未達也。○程子曰、不怨天、不尤人。在理當如此。又曰、下學上達、意在言表。又曰、學者須守下學上達之語。乃學之要。蓋凡下學人事、便是上達天理。然習而不察、則亦不能以上達矣。

○公伯寮愬子路於季孫。子服景伯以告曰、

必言報者、承或人報怨之詞也。古人問答之道爲爾。

○安井衡云、莫我知也夫、孔子歎世主無知己而用之也。子貢以爲謂凡人無知己、而當時天下之人、皆知孔子爲大聖人。故云、何謂其無知子也。

○下學而上達—孔安國云、下學人事、上知天命。

○中井積德云、惑志、爲寮所眩惑也。是信寮之譖也。註乃以有疑爲解。是不信寮之譖也。義正相反。大謬。

○孟子、梁惠王下篇云、魯平公將見孟子。不果（中略）樂正子謂孟子曰、嬖人有臧倉者、沮君。君是以不果來也。孟子曰、行或使之、止有尼之。行止非人所能也。吾之不遇魯侯天也。臧氏之子、焉能使予不遇哉。蓋學此章夫子語氣。

○賢者辟世—辟、同避。孔安國云、世主莫得而臣之也。

○作者七人矣。皇侃本、合上爲一章。是也。

夫子固有惑志於公伯寮。吾力猶能肆諸市朝。朝、音潮。○公伯寮、魯人。子服、氏。景、諡。伯、字。魯大夫、子服何也。夫子、指季孫。言其有疑於寮之言也。肆、陳尸也。言欲誅寮。子曰、道之將行也與、命也。道之將廢也與、命也。公伯寮其如命何。與、平聲。○謝氏曰、雖寮之愬行、亦命也。其實寮無如之何。愚謂、言此以曉景伯、安子路、而警伯寮耳。聖人於利害之際、則不待決於命而後泰然也。

○子曰、賢者辟世。辟、去聲。下同。○天下無道而隱、若伯夷・太公是也。其次辟地。去亂國、適治邦。其次辟色。禮貌衰而去。其次辟言。有違言而後去也。○程子曰、四者雖以大小次第言之、然非有優劣也。所遇不同耳。

○子曰、作者七人矣。李氏曰、作、起也。言起而隱去者、今七人矣。不可知其誰何。必求其人以實之、則鑿矣。

○子路宿於石門。晨門曰、奚自。子路曰、自孔氏一。曰、是知二其不可一、而爲レ之者與。與、平聲。○石門、地名。晨門、掌二晨啓一レ門。蓋賢人隱二於抱關一者也。自、從也。問三其何所二從來一也。胡氏曰、晨門知二世之不可一而不レ爲。故以レ是譏二孔子一。然不レ知下聖人之視二天下一、無中不レ可レ爲之時上也。

○子擊二磬於衛一。有下荷レ蕢而過二孔氏之門一者上。曰、有レ心哉擊レ磬乎。荷、去聲。○磬、樂器。荷、擔也。蕢、草器也。此荷レ蕢者、亦隱士也。聖人之心、未三嘗忘二天下一。此人聞二其磬聲一而知レ之、則亦非二常人一矣。既而曰、鄙哉硜硜乎。莫二己(クンバ)(ヲ)知一(ルコト)也、斯已(マン)而已矣。深則厲、淺則揭。硜、苦耕反。莫己之己、音紀、餘音以。揭、起例反。○硜硜、石聲、亦專確之意。以レ衣涉レ水曰レ厲、攝レ衣涉レ水曰レ揭。此兩句、衛風匏有苦葉之詩也。譏二孔子人不レ知レ己而不レ止、不レ能レ適二淺深之宜一。子曰、果哉、末(シ)二之難(キコト)一レ矣。果哉、歎三其果二於忘レ世也。末、無也。聖人心同二天地一、視二天下一猶二一家一、中國猶二一人一。不レ能二一日忘一也。故聞二荷蕢之言一、而歎三其果二於忘レ世。且言、人之出處、若但如レ此、則亦無レ所レ難矣。

○子張曰、書云、高宗諒陰三年不レ言。何謂也。

○安井衡云、子路篇、言必信、行必果。硜硜小人哉。則硜硜、堅确不レ遷意。孔子欲下行二道於當世一以救中天下之民上。而世莫三己知一。其意自然形二於磬聲一。荷蕢聞而知レ之。故云、硜硜乎、云云。

○諒陰―安井衡云、諒陰、假借字。故或作二梁闇、或作涼闇、或作諒闇、或作諒瘖。而其義皆爲梁庵。即諸侯以上凶廬也。

朱註 禮達而分定―語出禮記、禮運篇。

○安井衡云、仲尼祖述堯舜、而稱堯舜其猶病諸者二。雍也篇、子貢曰、如有博施於民、而能濟衆、何如。可謂仁乎。子曰、何事於仁。必也聖乎。堯舜其猶病諸。及此章是也。二者皆仁之極功、學者當以此爲宗。外此而語學、非聖人之學也。

高宗、商王武丁也。諒陰、天子居喪之名、未詳其義。

子曰、何必高宗。古之人皆然。君薨、百官總己、以聽於冢宰、三年。

言君薨、則諸侯亦然。總己、謂總攝己職。冢宰、大宰也。百官聽於冢宰。故君得以三年不言也。○胡氏曰、位有貴賤、而生於父母、無以異者。故三年之喪、自天子達於庶人。子張非疑此也。殆以爲人君三年不言、則臣下無所稟令、禍亂或由以起也。孔子告以聽於冢宰、則禍亂非所憂矣。

○子曰、上好禮、則民易使也。

好・易、皆去聲。○謝氏曰、禮達而分定。故民易使。

○子路問君子。子曰、脩己以敬。曰、如斯而已乎。曰、脩己以安人。曰、如斯而已乎。曰、脩己以安百姓。脩己以安百姓、堯舜其猶病諸。

脩己以敬、夫子之言至矣盡矣。而子路少之。故再以其充積之盛、自然及物者告之。無他道也。人者、對己而言。百姓、則盡乎人矣。堯舜猶病、言不可以有加於此。以抑子路、使反求諸近也。蓋聖人之心無窮。世雖極治、然豈能必知四海之內、果無一物不得其所哉。故堯舜猶以安百姓爲病。若曰吾治已足、則非所以爲聖人矣。○程子曰、

朱註 四靈―麟・鳳・龜・龍也。出二禮記、禮運篇一。

○皇侃云、言壤年已老、而未レ死。行二不敬之事一。所三以賊二害於德一也。

朱註 母死而歌―出二禮記、檀弓下篇一。

○閻若璩云、今兗州府志、闕黨、在二滋陽縣東北一里一。有レ泉名二闕黨泉一。流入レ泗。

朱註 隅坐隨行―隅、角也。童子不レ合下與二成人一竝中位上。但就二席角一而坐。禮記、檀弓、曾子疾。童

君子脩レ己以安二百姓一。篤恭而天下平。唯上下一二於恭敬一、則天地自位、萬物自育、氣無レ不レ和、而四靈畢至矣。此體レ信達レ順之道、聰明睿知、皆由レ是出。以レ此事レ天饗レ帝。

○原壤夷俟。子曰、幼而不二孫弟一、長而無レ述焉、老而不レ死。是爲レ賊。以レ杖叩二其脛一。

孫・弟、竝去聲。長、上聲。叩、音口。脛、其定反。○原壤、孔子之故人、母死而歌。蓋老氏之流、自放二於禮法之外一者。夷、蹲踞也。俟、待也。言下見二孔子來一、而蹲踞以待中之也。述、猶レ稱也。賊者害レ人之名。以下其自レ幼至レ老、無二一善狀一、而久生二於世一、徒足中以敗レ常亂上レ俗、則是賊而已矣。脛、足骨也。孔子既責レ之、而因以二所レ曳之杖一、微擊二其脛一。若レ使レ勿二蹲踞一然。

○闕黨童子將レ命。或問レ之曰、益者與。

與、平聲。○闕黨、黨名。童子、未レ冠者之稱。將レ命、謂レ傳二賓主之言一。或人疑下此童子學有二進益一、故孔子使二之傳一レ命、以寵中異之上也。

子曰、吾見三其居二於位一也。見下其與二先生一竝行上也。非レ求レ益者也。欲二速成一者也。

禮、童子當二隅坐隨行一。孔子言、吾見二此童子一、不レ循二此禮一。非二能求一レ益。但欲二速成一爾。故使下之給二使令之役一、觀二長少之序一、習中揖遜之容上。蓋

子隅坐而執ㇾ燭。又王制、父之齒、隨行。

所三以抑而敎ㇾ之、非三寵而異ㇾ之也。

○安井衡云、此篇雜二記夫子不遇之事、及修レ身處レ世之法一、多下悼二衰世一之意上。故以次二前篇一也。

○帆足萬里云、軍旅、國大事。夫子何嘗不レ學。使二衞果用二夫子一、亦必有二措置一。衞侯已不レ能レ用二夫子一。徒以レ陳爲レ問。是以二吳起・孫臏一待レ之也。夫子之所二以不一レ答。素有二去志一、以二是事一行。故曰レ遂。

朱註 處レ困而亨――言身雖レ困而道自通也。

論語卷之八

衞靈公第十五

凡四十一章。

○衞靈公問二陳於孔子一。孔子對曰、俎豆之事、則嘗聞レ之矣。軍旅之事、未二之學一也。明日遂行。陳、去聲。○陳、謂二軍師行伍之列一。俎豆、禮器。尹氏曰、衞靈公無道之君也。復有レ志二於戰伐之事一。故答以レ未レ學而去レ之。在レ陳絕レ糧。從者病、莫二能興一。從、去聲。○孔子去レ衞適レ陳。興、起也。子路慍見曰、君子亦有レ窮乎。子曰、君子固窮。小人窮斯濫矣。見、賢遍反。

○何氏曰、濫、溢也。言君子固有二窮時一、不レ若二小人窮則放溢爲レ非。程子曰、固窮者、固守二其窮一。亦通。○愚謂、聖人當レ行而行、無レ所二顧慮一。處レ困而亨。無レ所二怨悔一。於レ此可見。學者宜深味之。

○子曰、賜也、女以予爲多學而識之者與。女、音汝。識、音志。與、平聲。下同。○子貢之學、多而能識矣。夫子欲其知所本也。故問以發之。對曰、然。非與。方信而忽疑。蓋其積學功至、而亦將有得也。曰、非也。予一以貫之。說見第四篇。然彼以行言、而此以知言也。○謝氏曰、聖人之道大矣。人不能徧觀而盡識。宜其以爲多學而識之也。然聖人豈務博者哉。如天之於衆形、匪物物刻而雕之也。故曰、予一以貫之。德輶如毛。毛猶有倫。上天之載、無聲無臭。至矣。尹氏曰、孔子之於曾子、不待其問而直告之以此。曾子復深喩之曰唯。若子貢則先發其疑而後告之。而子貢終亦不能如曾子之唯也。二子所學之淺深、於此可見。愚按、夫子之於子貢、屢有以發之。而他人不與焉。則顏・曾以下、諸子所學之淺深、又可見矣。

○子曰、由、知德者鮮矣。鮮、上聲。○由、呼子路之名而告之也。德、謂義理之得於己者。非己有之、不能知其意味之實也。○自第一章至此、疑皆一時之言。此章蓋爲慍見發也。

○子曰、無爲而治者、其舜也與。夫何爲哉。恭

朱註 德輶如毛。毛猶有倫——朱子曰、此詩大雅蒸民篇之辭、謂德輕如毛。庶可以形容之矣。然謂之如毛、則猶有可比者。亦未盡其妙也。○上天之載、無聲無臭——朱子曰、卽詩文王篇之辭、謂上天之事、無聲可聞、無臭可接。以此形容則可以盡其妙。故曰至矣。

○何晏云、言任官得其人。故無爲而治也。

己正南面而已矣。與、平聲。夫、音扶。○無爲而治者、聖人德盛而民化。不待其有所作爲也。獨稱舜者、紹堯之後、而又得人以任衆職。故尤不見其有爲之迹也。恭己者、聖人敬德之容、既無所爲、則人之所見如此而已。

○子張問行。猶問達之意也。子曰、言忠信、行篤敬、雖蠻貊之邦行矣。言不忠信、行不篤敬、雖州里行乎哉。行篤・行不之行、去聲。貊、亡百反。○子張意在得行於外。故夫子反於身而言之。猶答干祿問達之意也。篤、厚也。蠻、南蠻。貊、北狄。二千五百家爲州。立則見其參於前也。在輿則見其倚於衡也。夫然後行。參、七南反。夫、音扶。○其者、指忠信篤敬而言。參、讀如毋往參焉之參。言與我相參也。衡、軛也。言其於忠信篤敬、念念不忘。隨其所在、常若有見。雖欲頃刻離之而不可得。然後一言一行、自然不離於忠信篤敬。而蠻貊可行也。子張書諸紳。紳、大帶之垂者。書之、欲其不忘也。○程子曰、學要鞭辟近裏著己而已。博學而篤志、切問而近思、言忠信、行篤敬、立則見其參於前、在輿則見其倚於衡。卽此是學。質美者明得盡、查滓便渾化、却與天地同體。其次惟莊敬以持養之。及其至則一也。

按此章宜與泰伯篇云、子曰、舜有臣五人、而天下治。顏淵篇云、子夏曰、舜有天下、選於衆、擧皐陶、不仁者遠矣之文、參考。則致治平之要、在得人才之義自明。

○安井衡云、參於前者、忠信・篤敬、幷我爲參。

○說苑、敬愼篇、顏回將西遊、問於孔子曰、何以爲身。孔子曰、恭敬忠信、可以爲身。恭則免於衆。敬則人愛之。忠則人與之。信則人恃之。人所愛、人所恃、必免於患矣。與此章同義。

朱註 毋往參ー見禮記、曲禮篇。○鞭辟近裏ー洛中俗語、言要鞭督向レ裏切己。」

朱註言レ直—其守レ正不レ屈、如二箭幹之直一也。

○進レ賢退二不肖一—賢指二蘧伯玉一、不肖指二彌子瑕一。○家語—困誓篇。

○巻子本・唐石經、之字、作レ也。

朱註孫林父—事出二左傳、襄公十四年一。○甯殖—事出二襄公二十六年一。」

○巻子本・皇侃本、竝與下無二之字一。

○宋文天祥、衣帶中贊云、孔曰成レ仁、孟曰取レ義。惟其義盡。所二以仁至一。讀二聖賢書一、所レ學何事。而今而後、庶幾無レ愧。○孟子、告子上篇云、生亦我所レ欲。所レ欲

○子曰、直哉史魚、邦有レ道如レ矢、邦無レ道如レ矢。史、官名。魚、衛大夫、名鰌。如レ矢、言レ直也。史魚自以レ不レ能三進レ賢退二不肖一、既死猶以レ尸諫。故夫子稱二其直一。事見二家語一。君子哉蘧伯玉、邦有レ道則仕、邦無レ道則可二巻而懷一レ之。伯玉出處、合二於聖人之道一。故曰二君子一。巻、收也。懷、藏也。如下於二孫林父・甯殖放弑之謀一、不レ對而出上、亦其事也。○楊氏曰、史魚之直、未レ盡二君子之道一、若二蘧伯玉一、然後可レ免二於亂世一。若二史魚之如矢、則雖レ欲二巻而懷之、有レ不レ可レ得也。

○子曰、可二與言一、而不三與レ之言一、失レ人。不レ可二與言一、而與レ之言、失レ言。知者不レ失レ人。亦不レ失レ言。知、去聲。

○子曰、志士仁人、無二求レ生以害仁。有二殺レ身以成仁。志士、有レ志之士。仁人、則成德之人也。理當レ死而求レ生、則於二其心一有レ不レ安矣。是害二其心之德一也。當レ死而死、則心安而德全矣。○程子曰、實理得二之於心一自別。實理者、實見二得是一、實見二得非一也。古人有下捐レ軀隕レ命者上。若不二實見得一、惡能如レ此。須下是實見中得生不レ重二於義一、生不上レ安二於死一也。故有下殺レ身以成レ仁者上。只

是成二就一箇是一而已。

○子貢問レ爲レ仁。子曰、工欲レ善二其事一、必先利二其器一。居二是邦一也、事二其大夫之賢者一、友二其士之仁者一。賢、以レ事言。仁、以レ德言。夫子嘗謂、子貢悦二不レ若レ己者一。故以レ是告レ之。欲下其有レ所二嚴憚切磋一以成中其德上也。○程子曰、子貢問レ爲レ仁。非レ問レ仁也。故孔子告レ之以二爲レ仁之資一而已。

○顏淵問レ爲レ邦。顏子王佐之才。故問下治二天下一之道上。曰レ爲レ邦者、謙辭。子曰、行二夏之時一、夏時、謂下以二斗柄初昏建レ寅之月一爲中歲首上也。天開二於子一、地闢二於丑一、人生二於寅一。故斗柄建二此三辰一之月、皆可三以爲二歲首一。而三代迭用レ之。夏以レ寅爲二人正一、商以レ丑爲二地正一、周以レ子爲二天正一也。然時以作レ事、則歲月自當三以レ人爲レ紀。故孔子嘗曰、吾得二夏時一焉。而說者以爲レ謂二夏小正之屬一。蓋取二其時之正、與二其令之善一、而於レ此又以告二顏子一也。乘二殷之輅一、輅、音路。亦作レ路。○商輅、木輅也。輅者、大車之名。古者以レ木爲レ車而已。至レ商而有二輅之名一。蓋始異二其制一也。周人飾以二金玉一、則過レ侈而易レ敗。不レ若四商輅之朴素渾堅、而等威已辨、爲三質而得二其中一也。服二周之冕一、周冕有レ五。祭服之冠。

有下甚二於生一者上。故不レ爲二苟得一也。死亦我所レ惡。所レ惡有下甚二於死一者上。故患有レ所レ不レ辟也。正此章之衍義。

朱註 子貢悦二不レ若レ己者一—出二家語、六本篇一。

○爲レ邦—中井積德云、邦通二國與二天下一而言。非二謙辭一。

○皇侃云、謂下用二夏家時節一以行中事也。三王所レ尙、正朔服色雖レ異、而田獵祭祠播種、竝用二夏時一。夏時得二天之正一故也。

○馬融云、殷車曰二大輅一。左傳曰、大輅越席、昭二其儉一也。

也。冠上有レ覆。前後有レ旒。黄帝以來、蓋已有レ之。而制度儀等、至レ周始備。然其爲レ物小、而加二於衆體之上一。故雖レ華而不レ爲レ靡。雖レ費而不レ及レ奢。夫子取レ之、蓋亦以爲三文而得二其中一也。

樂則韶舞、取二其盡レ善盡レ美。

放二鄭聲一、遠二佞人一。鄭聲淫、佞人殆。遠、去聲。○放、謂レ禁二絶之一。鄭聲、鄭國之音。佞人、卑諂辨給之人。殆、危也。○程子曰、問レ政多矣。惟顏淵告レ之以レ此。蓋三代之制、皆因レ時損益。及二其久一也、不レ能レ無レ弊。周衰、聖人不レ作。故孔子斟二酌先王之禮一、立二萬世常行之道一。發レ此以爲二之兆一爾。由レ是求レ之、則餘皆可レ考也。張子曰、禮樂、治之法也。放二鄭聲一、遠二佞人一、法外意也。一日不レ謹、則法壞矣。虞夏君臣、更相戒飭、意蓋如レ此。又曰、法立而能守、則德可レ久、業可レ大。鄭聲佞人、能使三人喪二其所レ守。故放二遠之一。尹氏曰、此所レ謂百王不易之大法。孔子之作二春秋一、蓋此意也。孔顏雖レ不レ得レ行二之於時一、然其爲レ治之法、可三得而見一矣。

○子曰、人無二遠慮一、必有二近憂一。蘇氏曰、人之所レ履者、容レ足之外、皆爲二無用之地一。而不レ可レ廢也。故慮不レ在二千里之外一、則患在二几席之下一矣。

○子曰、已矣乎。吾未レ見二好レ德如レ好レ色者一也。好、去聲。○已矣乎、歎三其終不二得而見レ之也。

○安井衡云、顏淵問レ爲レ邦。而孔子告以下制二作禮樂一之法上者、周室衰替已甚、正當二革命之時一、而唯顏子堪レ當二制作之任一。故孔子告レ之以レ此也。

○陽貨篇、惡三鄭聲之亂二雅樂一也。惡三利口之覆二邦家一也。

朱註 孔子之作二春秋一、蓋此意也―朱子曰、其作二春秋一、善者則取レ之、惡者則誅レ之。意亦只是如レ此。

○卷子本・皇侃本、竝人下、有二而字一。

○王肅云、君子當二思レ患而預防一也。

○中井積德云、竊レ位、謂二尸位素飡一也(中略)俗言有二祿盜・位盜之語一、正是。

○此章宜下與二憲問篇、公叔文子之臣章一參看、互發中其義上也。

○伊藤維楨云、宋呂祖謙、性太褊急。適讀二論語一至レ此、大自感悟。後來一向寬厚和易也。可レ謂下善讀二論語一者上矣。

○佐藤坦云、難矣哉一嘆、使二人悚然警懼一。凡學者之患、在二志不一レ立。因循荒廢、百弊隨生。夫子洞二見病源一、歎二其難一レ治也。

○子曰、臧文仲其竊レ位者與。知二柳下惠之賢一、而不二與立一也。

者與之與、平聲。○竊レ位、言不レ稱二其位一而有レ愧二於心一。如二盜得而陰據一レ之也。柳下惠、魯大夫展獲、字禽、食二邑柳下一。謚曰レ惠。與立、謂三與レ之竝二立於朝一。范氏曰、臧文仲爲二政於魯一。若不レ知レ賢、是不明也。知而不レ擧、是蔽レ賢也。不明之罪小、蔽レ賢之罪大。故孔子以爲二不仁一、又以爲レ竊レ位。

○子曰、躬自厚、而薄責二於人一、則遠レ怨矣。

○遠、去聲。○責レ己厚。故身益修。責レ人薄。故人易レ從。所三以人不二得而怨一レ之。

○子曰、不レ曰二如レ之何(セン)、如レ之何(セント)一者、吾末(ヤ)二如レ之何(トモスルコト)一也已矣。

如レ之何、如レ之何者、熟思而審處之辭也。不レ如レ是而妄行、雖二聖人一亦無二如レ之何一矣。

○子曰、羣居終日、言不レ及レ義、好行二小慧一。難矣哉。

好、去聲。○小慧、私智也。言不レ及レ義、則放辟邪侈之心滋、好行二小慧一、則行レ險僥倖之機熟。難矣哉者、言其無三以入レ德而將レ有二患害一也。

○子曰、君子義以爲レ質、禮以行レ之、孫以出レ之、

○鄭玄云、義以爲質、謂操行。孫以出之、謂言語。

○子罕篇云、四十五十而無聞焉、斯亦不足畏也已。

○中庸、射有似乎君子。失諸正鵠、反求諸其身。孟子、離婁上篇、愛人不親反其仁。治人不治反其智。禮人不答反其敬。古之君子、自修如此。」

○此章、宜與里仁篇、子曰、君子之於天下也、無適也。無莫也。

信以成之。君子哉。孫、去聲。○義者、制事之本。故以爲質幹。而行之必有節文。出之必以退遜。成之必在誠實。乃君子之道也。○程子曰、義以爲質、如質幹然。禮行此、孫出此、信成此。此四句、只是一事。以義爲本。又曰、敬以直內、則義以方外。義以爲質、則禮以行之、孫以出之、信以成之。

○子曰、君子病無能焉。不病人之不己知也。

○子曰、君子疾沒世而名不稱焉。范氏曰、君子學以爲己。不求人知。然沒世而名不稱焉、則無爲善之實可知矣。

○子曰、君子求諸己、小人求諸人。謝氏曰、君子無不反求諸己。小人反是。此君子小人所以分也。○楊氏曰、君子雖不病人之不己知、然亦疾沒世而名不稱也。雖疾沒世而名不稱、然所以求者、亦反諸己而已。小人求諸人。故違道干譽、無所不至。三者文不相蒙、而義實相足。亦記言者之意。

○子曰、君子矜而不爭。羣而不黨。莊以持己曰矜。然無乖戾之心。故不爭。和以處衆曰羣。然無阿比之意。故不黨。

○子曰、君子不以言擧人。不以人廢言。

○子貢問曰、有一言而可以終身行之者乎。子曰、其恕乎。己所不欲、勿施於人。推己及物、其施不窮。故可以終身行之。○尹氏曰、學貴於知要。子貢之問、可謂知要矣。孔子告以求仁之方也。推而極之、雖聖人之無我、不出乎此。終身行之、不亦宜乎。

○子曰、吾之於人也、誰毀誰譽。如有所譽者、其有所試矣。譽、平聲。○毀者、稱人之惡而損其眞。譽者、揚人之善而過其實。夫子無是也。然或有所譽者、則必嘗有以試之、而知其將然矣。聖人善善之速、而無所苟如此。若其惡惡則已緩矣。是以雖有以前知其惡、而終無所毀也。斯民也、三代之所以直道而行也。斯民者、今此之人也。三代、夏・商・周也。直道、無私曲也。言吾之所以無所毀譽者、蓋以此民、即三代之時、所以善其善、惡其惡、而無所私曲之民。故我今亦不得而枉其是非之實也。○尹氏曰、孔子之於人也、豈有意於毀譽之哉。其所以譽

義之與比。子路篇、君子和而不同參看以發其義。

○包咸云、有言者、不必有德。故不可以言擧人。

○皇侃云、恕謂内忖己心以處物。

○皇侃云、平等一心、不有毀譽。然君子掩惡揚善。善則宜揚。而我從來若有所稱譽者、皆不虛妄、必先試驗其德、而後乃譽之耳。故云、其有所試矣。

○安井衡云、毀、稱其惡也。譽、揚其善也。若謂毀譽過其實、下文云、若有所譽者、是

孔子亦揚㆑善過㆓其實㆒也。必不㆑然矣。」
○包咸云、古之史、於㆑書㆑字、有㆑疑則闕㆑之、以待㆓知者㆒。又云、有㆑馬不㆑能㆓調良㆒、則借㆑人乘㆓習之㆒。
○焦循云、史闕㆑文、屬㆑書。借㆑人乘、屬㆑御。此孔子爲㆘學㆓六藝㆒者㆖言也。」
○孔安國云、巧言利口、則亂㆓德義㆒。
○孟子、盡心下篇、惡㆑佞、恐㆓其亂㆒㆑義也。惡㆓利口㆒、恐㆓其亂㆒㆑信也。
朱註 婦人之仁云云―出㆓漢書、韓信傳㆒。」
○孟子、梁惠王下篇、左右皆曰㆑賢、未㆑可也。一節、與㆓此章㆒同義。」
○安井衡云、中庸曰、文武之道、布在㆓方策㆒。其人存則其政擧、其人亡

㆑之者、蓋試而知㆓其美㆒故也。斯民也、三代所㆓以直道而行㆒。豈得㆑容㆓私於其間㆒哉。

○子曰、吾猶及㆓史之闕文㆒也。有㆑馬者、借㆑人乘(シテ ユ ラシム)㆑之。今亡矣夫。乘、平聲。亡、與㆑無通。夫、音扶。○楊氏曰、史闕㆑文、馬借㆑人。此二事、孔子猶及㆑見㆑之。今亡矣夫。悼㆓時之益偸㆒也。愚謂、此必有㆑爲而言。蓋雖㆓細故㆒、而時變之大者可㆑知矣。○胡氏曰、此章義疑。不㆑可㆓強解㆒。

○子曰、巧言亂㆑德。小不㆑忍、則亂㆓大謀㆒。巧言、變㆓亂是非㆒。聽㆑之使㆔人喪㆓其所㆒㆑守。小不㆑忍、如㆓婦人之仁、匹夫之勇㆒皆是。

○子曰、衆惡㆑之必察焉。衆好㆑之必察焉。好・惡、竝去聲。○楊氏曰、惟仁者能好㆓惡人㆒。衆好㆓惡之㆒而不㆑察、則或蔽㆓於私㆒矣。

○子曰、人能弘㆑道。非㆓道弘㆒㆑人。弘、廓而大㆑之也。人外無㆑道、道外無㆑人。然人心有㆑覺、而道體無㆑爲。故人能大㆓其道㆒、道不㆑能㆑大㆓其人㆒也。○張子曰、心能盡㆑性、人能弘㆑道也。性不㆑知㆑檢㆓其心㆒、非㆓道弘㆒㆑人也。

則其政息。正與二此章一相表裏。

○荀子、勸學篇云、吾嘗終日而思矣。不レ如二須臾之所一レ學也。述二此章之義一也。

○安井衡云、君子小人、各有レ所レ當レ務。君子務二於學一、小人務二於耕一。故以二君子一起レ之。孔子之時、蓋有下志二於學一而憂レ貧念レ耕者上。故以レ此警レ之也。凡云レ在二其中一者、皆謂二不レ求而至一焉。

○中井積德云、知及レ之者、謂レ知二治レ國保レ民之道一也。

○子曰、過而不レ改、是謂レ過矣。過而能改、則復二於無一レ過。惟不レ改、則其過遂成、而將レ不レ及レ改矣。

○子曰、吾嘗終日不レ食、終夜不レ寢、以思。句無レ益。句不レ如レ學也。此爲二思而不レ學者一言レ之。蓋勞レ心以必求、不レ如二遜レ志而自得一也。李氏曰、夫子非二思而不レ學者一。特垂レ語以教レ人爾。

○子曰、君子謀レ道不レ謀レ食。耕也、餒在二其中一矣。學也、祿在二其中一矣。君子憂レ道不レ憂レ貧。餒、奴罪反。○耕、所二以謀一レ食、而未二必得一レ食。學、所二以謀一レ道、而祿在二其中一。然其學也、憂レ不レ得二乎道一而已。非下爲レ憂レ貧之故、而欲中爲レ是以得上レ祿也。○尹氏曰、君子治二其本一而不レ恤二其末一。豈以二在レ外者一爲二憂樂一哉。

○子曰、知及レ之、仁不レ能レ守レ之、雖レ得レ之、必失レ之。知、去聲。○知、足三以知二此理一、而私欲閒レ之、則無三以有二之於身一矣。知及レ之、仁能守レ之、不レ莊以

○盧東原云、此爲下有二天下國家一者上言。易曰、何以守レ位、曰仁。孟子曰、天子不仁、不レ保二四海一。諸侯不仁、不レ保二社稷一。皆此意也。下文涖レ之不レ以レ莊、動レ之不レ以レ禮、皆有レ位者之事、文理接貫不レ可二移易一。

○四可字之下、可下竝補二使字一而讀上。佐藤坦云、知是察識。受是擔當。當下就二一人一言上。不レ可レ以二彼我一分レ之。此說是。

○馬融云、水火與レ仁、皆民所二仰而生一者、仁最爲レ甚也。

涖レ之、則民不レ敬。涖、臨也。謂レ臨レ民也。知二此理一而無二私欲以閒一レ之、則所レ知者在レ我、而不レ失矣。然猶有二不レ莊者一、蓋氣習之偏、或有下厚二於內一而不レ嚴二於外一者上。是以民不レ見二其可一レ畏、而慢二易之一。下句放レ此。知及レ之、仁能守レ之、莊以涖レ之、動レ之不レ以レ禮、未レ善也。動レ之、動レ民也。猶レ曰二鼓舞而作一レ興之云爾。禮、謂二義理之節文一。○愚謂、學至二於仁一、則善有二諸己一、而大本立矣。涖レ之不レ莊、動レ之不レ以レ禮、乃其氣稟學問之小疵。然亦非二盡レ善之道一也。故夫子歷言レ之、使下知二德愈全則責愈備、不レ可上レ以爲二小節一而忽上レ之也。

○子曰、君子不レ可二小知一、而可二大受一也。小人不レ可二大受一、而可二小知一也。此言二觀レ人之法一。知、我知レ之也。受、彼所レ受也。蓋君子於二細事一未二必可一レ觀、而材德足二以任一レ重。小人雖二器量淺狹一、而未二必無一二一長可一レ取。

○子曰、民之於レ仁也、甚二於水火一。水火吾見二蹈而死者一矣。未レ見二蹈レ仁而死者一也。民之於二水火一、所レ賴以生一、不レ可二一日無一。其於レ仁也

亦然。但水火外物、而仁在レ己。無ニ水火一、不レ過レ害ニ人之身一、而不仁則失ニ其心一。是仁有レ甚ニ於水火一、而尤不レ可ニ以一日無一者也。況水火或有レ時而殺レ人。仁則未ニ嘗殺一レ人。亦何憚而不レ爲哉。李氏曰、此夫子勉ニ人爲一レ仁之語。下章放レ此。

○子曰、當レ仁不レ讓ニ於師一。 當レ仁、以レ仁爲ニ己任一也。雖レ師亦無レ所レ遜。言當ニ勇往而必爲一也。蓋仁者、人所ニ自有一、而自爲レ之。非レ有レ爭也。何遜之有。○程子曰、爲レ仁在レ己。無レ所ニ與遜一。若ニ善名在一レ外、則不レ可レ不レ遜。

○子曰、君子貞而不レ諒。 貞、正而固也。諒、則不レ擇ニ是非一而必ニ於信一。

○子曰、事レ君、敬ニ其事一、而後ニ其食一。 後、與ニ後獲之後一同。食、祿也。君子之仕也、有ニ官守一者修ニ其職一、有ニ言責一者盡ニ其忠一。皆以敬ニ吾之事一而已。不レ可ニ先有ニ求レ祿之心一也。

○子曰、有レ教無レ類。 人性皆善、而其類有ニ善惡之殊一者、氣習之染也。故君子有レ教、則人皆可ニ以復ニ於善一、而不レ當ニ復論ニ其類之惡一矣。

○子曰、道不レ同、不ニ相爲一レ謀。 爲、去聲。○不レ同、如ニ善惡邪正之類一。

○孔安國云、當ニ行レ仁之事一、不ニ復讓ニ於師一。言行レ仁急也。」佐藤坦云、當字是方字。不レ讓、猶レ言レ不レ後。狀ニ勇往之心一耳。」

○安井衡云、孔子嘗曰、言不ニ必信一、行不ニ必果一。義之與比。又曰、言必信、行必果。硜硜然小人哉。抑亦可ニ以爲一レ次。學者以レ經解レ經、不レ待ニ多言一矣。」

○雍也篇、仁者先レ難而後レ獲。顏淵篇云、先レ事後レ得、非レ崇レ德與。易、繫辭、敬ニ其事一、後ニ其食一。皆同意。」

○中井積德云、是兩平語、言人唯因レ教而分而已。無レ有ニ所レ謂類者一也。

〇子曰、辭達而已矣。辭取レ達レ意而止。不下以二富麗一爲上レ工。

〇師冕見。及レ階。子曰、階也。及レ席。子曰、席也。皆坐。子告レ之曰、某在レ斯、某在レ斯。見、賢遍反。〇師、樂師、瞽者。冕、名。再言二某在一レ斯、歷二擧在レ坐之人一以詔レ之。師冕出。子張問曰、與レ師言之道與。與、平聲。〇聖門學者、於二夫子之一言一動一、無レ不三存レ心省二察如一レ此。子曰、然。固相レ師之道也。相、去聲。〇相、助也。古者瞽必有レ相、其道如レ此。蓋聖人於レ此非二作意而爲一レ之。但盡二其道一而已。〇尹氏曰、聖人處レ己爲レ人、其心一致、無レ不レ盡二其誠一故也。有レ志二於學一者、求二聖人之心一、於レ斯亦可レ見矣。范氏曰、聖人不レ侮二鰥寡一、不レ虐二無告一、可レ見二於此一。推二之天下一、無三一物不レ得二其所一矣。

〇物茂卿云、辭、謂二辭命一也。春秋時、爲二辭命一者、率虛誇成レ俗、競以二文飾一相高。兩國之情、因以不レ達。故孔子云爾。中井・安井二家亦有二此說一。

〇皇侃云、孔子見二瞽者一必作。師既起、則弟子又隨而起。冕至レ席已坐。故孔子亦坐。弟子竝坐。故云二皆坐一也。

季氏第十六

洪氏曰、此篇或以爲二齊論一。凡十四章。

○季氏將レ伐二顓臾一。顓、音專。臾、音兪。○顓臾、國名、魯附庸也。冉有・季路見二於孔子一曰、季氏將レ有レ事二於顓臾一。見、賢遍反。○按二左傳・史記一、二子仕二季氏一不レ同レ時。此云レ爾者、疑子路嘗從二孔子一自レ衞反レ魯、再仕二季氏一、不レ久而復之レ衞也。孔子曰、求、無二乃爾是過一與。與、平聲。○冉求爲二季氏一聚斂、尤用レ事。故夫子獨責レ之。夫顓臾、昔者先王以爲二東蒙主一。且在二邦域之中一矣。是社稷之臣也。何以レ伐爲。夫、音扶。○東蒙、山名。先王封二顓臾於此山之下一、使レ主二其祭一。在二魯地七百里之中一。社稷、猶レ云二公家一。是時四二分魯國一、季氏取二其二一。孟孫・叔孫、各有二其一一。獨附庸之國、尚爲二公臣一。季氏又欲二取以自益一。故孔子言、顓臾乃先王封國、則不レ可レ伐。在二邦域之中一、則不二必伐一。是社稷之臣、則非二季氏所一レ當レ伐也。此事理之至當、不易之定體、而一言盡二其曲折一如レ此。非二聖人一不レ能也。冉有曰、夫子欲レ之、吾二臣

○安井衡云、前篇所レ記、多二聖賢不遇、及衰世之事一。此篇記二其尤甚者一。

○安井衡云、子路長二於冉有一。而此先書二冉有一者、顓臾之事、季氏專與二冉有一謀。故門人先書二冉有一、以明下夫子專責二冉有一之意上。至三下文孔子呼二二子一、乃先レ由而後レ求。從二其齒一也。

朱註 不レ同レ時―季路爲二季子宰一、見二左傳、定公十二年一。冉有爲レ宰、見二哀公十一年一。

○佐藤坦云、冉有飾レ辭曰、吾二臣者皆不レ欲也。及三夫子斥二其過一、則又

變其辭曰、今不取、後世必爲子孫憂。至此、夫子亦不少假曰、君子疾夫舍曰欲之、而必爲之辭。蓋其責之也益切矣。
○相―扶。瞽者、字從木目。無目扶以杖也。

者、皆不欲也。夫子、指季孫。冉有實與謀。以夫子非之、故歸咎於季氏。孔子曰、求、周任有言、曰、陳力就列、不能者止。危而不持、顚而不扶。則將焉用彼相矣。○任、平聲。焉、於虔反。相、去聲。下同。周任、古之良史。陳、布也。列、位也。相、瞽者之相也。言二子不欲則當諫。諫而不聽、則當去也。且爾言過矣。虎兕出於柙、龜玉毀於櫝中、是誰之過與。兕、徐履反。柙、戶甲反。櫝、音獨。與、平聲。○兕、野牛也。柙、檻也。櫝、匱也。言在柙而逸、在櫝而毀、典守者不得辭其過。明二子居其位而不去、則季氏之惡、己不得不任其責也。冉有曰、今夫顓臾、固而近於費。今不取、後世必爲子孫憂。夫、音扶。○固、謂城郭完固。費、季氏之私邑。此則冉求之飾辭。然亦可見其實與季氏之謀矣。孔子曰、求、君子疾夫舍曰欲之、而必爲之辭。夫、音扶。舍、上聲。○欲之、謂貪其利。丘也聞、有國有家者、不患寡而患不均。不患貧

而患レ不レ安。蓋均無レ貧、和無レ寡、安無レ傾。寡、謂二民少一。貧、謂二財乏一。均、謂三各得二其分一。安、謂二上下相安一。季氏之欲レ取二顓臾一、患二寡與一レ貧耳。然是時季氏據レ國、而魯公無レ民、則不レ均矣。君弱臣强、互生二嫌隙一、則不レ安矣。均則不レ患二於貧一而和。和則不レ患二於寡一而安。安則不三相疑忌一、而無二傾覆之患一。夫如レ是。故遠人不レ服、則脩二文德一以來レ之。既來レ之、則安レ之。夫、音扶。○內治修、然後遠人服。有レ不レ服、則修レ德以來レ之。亦不レ當レ動二兵於遠一。

今由與レ求也、相二夫子一、遠人不レ服、而不レ能レ來也。邦分崩離析、而不レ能レ守也。子路雖レ不レ與レ謀、而素不レ能二輔レ之以一レ義。亦不レ得レ爲レ無レ罪。故併責レ之。遠人、謂二顓臾一。分崩離析、謂下四二分公室一、家臣屢叛上。而謀レ動二干戈於邦內一。吾恐下季孫之憂、不レ在二顓臾一、而在中蕭牆之內上也。干、楯也。戈、戟也。蕭牆、屏也。言不レ均不レ和、內變將レ作。其後哀公果欲三以レ越伐レ魯而去二季氏一。○謝氏曰、當二是時一、三家强、公室弱。冉求又欲下伐二顓臾一以附中益之上。夫子所二以深罪一レ之。爲三其瘠レ魯以肥二三家一也。洪氏曰、二子仕二於季氏一、凡季氏所レ欲レ爲、必以告二於夫子一、則因二夫子之言一而救止者、宜二亦多一矣。伐二顓臾一之事、不レ見二於經傳一。其以二夫子之言一而止也與。

○崔述、洙泗考信錄餘錄云、此章可レ疑五、論語所レ記孔子之言、皆簡而直。此章獨繁而曲。其文不レ類、一也。子路爲二季氏宰一、在二定公世一。冉有爲二季氏宰一、在二哀公世一。其時不レ合、二也（中略）且此篇文、皆稱二孔子一、與二前十五篇一異。其非二孔子之徒所一レ記、甚明。」錄備二參考一。

○鄭玄云、蕭之言肅也。牆謂レ屏也。君臣相見之禮、至レ屏而加二肅敬一焉。是以謂二之蕭牆一。皇侃云、天子外屏、諸侯內屏。大夫以レ簾、士以レ帷。季子是大夫、應レ無レ屏。而云二蕭牆一者、季氏皆僭爲レ之。

○孔子曰、天下有レ道、則禮樂征伐自二天子一出。天下無レ道、則禮樂征伐自二諸侯一出。自二諸侯一出、蓋十世希レ不レ失矣。自二大夫一出、五世希レ不レ失矣。陪臣執二國命一、三世希レ不レ失矣。先王之制、諸侯不レ得下變二禮樂一、專中征伐上。陪臣、家臣也。逆レ理愈甚、則其失レ之愈速。大約世數不レ過レ如レ此。天下有レ道、則政不レ在二大夫一。言不レ得レ專レ政。天下有レ道、則庶人不レ議。上無二失政一、則下無二私議一。非下箝二其口一使上レ不レ敢言一也。○此章通論二天下之勢一。

○孔子曰、祿之去二公室一、五世矣。政逮二於大夫一、四世矣。故夫三桓之子孫微矣。夫、音扶。○魯自二文公薨一、公子遂殺二子赤一、立中宣公上、而君失二其政一、歷二成・襄・昭・定一、凡五公。逮、及也。自二季武子始專二國政一、歷二悼・平・桓子一、凡四世。而爲二家臣陽虎所一レ執。三桓、三家、皆桓公之後。此以二前章之說一推レ之、而知二其當然一也。○此章、專論二魯事一。疑與二前章一皆定公時語。蘇氏曰、禮樂征伐自二諸侯一出。宜二諸侯之强一也。而魯以失レ政。政逮二於大夫一、宜二大夫之强一也。而三桓以微、何也。强

○邢昺云、諸侯自作二禮樂一者、謂下僭爲二天子之禮樂一、若中魯昭公之比上(昭公二十五年公羊傳)也。」安井衡云、禮樂征伐自二諸侯一出、謂下諸侯以二己意一、擅用中禮樂征伐上。邢疏以レ僭釋レ之、是也。

○安井衡云、上章汎論、此擧二魯事一而實レ之。蓋同時之言也。」中井積德云、孔子曰以下數句、通二上文一、爲二一章一。而孔子曰三字、是更レ端之辭、亦非二衍文一。上泛二論事勢一、而下實以二魯事一也。

○祿―爵祿也。

○諒、謂二信實不レ欺、表裏如レ一的人一。

○中井積德云、節、謂二合レ度得レ中。是在二行レ事之時一而言。非三徒分二辨之一。

○荀子、勸學篇云、未レ可二與言一而言、謂二之傲一。

生二於安一、安生二於上下之分定一。今諸侯大夫皆陵二其上一、則無三以令二其下一矣。故皆不レ久而失レ之也。

○孔子曰、益者三友、損者三友。友レ直、友レ諒、友二多聞一、益矣。友二便辟一、友二善柔一、友二便佞一、損矣。便、平聲。辟、婢亦反。○友レ直、則聞二其過一。友レ諒、則進二於誠一。友二多聞一、則進二於明一。便、習熟也。便辟、謂下習二於威儀一而不上レ直。善柔、謂下工二於媚說一而不上レ諒。便佞、謂下習二於口語一而無中聞見之實上。三者損益正相反也。○尹氏曰、自二天子一以至二於庶人一、未レ有下不二須レ友以成一者上。而其損益有二如レ是者一。可レ不レ謹哉。

○孔子曰、益者三樂（ガウ）、損者三樂。樂レ節二禮樂一、樂レ道二人之善一、樂レ多二賢友一、益矣。樂二驕樂一、樂二佚遊一、樂二宴樂一、損矣。樂、五教反。禮樂之樂、音岳。驕樂・宴樂之樂、音洛。○節、謂レ辨二其制度聲容之節一。驕樂、則侈肆而不レ知レ節。佚遊、則惰慢而惡レ聞レ善。宴樂、則淫溺而狎二小人一。三者損益亦相反也。○尹氏曰、君子之於二好樂一、可レ不レ謹哉。

○孔子曰、侍二於君子一有二三愆一。言未レ及レ之而言、可與言而不言、謂之隱。不觀顏色而言、謂之瞽。君子不傲、不隱、不瞽。蓋傳此章之義也。

○伊藤維楨云、此三者、學者終身之大戒也。夫人生血氣、不能不從時而變、則又當不可不從時而存警戒。蓋血氣在身、而戒之則在心。言其不可自任血氣也。

○皇侃云、聖人之言、謂五經典籍。聖人遺文也。

○中井積德云、三畏、三平說。註、特歸重於天命、恐失正意。又云、

謂之躁。言及之而不言、謂之隱。未見顏色而言、謂之瞽。躁、音竈。○君子、有德位之通稱。愆、過也。瞽、無目、不能察言觀色。○尹氏曰、時然後言、則無三者之過矣。

○孔子曰、君子有三戒。少之時、血氣未定、戒之在色。及其壯也、血氣方剛、戒之在鬪。及其老也、血氣既衰、戒之在得。血氣、形之所待以生者、血陰而氣陽也。得、貪得也。隨時知戒、以理勝之、則不爲血氣所使也。○范氏曰、聖人同於人者、血氣也。異於人者、志氣也。血氣有時而衰。志氣則無時而衰也。少未定、壯而剛、老而衰者、血氣也。戒於色、戒於鬪、戒於得者、志氣也。君子養其志氣。故不爲血氣所動。是以年彌高而德彌卲也。

○孔子曰、君子有三畏。畏天命、畏大人、畏聖人之言。畏者、嚴憚之意也。天命者、天所賦之正理也。知其可畏、則其戒謹恐懼、自有不能已者。而付畀之重、可以不失矣。大人聖言、皆天命所當畏。知畏天命、則不得不畏之矣。小人不知天命、而不畏也。狎大

大人者、當世之賢。聖人者、先代之聖。

○陸隴其云、三之字、俱指二義理一言。

○中井積德云、民猶レ人也。言人中唯以三不レ學者一爲三下等一也。

○皇侃云、一朝之忿、忘二其身一、以及二其親一。是謂レ難也。」江熙云、義然後取也。

人、侮二聖人之言一。侮、戲玩也。不レ知二天命一。故不レ識二義理一。而無レ所二忌憚一如レ此。○尹氏曰、三畏者、修レ己之誠、當レ然也。小人不レ務二修レ身誠一レ己、則何畏之有。

○孔子曰、生（レナガラニシテ）而知レ之者、上也。學而知レ之者、次也。困而學レ之、又其次也。困而不レ學、民斯爲レ下矣。困、謂レ有レ所レ不レ通。言人之氣質不レ同。大約有二此四等一。○楊氏曰、生知・學知以至二困學一、雖二其質不一レ同、然及二其知一レ之一也。故君子惟學之爲レ貴。困而不レ學。然後爲レ下。

○孔子曰、君子有二九思一。視思レ明、聽思レ聰、色思レ溫、貌思レ恭、言思レ忠、事思レ敬、疑思レ問、忿思レ難、見レ得思レ義。難、去聲。○視無レ所レ蔽、則明無レ不レ見。聽無レ所レ壅、則聽無レ不レ聞。色、見二於面一者。貌、擧レ身而言。思問、則疑不レ蓄。思難、則忿必懲。思レ義、則得不レ苟。○程子曰、九思各專二其一一。謝氏曰、未レ至二於從容中一レ道、無三時而不二自省察一也。雖レ有三不レ存焉者一寡矣。此之謂レ思レ誠。

○孔子曰、見レ善如レ不レ及、見二不善一如レ探レ湯。吾見二其人一矣。吾聞二其語一矣。探、吐南反。○眞知二善惡一、而誠好二惡之一。顏曾・閔・冉之徒、蓋能レ之矣。語、蓋古語也。

隱居以求二其志一、行レ義以達二其道一。吾聞二其語一矣。未レ見二其人一也。求二其志一、守二其所レ達之道一也。達二其道一、行二其所レ求之志一也。蓋惟伊尹・太公之流、可二以當レ之。當時若二顏子一亦庶二乎此一。然隱而未レ見。又不幸而蚤死。故夫子云然。

○齊景公有二馬千駟一。死之日、民無二德而稱一焉。伯夷・叔齊、餓二于首陽之下一。民到二于今一稱レ之。駟、四馬也。首陽、山名。

其斯之謂與。與、平聲。○胡氏曰、程子以爲二第十二篇錯簡一。誠不レ以レ富、亦祇以レ異、當レ在二此章之首一。今詳二文勢一、似レ當レ在二此句之上一。言人之所レ稱、不レ在二於富一而在二於異一也。愚謂、此說近レ是。而章首當レ有二孔子曰字一。蓋闕文耳。大抵此書後十篇多二闕誤一。

○陳亢問二於伯魚一曰、子亦有二異聞一乎。亢、音剛。○亢以二私意一窺二聖

○如レ不レ及―泰伯篇云、學如レ不レ及、猶恐レ失レ之。安井衡云、如レ不レ及、如下追二逃者一而不レ及、恐上レ失レ之也。如レ探レ湯、恐下不二速去一レ之、其爛上レ手也。

○求二其志一―中井積德云、志、謂二後來遭レ時施行之道一。在レ今不レ得レ行焉。故只謂二之志一耳。求者、思慮推窮之義。註、守字未レ穩。

○行レ義―物茂卿云、行レ義者、謂レ仕也。子路曰、君子之仕、行二其義一也。蓋與二隱居一對。」

○子、亦有二異聞一乎―孔門之敎、在二隨レ材成一

人、疑必陰厚其子。對曰、未也。嘗獨立。鯉趨而過庭。曰、學詩乎。對曰、未也。不學詩、無以言。鯉退而學詩。事理通達、而心氣和平。故能言。他日又獨立。鯉趨而過庭。曰、學禮乎。對曰、未也。不學禮、無以立。鯉退而學禮。品節詳明、而德性堅定。故能立。聞斯二者矣。當獨立之時、所聞不過如此。其無異聞可知。陳亢退而喜曰、問一得三。聞詩、聞禮、又聞君子之遠其子也。遠、去聲。○尹氏曰、孔子之教其子、無異於門人。故陳亢以爲遠其子。

○邦君之妻、君稱之曰夫人。夫人自稱曰小童。邦人稱之、曰君夫人。稱諸異邦、曰寡小君。異邦人稱之、亦曰君夫人。寡、寡德、謙辭。○吳氏曰、凡語中所載、如此類者、不知何謂。或古

器。故諸子皆有異聞。故用亦字、暗伏他諸子之異聞。未見疑陰厚其子之意。

○子路篇、誦詩三百、授之以政不達。使於四方、不能專對、雖多亦奚以爲。陽貨篇、子謂伯魚曰、女爲周南・召南乎。人而不爲周南・召南、其猶正牆面而立也與。泰伯篇、子曰、興於詩、立於禮。堯曰篇、不知禮無以立也。詩禮二者、實爲聖門教育之二大綱領。

○孔安國云、小君・君夫人之稱、對異邦謙。故曰寡小君。當此之時、諸侯嫡妾不正、稱號不

審。故孔子正言其禮也。

有之。或夫子嘗言之。不可考也。

論語卷之九

陽貨第十七

凡二十六章。

○安井衡云、此篇所載、多衰世無道之事、比前篇更甚。故以次季氏篇也。

○孟子、滕文公下篇、亦載此事、文有異同。

朱註囚季桓子—見左傳、定公五年。

○馬融云、言孔子不仕、是懷寶也。知國不治而不爲政、是迷邦也。

○馬融云、年老、歲月已往、當急仕。

○陽貨欲見孔子。孔子不見。歸孔子豚。孔子時其亡也、而往拜之。遇諸塗。歸、如字。一作饋。○陽貨、季氏家臣、名虎。嘗囚季桓子、而專國政。欲令孔子來見己、而孔子不往。貨以禮大夫有賜於士、不得受於其家、則往拜其門。故瞰孔子之亡、而歸之豚。欲令孔子來拜而見之也。謂孔子曰、來、予與爾言。曰、懷其寶而迷其邦、可謂仁乎。曰、不可。好從事而亟失時、可謂知乎。曰、不可。日月逝矣、歲不我與。孔子曰、諾、吾將

朱註 信レ道—信、與レ伸同。

○書經、太甲上篇、習與レ性成。孔安國云、君子愼レ所レ習也。

レ仕矣。好・亟・知、竝去聲。○懷レ寶迷レ邦、謂下懷二藏道德一、不上レ救二國之迷亂一。亟、數也。失レ時、謂レ不レ及二事幾之會一。將者、且レ然而未レ必之辭。貨語、皆譏二孔子一、而諷レ使二速仕一。孔子固未三嘗如レ此。而亦非レ不レ欲レ仕也。但不レ仕二於貨一耳。故直據レ理答レ之、不三復與辯一。若下不レ諭二其意一者上。○陽貨之欲レ見二孔子一、雖二其善意一、然不レ過レ欲レ使二助レ己爲一レ亂耳。故孔子不レ見者、義也。其往拜者、禮也。必時二其亡一而往者、欲二其稱一也。遇二諸塗一而不レ避者、不二終絕一也。隨レ問而對者、理之直也。對而不レ辯者、言之孫、而亦無レ所レ詘也。楊氏曰、揚雄謂、孔子於二陽貨一也、敬レ所レ不レ敬、爲二詘レ身以信一レ道。非下知二孔子一者上。蓋道外無レ身、身外無レ道。身詘矣、而可二以信一レ道、吾未二之信一也。

○子曰、性相近也。習相遠也。此所レ謂性、兼二氣質一而言者也。氣質之性、固有二美惡之不一レ同矣。然以二其初一而言、則皆不二甚相遠一也。但習二於善一則善、習二於惡一則惡。於レ是始相遠耳。○程子曰、此言二氣質之性一。非レ言二性之本一也。若言二其本一、則性卽是理、理無二不善一。孟子之言二性善一、是也。何相近之有哉。

○子曰、唯上知與二下愚一不レ移。知、去聲。○此承二上章一而言。人之氣質相近之中、又有下美惡一定、而非二習之所二能移一者上。○程子曰、人性本善、有二不レ可レ移者一、何也。語二其性一則皆善也。語二其才一、則有二下愚之不一レ移。所レ謂下愚有レ二焉。自暴自棄也。人苟以レ善自治、則無レ不レ可レ移。雖二昏愚之至一、皆可二漸磨而進一也。惟自暴者、拒レ之以不レ信。自棄者絕レ之以不レ爲。雖二聖人與居一、不レ能二化而入一也。仲尼之所レ謂下愚也。然其質非二心

○割雞牛刀―孔安國云、言治小何須用大道。」皇侃云、譬如武城小邑之政、可用小才而已。用子游之大才、是才大而用小也。」安井衡云、孔・皇兩說相須、其義始備。

昏且愚也。往往強戾而才力有過人者。商・辛是也。聖人以其自絶於善、謂之下愚。然考其歸、則誠愚也。或曰、此與上章當合爲一。子曰二字、蓋衍文耳。

○子之武城、聞弦歌之聲。弦、琴瑟也。時子游爲武城宰、以禮樂爲教。故邑人皆弦歌也。

夫子莞爾而笑曰、割雞焉用牛刀。莞、華版反。焉、於虔反。○莞爾、小笑貌。蓋喜之也。因言其治小邑、何必用此大道也。

子游對曰、昔者偃也、聞諸夫子。曰、君子學道、則愛人、小人學道、則易使也。易、去聲。○君子・小人、以位言之。子游所稱、蓋夫子之常言。言君子・小人、皆不可以不學。故武城雖小、亦必教以禮樂。

子曰、二三子、偃之言是也。前言戲之耳。嘉子游之篤信、又以解門人之惑也。○治有大小。而其治之必用禮樂、則其爲道一也。但衆人多不能用、而子游獨行之。故夫子驟聞而深喜之。因反其言以戲之。而子游以正對。故復是其言、而自實其戲也。

○公山弗擾以費畔。召。子欲往。弗擾、季氏宰。與陽虎共執桓子、據邑以叛。

子路不說、曰、末之也已。何必公山氏之之

○皇侃云、徒、空也。言夫欲召我者、豈容無事空然而召我乎。必有以也。

○物茂卿云、子張才大。故孔子以行仁於天下告之。孔子以天下告者、惟顏子・子張耳。欲行仁政於天下、必行此五者、然後仁可得而行也。爲仁、與克己復禮爲仁同義。訓爲爲謂者、非矣。

也。說、音悅。○末、無也。言道既不行、無所往矣。何必公山氏之往乎。子曰、夫召我者、而豈徒哉。如有用我者、吾其爲東周乎。夫、音扶。○豈徒哉、言必用我也。爲東周、言興周道於東方。○程子曰、聖人以天下無不可有爲之時、亦無不可改過之人。故欲往。然而終不往者、知其必不能改故也。

○子張問仁於孔子。孔子曰、能行五者於天下爲仁矣。請問之。曰、恭・寬・信・敏・惠。恭則不侮、寬則得衆、信則人任焉、敏則有功、惠則足以使人。行是五者、則心存而理得矣。於天下、言無適而不然。猶所謂雖之夷狄不可棄者。五者之目、蓋因子張所不足而言耳。任、倚仗也。又言其效如此。○張敬夫曰、能行此五者於天下、則其心公平而周偏可知矣。然恭其本與。○李氏曰、此章與六言・六蔽・五美・四惡之類、皆與前後文體大不相似。

○佛肸召。子欲往。佛、音弼。肸、許密反。○佛肸、晉大夫、趙氏之中牟宰也。子路曰、昔者由也聞諸夫子。曰、親於其身爲不善者、君

子不レ入也。佛肸以二中牟一畔。子之往也、如レ之何。子路恐三佛肸之浼二夫子一。故問レ此以止二夫子之行一。親、猶レ自也。不レ入、不レ入二其黨一也。子曰、然、有二是言一也。不レ曰レ堅乎、磨而不レ磷。不レ曰レ白乎、涅而不レ緇。磷、力刃反。涅、乃結反。○磷、薄也。涅、染レ皁物。言人之不善、不レ能レ浼レ己。楊氏曰、磨不レ磷、涅不レ緇、而後無レ可無二不可一。堅白不レ足、而欲三自試二於磨涅一、其不二磷緇一也者幾希。吾豈匏瓜也哉。焉能繫而不レ食。焉、於虔反。○匏、瓠也。匏瓜繫二於一處一、而不レ能二飲食一。人則不レ如レ是也。○張敬夫曰、子路昔者之所レ聞、君子守レ身之常法、夫子今日之所レ言、聖人體レ道之大權也。然夫子於二公山佛肸之召一、皆欲レ往者、以下天下無二不レ可レ變之人一、無中不レ可レ爲之事上也。其卒不レ往者、知二其人之終不レ可レ變、而事之終不レ可レ爲耳。一則生レ物之仁、一則知レ人之智也。

○子曰、由也、女聞二六言六蔽一矣乎。對曰、未也。女、音汝。下同。○蔽、遮掩也。居、吾語レ女。語、去聲。○禮、君子問二更端一、則起而對。故孔子諭二子路一、使レ還レ坐而告レ之。好レ仁不レ好レ學、其蔽也愚。好レ知不レ好レ學、其蔽也蕩。好

○何晏云、匏、瓠也。言瓠瓜得レ繫二一所一者、不レ食故也。吾自食物、當二東西南北一。不レ得レ如二不レ食之物、繫二滯一處一。

○皇侃本、居上、有二曰字一。

朱註禮、君子問レ更レ端云云——出二禮記、曲禮篇一。

○安井衡云、絞、急切也。繞二繩於頸一、急引レ之以殺レ人。謂二之絞一。直者之責レ人、其急切、亦猶レ是也。

○季氏篇、陳亢問二伯魚一曰、子亦有二異聞一乎。對曰、未也。嘗獨立。鯉趨而過レ庭。曰、學レ詩乎。對曰、未也。不レ學レ詩無二以言一。鯉退而學レ詩。

○皇侃云、言レ之者無レ罪、聞レ之者足二以戒一。故可二以怨一也。

○牆面―倒裝法、皇侃云、牆面、面向レ牆也。

レ信不レ好レ學、其蔽也賊。好レ直不レ好レ學、其蔽也絞。好レ勇不レ好レ學、其蔽也亂。好レ剛不レ好レ學、其蔽也狂。好・知、竝去聲。○六言皆美德。然徒好レ之、而不三學以明二其理一、則各有レ所レ蔽。愚、若三可レ陷可レ罔之類。蕩、謂二窮レ高極レ廣、而無レ所レ止。賊、謂レ傷二害於物一。勇者、剛之發。剛者、勇之體。狂、躁率也。○范氏曰、子路勇二於爲レ善。其失レ之者、未レ能二好レ學以明レ之也。故告レ之以レ此。曰勇、曰剛、曰信、曰直、又皆所三以救二其偏一也。

○子曰、小子何莫レ學二夫詩一。夫、音扶。○小子、弟子也。詩可二以興一、感二發志意一。可二以觀一、考二見得失一。可二以羣一、和而不レ流。可二以怨一。怨而不レ怒。邇之事レ父、遠之事レ君。人倫之道、詩無レ不レ備。二者擧レ重而言。多識二於鳥獸草木之名一。其緒餘又足三以資二多識一。○學レ詩之法、此章盡レ之。讀二是經一者、所レ宜レ盡レ心也。

○子謂二伯魚一曰、女爲二周南・召南一矣乎。人而不レ爲二周南・召南一、其猶二正牆面而立一也與。女、音汝。與、平聲。○爲、猶レ學也。周南・召南、詩首篇名。所言皆脩身齊家之事。正牆面而立、言卽其至近之地、而一物無所見、一步不可行。

○子曰、禮云禮云、玉帛云乎哉。樂云樂云、鐘鼓云乎哉。敬而將之以玉帛、則爲禮。和而發之以鐘鼓、則爲樂。遺其本而專事其末、則豈禮樂之謂哉。○程子曰、禮只是一箇序、樂只是一箇和。只此兩字、含蓄多少義理。天下無一物無禮樂。且如置此兩椅、一不正、便是無序。無序便乖、乖便不和。又如盜賊至爲不道。然亦有禮樂。蓋必有總屬、必相聽順、乃能爲盜。不然則叛亂無統、不能一日相聚而爲盜也。禮樂無處無之。學者要須識得。

○子曰、色厲而內荏、譬諸小人、其猶穿窬之盜也與。荏、而審反。與、平聲。○厲、威嚴也。荏、柔弱也。小人、細民也。穿、穿壁。窬、踰牆。言其無實盜名、而常畏人知也。

○子曰、鄉原德之賊也。鄉者、鄙俗之意。原與愿同。荀子、原愨、註、讀作愿。是也。鄉原、鄉人之愿者也。蓋其同流合汙以媚於世。故在鄉人之中、獨以愿稱。夫子以其似德非德、而反亂乎德、故以爲德之賊、而深惡之。詳見孟子末篇。

○子曰、道聽而塗說、德之棄也。雖聞善言、不爲己有。是自棄其德也。○王

○鄭玄云、言禮非但崇此玉帛而已。所貴者貴其安上治民也。馬融云、樂之所貴者、移風易俗也。非謂鐘鼓而已也。

○帆足萬里云、禮以立人之行、樂以治人之性。玉帛鐘鼓、蓋器數之末耳。」

○穿窬―窬字從穴。音臾、又音豆、郭璞云、窬、門邊小竇、竇又訓穴。穿窬、乃穿穴也。亦通。」

朱註荀子―正論篇。

○孟子、盡心下篇云、孔子曰、過我門而不入我室、我不憾焉者、其惟鄉原乎。鄉原德之賊也。據此則論語所記去上三句也。」

○荀子、勸學篇、小人之學也、入乎耳、出乎

氏曰、君子多識前言往行、以畜其德。道聽塗說、則棄之矣。

○子曰、鄙夫可與事君也與哉。與、平聲。○鄙夫、庸惡陋劣之稱。其未得之也、患得之。既得之、患失之。何氏曰、患得之、謂患不能得之。苟患失之、無所不至矣。小則吮癰舐痔、大則弑父與君。皆生於患失而已。○胡氏曰、許昌靳裁之有言曰、士之品、大槩有三。志於道德者、功名不足以累其心。志於功名者、富貴不足以累其心。志於富貴而已者、則亦無所不至矣。志於富貴、卽孔子所謂鄙夫也。

○子曰、古者民有三疾。今也或是之亡也。氣失其平、則爲疾。故氣稟之偏者、亦謂之疾。昔所謂疾、今亦亡之。傷俗之益衰也。古之狂也肆。今之狂也蕩。古之矜也廉。今之矜也忿戾。古之愚也直。今之愚也詐而已矣。狂者、志願太高。肆、謂不拘小節。蕩、則踰大閑矣。矜者、持守太嚴。廉、謂稜角峭厲。忿戾、

口。口耳之閒、則四寸耳。曷足以美七尺之軀哉。道聽塗說、則荀子所謂口耳之學也。」

○卷子本・正平本、無也與二字。羣書治要、無與字。」

○患得之―說苑、雜言篇云、子路問曰、君子亦有憂乎。孔子曰、無也。小人則不然。其未之得、則憂不得。既已得之、又恐失之。是以有終身之憂、無一日之樂。王符、潛夫論、愛日篇云、未得之也、患不得之。既得之、患失之。是漢以前本、患下得上、似有不字。

朱注 吮癰舐痔―見莊子、列禦寇篇。」

朱註 重出―已出學而篇。」

○衞靈公篇云、放鄭聲、遠佞人。鄭聲淫、佞人危。

○皇侃本、者作也。邢昺本作者。

○何晏云、言之爲益少。故欲無言。

則至於爭矣。愚者、暗昧不明。直、謂徑行自遂。詐、則挾私妄作矣。○范氏曰、末世滋僞。豈惟賢者不如古哉。民性之蔽、亦與古人異矣。

○子曰、巧言令色、鮮矣仁。重出。

○子曰、惡紫之奪朱也。惡鄭聲之亂雅樂也。惡利口之覆邦家者。惡、去聲。覆、芳服反。○朱、正色。紫、閒色。雅、正也。利口、捷給。覆、傾敗也。○范氏曰、天下之理、正而勝者常少、不正而勝者常多。聖人所以惡之也。利口之人、以是爲非、以非爲是、以賢爲不肖、以不肖爲賢。人君苟悅而信之、則國家之覆也不難矣。

○子曰、予欲無言。學者多以言語觀聖人、而不察其天理流行之實、有不待言而著者。是以徒得其言、而不得其所以言。故夫子發此以警之。子貢曰、子如不言、則小子何述焉。子貢正以言語觀聖人者、故疑而問之。子曰、天何言哉。四時行焉、百物生焉。天何言哉。四時行、百物生。莫非天理發見流行之實。不待言而可見。聖人一動一靜、莫非妙道精義之發。亦天而已。豈待言而顯哉。此亦開示子貢之切。惜乎其終不喩也。○程子曰、孔子之道、譬如日星之明。猶患門人未能盡曉。故曰、予欲無言。若顏子則便默識。其他則未免疑問。故曰、小子何述。又曰、天何言哉、四時行焉、百物生焉。則可謂至明白矣。愚按、此與前篇無隱之意相發。學者詳之。

○孺悲欲見孔子。孔子辭以疾。將命者出戶。取瑟而歌、使之聞之。孺悲、魯人。嘗學士喪禮於孔子。當是時、必有以得罪者。故辭以疾、而又使知其非疾、以警教之也。程子曰、此孟子所謂不屑之教誨、所以深教之也。

○宰我問、三年之喪、期已久矣。○期、音基。下同。期、周年也。君子三年不爲禮、禮必壞。三年不爲樂、樂必崩。恐居喪不習而崩壞也。舊穀既沒、新穀既升。鑽燧改火。期可已矣。鑽、祖官反。沒、盡也。升、登也。燧、取火之木也。改火、春取榆柳之火、夏取棗杏之火、夏季取桑柘之火、秋取柞楢之火、冬取槐檀之火。亦一年而周也。已、止也。言期年則天運一周、時物皆變。喪至此可止也。尹氏曰、短喪之說、下愚且恥言之。宰我親學聖人之門、而以是爲問者、有所疑於心、而不敢強焉爾。

子曰、食夫稻、衣夫錦、於女安乎。曰、安。夫、音扶。下同。衣、去聲。女、音

○張栻（南軒）云、孺悲之不見、疑在棄絕之域矣。取瑟而歌、使聞之、亦教誨而終不棄也。聖人之仁、天地生物之心歟。

朱註 學士喪禮於孔子—出禮記、雜記篇。

朱註 小祥—祭名。去凶從吉之義。○縓縁—縓、音先、淺絳色。○絰—音迭、麻帶。

○物茂卿云、孔子時、當革命之秋。孔子之道、大行於天下、必改禮樂。宰我之智、蓋窺見其意。故有期可已矣之問。是非己欲短喪也。言若制作禮樂、則期可已矣耳。不然、三年之喪、先王之制也。當世遵奉之、不敢違。況宰我之在聖門、豈無故而有此問乎。此說似得其實。

汝。下同。○禮、父母之喪、既殯、食粥麤衰。既葬、疏食水飲、受以成布。期而小祥。始食菜果。練冠縓縁、要絰不除、無食稻衣錦之理。夫子欲宰我反求諸心、自得其所以不忍者。故問之以此。而宰我不察也。

女安則爲之。夫君子之居喪、食旨不甘。聞樂不樂。居處不安。故不爲也。今女安則爲之。

樂、上如字。下、音洛。○此夫子之言也。旨、亦甘也。初言女安則爲之、絶之之辭。又發其不忍之端、以警其不察、而再言女安則爲之、以深責之。

宰我出。子曰、予之不仁也、子生三年、然後免於父母之懷。夫三年之喪、天下之通喪也。予也有三年之愛於其父母乎。

宰我既出。夫子懼其眞以爲可安而遂行之。故深探其本而斥之。言由其不仁。故愛親之薄如此也。懷、抱也。又言君子所以不忍於親、而喪必三年之故、使之聞之、或能反求、而終得其本心也。○范氏曰、喪雖止於三年、然賢者之情則無窮也。特以聖人爲之中制、而不敢過、故必俯而就之。非以三年之喪爲足以報其親也。所謂三年然後免於父母之懷。特以責宰我之無恩、欲其有以跂而及之爾。

○子曰、飽食終日、無所用心、難矣哉。不有博弈者乎。爲之猶賢乎已。博、局戲也。弈、圍碁也。已、止也。李氏曰、聖人非教人博弈也。所以甚言無所用心之不可爾。

○子路曰、君子尚勇乎。子曰、君子義以爲上。君子有勇而無義、爲亂。小人有勇而無義、爲盜。尚、上之也。君子爲亂、小人爲盜、皆以位而言者也。尹氏曰、義以爲尚、則其勇也大矣。子路好勇。故夫子以此救其失也。胡氏曰、疑此子路初見孔子時問答也。

○子貢曰、君子亦有惡乎。子曰、有惡。惡稱人之惡者。惡居下流而訕上者。惡勇而無禮者。惡果敢而窒者。惡、去聲。下同。唯惡者之惡、如字。訕、所諫反。○訕、謗毀也。窒、不通也。稱人惡、則無仁厚之意。下訕上、則

○安井衡云、小人閒居爲不善、無所不至。蓋、述此章之義也。難矣哉、言難以免禍殃也。

○說文、弈從廾。言竦兩手而執之。

○泰伯篇、子曰、勇而無禮則亂。又曰、好勇不好學其蔽也亂。

○安井衡云、言君子亦尚勇。然以合義爲上。故下歷言有勇而無義之害。非謂舍勇取義也。

○卷子本・皇侃本、竝子貢下有問字。惠棟云、蔡邕、石經、無流字。當因子張篇惡居下流而誤。鹽鐵論、大夫曰、文學居下而訕上。漢書、朱雲傳云、小

臣居レ下訕レ上。是漢以前皆無ニ流字一。

朱註 唯仁者能惡レ人— 里仁篇、子曰、惟仁者能好レ人、能惡レ之。

○安井衡云、此章警ニ後世治レ家者一也。此二者、常人多輕レ之、不ニ以爲一レ意。然人家之禍、往往由レ此而起。不レ容レ不レ愼焉。近、猶レ寵也。遠、猶レ疏也。

○皇侃本、怨上有ニ有字一。

無ニ忠敬之心一。勇無レ禮、則爲レ亂。果而窒、則妄作。故夫子惡レ之。

曰、賜也亦有レ惡乎。惡ニ徼ウカガヒテ以爲レ知者一。惡ニ不孫以爲レ勇者一。惡ニ訐キテ以爲レ直者一。 徼、古堯反。知・孫、竝去聲。訐、居謁反。○惡徼以下、子貢之言也。徼、伺察也。訐、謂レ攻ニ發人之陰私一。○楊氏曰、仁者無レ不レ愛、則君子疑若レ無レ惡矣。子貢之有ニ是心一也。故問焉以質ニ其是非一。侯氏曰、聖賢之所レ惡如レ此。所レ謂唯仁者能惡レ人也。

○子曰、唯女子與ニ小人一、爲レ難レ養也。近レ之則不孫。遠レ之則怨。 近・孫・遠、竝去聲。○此小人、亦謂ニ僕隸下人一也。君子之於ニ臣妾一、莊以涖レ之、慈以畜レ之、則無ニ二者之患一矣。

○子曰、年四十而見レ惡焉、其終也已。 惡、去聲。○四十、成德之時、見レ惡ニ於人一、則止ニ於此一而已。勉ニ人及レ時遷レ善改一レ過也。蘇氏曰、此亦有レ爲而言。不レ知ニ其爲レ誰也。

微子第十八

此篇多記二聖賢之出處一。凡十一章。

○微子去レ之、箕子爲二之奴一、比干諫而死。微・箕、二國名。子、爵也。微子、紂庶兄。箕子・比干、紂諸父。微子見二紂無道一、去レ之以存二宗祀一。箕子・比干皆諫。紂殺二比干一、囚二箕子一以爲レ奴。箕子因佯狂而受レ辱。孔子曰、殷有二三仁一焉。三人之行不レ同、而同出二於至誠惻怛之意一。故不レ咈二乎愛之理一、而有三以全二其心之德一也。楊氏曰、此三人者、各得二其本心一。故同謂二之仁一。

○柳下惠爲二士師一、三黜。人曰、子未レ可二以去一乎。曰、直レ道而事レ人、焉（クニ）往（クトシテ）而不二三黜一。枉レ道而事レ人、何必去二父母之邦一。三、去聲。焉、於虔反。○士師、獄官。黜、退也。柳下惠三黜不レ去、而其辭氣雍容如レ此。可レ謂レ和矣。然其不レ能レ枉レ道之意、則有二確乎其不レ可レ拔者一。是則所レ謂必以二其道一而不二自失二焉者也。○胡氏曰、此必有二孔子斷レ之之言一、而亡レ之矣。

○焦循、論語補疏云、三人之仁、非下指二去・奴・死一爲上レ仁也。商紂時、天下不レ安甚矣。而微・箕・比干、皆能憂レ亂安レ民。故孔子歎レ之謂、商之末有三憂レ亂安レ民者三人一、而紂莫二能用一、令二其去一、令二其奴一、令二其死一也。此說是也。

○安井衡云、此章無二子曰字一者、以レ無二斷語一。無二斷語一者、義明不レ待レ斷也。

朱註 是則所レ謂―見二孟子、公孫丑上篇一。

○皇侃云、景公初雖レ云三待レ之於二季孟之閒一、而末又悔。故自託二吾老一、不三復用二孔子一也。

○史記、孔子世家、齊人歸二女樂一以沮レ之。季桓子受レ之。郊又不レ致二膰俎於大夫一。孔子行。

朱註 所レ謂見レ幾而作云云―易、繫辭之語。

○卷子本・足利本、竝孔子下、有二之門二字一。

○卷子本・皇侃本、竝衰下・諫下・追下、皆有二也字一。與二莊子、人閒世篇所レ引合。

○齊景公待二孔子一曰、若二季氏一則吾不レ能。以二季・孟之閒一待レ之。曰、吾老矣、不レ能レ用也。孔子行。魯三卿、季氏最貴、孟氏爲二下卿一。孔子去レ之、事見二世家一。然此言必非三面語二孔子一。蓋自以告二其臣一、而孔子聞レ之爾。○程子曰、季氏强臣、君待レ之之禮極隆。然非レ所三以待二孔子一也。以二季孟之閒一待レ之、則禮亦至矣。然復曰、吾老矣、不レ能レ用也。故孔子去レ之。蓋不レ繫二待之輕重一、特以レ不レ用而去爾。

○齊人歸二女樂一。季桓子受レ之、三日不レ朝。孔子行。歸、如レ字。或作レ饋。朝、音潮。○季桓子、魯大夫、名斯。按二史記一、定公十四年、孔子爲二魯司寇一、攝二行相事一。齊人懼、歸二女樂一以沮レ之。尹氏曰、受二女樂一而怠二於政事一如レ此。其簡レ賢棄レ禮、不レ足二與有一レ爲可レ知矣。夫子所二以行一也。所レ謂見レ幾而作。不レ俟レ終レ日者與。○范氏曰、此篇記二仁賢之出處一、而折衷以二聖人之行一。所三以明二中庸之道一也。

○楚狂接輿、歌而過二孔子一、曰、鳳兮鳳兮、何德之衰。往者不レ可レ諫、來者猶可レ追。已而已而、今

○孔子下―鄭玄曰、下堂出門。可從。朱註爲下車、恐非。

○輿―蓋轡之誤。轡、御馬索也。

○佐藤坦云、滔滔者貼天下壞亂形勢。是字、直指眼前流水言。詞例與逝者如斯夫相類。

之從政者殆而。接輿、楚人。佯狂辟世。夫子時將適楚。故接輿歌而過其車前也。鳳有道則見、無道則隱。接輿以比孔子、而譏其不能隱、爲德衰也。來者可追、言及今尚可隱去。已、止也。而、語助辭。殆、危也。接輿蓋知尊孔子、而趣不同者也。

孔子下、欲與之言。趨而辟之。不得與之言。辟、去聲。○孔子下車、蓋欲告之以出處之意。接輿自以爲是。故不欲聞而辟之也。

○長沮・桀溺、耦而耕。孔子過之、使子路問津焉。沮、七余反。溺、乃歷反。○二人、隱者。耦、竝耕也。時孔子自楚反乎蔡。津、濟渡處。

長沮曰、夫執輿者爲誰。子路曰、爲孔丘。曰、是魯孔丘與。曰、是也。曰、是知津矣。夫、音扶。與、平聲。○執輿、執轡在車也。蓋本子路御而執轡。今下問津。故夫子代之也。知津、言數周流、自知津處。

問於桀溺。桀溺曰、子爲誰。曰、爲仲由。曰、是魯孔丘之徒與。對曰、然。曰、滔滔者天下皆是也。

○誰以易レ之―高士傳、使三誰與易レ之。

○清、黃式三、論語後案云、漢石經無二行字一。見二隸釋一。史記世家、引レ經亦無二行字一。今本因二下章一誤衍二行字一。

○蓧―說文、作レ莜、田器也。朱註、竹器、宜レ改二草器一。

○五穀不レ分―五穀、黍・稷・稻・粱・麻。不レ分、不レ分二殖五穀一也。朱註、恐非。

○植二其杖一而芸―皇侃

而誰以易レ之。且而與三其從二辟レ人之士一也、豈若レ從二辟レ世之士一哉。耰而不レ輟。徒與之與、平聲。辟、去聲。耰、音憂。○滔、土刀反。滔滔、流而不レ反之意。以、猶レ與也。言天下皆亂。將三誰與變二易之一。而、汝也。辟レ人、謂二孔子一。辟レ世、桀溺自謂。耰、覆レ種也。亦不三告以二津處一。子路行以告。夫子憮然曰、鳥獸不レ可二與同一レ羣。吾非二斯人之徒與一而誰與。天下有レ道、丘不二與易一也。憮、音武。與、如レ字。○憮然、猶二悵然一。惜三其不レ喩二己意一也。言所レ當二與同一レ羣者、斯人而已。豈可二絕レ人逃レ世以爲一レ潔哉。天下若已平治、則我無レ用レ變二易之一。正爲三天下無一レ道、故欲三以レ道易二レ之耳。○程子曰、聖人不下敢有中忘二天下一之心上。故其言如レ此也。張子曰、聖人之仁、不下以二無道一必二天下一而棄中之也。

○子路從而後。遇二丈人以レ杖荷一レ蓧。子路問曰、子見二夫子一乎。丈人曰、四體不レ勤、五穀不レ分。孰爲二夫子一。植二其杖一而芸。蓧、徒弔反。植、音値。○丈人亦隱者。蓧、竹器。分、辨也。五穀不レ分、猶レ言レ不レ辨二菽麥一爾。

云、杖以爲レ力、以二一手一芸レ草。

○子路曰―鄭玄曰、留レ言以語二丈人之二子一也。

○卷子本・皇侃本、竝其下、有二可字一。之作レ也。後漢書、申屠蟠傳注、亦作二其可レ廢也一。

○卷子本・皇侃本、竝不レ行下、有二也字一。

責下其不レ事二農業一、而從レ師遠遊上也。植、立レ之也。芸、去レ草也。

子路拱而立。知二其隱者一、敬レ之也。止二子路一宿、殺レ雞爲レ黍而食レ之、見二其二子一焉。食、音嗣。見、賢遍反。明日子路行以告。子曰、隱者也。使二子路反見一レ之。至則行矣。孔子使二子路反見一レ之。蓋欲レ告レ之以二君臣之義一。而丈人意二子路必將一レ復來一、故先去レ之以滅二其跡一。亦接輿之意也。子路曰、不レ仕無レ義。長幼之節、不レ可レ廢也。君臣之義、如レ之何其廢レ之。欲レ潔二其身一、而亂二大倫一。君子之仕也、行二其義一也。道之不レ行、已知レ之矣。長、上聲。○子路述二夫子之意一如レ此。蓋丈人之接二子路一甚倨、而子路益恭。丈人因見二其二子一焉、則於二長幼之節一、固知二其不一レ可レ廢矣。故因二其所一レ明以曉レ之。倫、序也。人之大倫有レ五。父子有レ親、君臣有レ義、夫婦有レ別、長幼有レ序、朋友有レ信、是也。仕所二以行一二君臣之義一。故雖レ知二道之不一レ行、而不レ可レ廢。然謂二之義一、則事之可否、身之去就、亦自有二不レ可レ苟者一。是以雖レ不二潔レ身以亂一レ倫、亦非二忘レ義以徇一レ祿也。福州有二國初時寫本一。路下有二反子二字一。以レ此爲二子路反、而夫子言レ之也。未レ知二是否一。○范氏曰、隱者爲レ高。故往而不レ返。仕者爲

○皇侃云、夷齊隱居餓死。是不レ降レ志也。不レ仕二亂朝一。是不レ辱レ身也。

朱註 記稱—禮記、雜記下篇。

○無レ可無二不可一—中井積德云、即是無レ適無レ莫之意。尹註、此所三

通。故溺而不レ止。不下與二鳥獸一同上レ羣、則決二性命之情一、以饕ル二富貴一ヲ。此二者皆惑也。是以依二乎中庸一者爲レ難。惟聖人不レ廢二君臣之義一、而必以二其正一。所三以或出或處、而終不二レ離二於道一也。

○逸民、伯夷・叔齊・虞仲・夷逸・朱張・柳下惠・少連。少、去聲。下同。○逸、遺逸。民者、無レ位之稱。虞仲、卽仲雍。與二泰伯一同竄二荊蠻一者。夷逸・朱張、不レ見二經傳一。少連、東夷人。子曰、不レ降二其志一、不レ辱二其身一、伯夷・叔齊與。與、平聲。謂二柳下惠・少連一、降レ志辱レ身矣。言中レ倫、行中レ慮。其斯而已矣。中、去聲。下同。○柳下惠事見レ上。倫、義理之次第也。慮、思慮也。中レ慮、言レ有二意義一合二人心一。少連事不レ可レ考。然記稱二其善居レ喪、三日不レ怠、三月不レ解、朞悲哀、三年憂一。則行之中レ慮、亦可レ見矣。謂二虞仲・夷逸一、隱居放レ言、身中レ清、廢中レ權。仲雍居レ吳、斷レ髮文レ身、裸以爲レ飾。隱居獨善、合二乎道之清一。放言自廢、合二乎道之權一。我則異二於是一、無レ可無二不可一。孟子曰、孔子可二以仕一則仕、可二以止一則止。可二以久一則久、可二以速一則速。所レ謂無レ可無二不可一也。○謝氏曰、七人隱遯、不レ汙則同。其立レ心

以常適其可。可字不貼本文。

朱註 揚雄曰云云―出法言、修身篇。言觀乎聖人之全體、則可以見賢人之止於一節矣。

○中井積德云、入於河、謂適于河旁之地也。漢亦漢旁之地、海亦海旁之地。註、曰內、曰中、曰島、皆泥。不可從。

○安井衡云、以下三章、皆孔子所嘗語門弟子、其無子曰者、以不下斷辭也。

朱註 如有用我云云―出子路篇、如作苟。

造行則異。伯夷・叔齊、天子不得臣、諸侯不得友。蓋已遯世離羣矣。下聖人一等、此其最高與。柳下惠・少連、雖降志而不枉己。雖辱身而不求合。其心有不屑也。故言能中倫、行能中慮。虞仲・夷逸、隱居放言、則言不合先王之法者多矣。然清而不汙也。權而適宜也。與方外之士、害義傷教、而亂大倫者殊科。是以均謂之逸民。尹氏曰、七人各守其一節、而孔子則無可無不可。此所以常適其可、而異於逸民之徒也。揚雄曰、觀乎聖人則見賢人。是以孟子語夷・惠、亦必以孔子斷之。

○大師摯、適齊、大、音泰。○大師、魯樂官之長。摯、其名也。亞飯干、適楚、三飯繚、適蔡、四飯缺、適秦、飯、扶晚反。繚、音了。○亞飯以下、以樂侑食之官。干・繚・缺、皆名也。鼓方叔、入於河、鼓、擊鼓者。方叔、名。河、河內。播鼗武、入於漢、鼗、徒刀反。○播、搖也。鼗、小鼓、兩旁有耳。持其柄而搖之、則旁耳還自擊。武、名也。漢、漢中。少師陽・擊磬襄、入於海。少、去聲。○少師、樂官之佐。陽・襄、二人名。襄即孔子所從學琴者。海、海島也。○此記賢人之隱遁、以附前章。然未必夫子之言也。末章放此。張子曰、周衰樂廢、夫子自衛反魯、一嘗治之。其後伶人賤工、識樂之正。及魯益衰、三桓僭妄、自大師以下、皆知散之四方、逾河蹈海、以去亂。聖人俄頃之助、功化如此。如有用我、期月而可。豈虛語哉。

朱註 一母四乳而生二八子一——毛奇齡云、一母四乳、見二乎董仲舒、春秋繁露一。有レ云、四産得二八男一、皆君子雄俊、此天之所二以興一レ周也。

○周公謂二魯公一曰、君子不レ施二其親一。不レ使三大臣怨二乎不一レ以。故舊無二大故一、則不レ棄也。無レ求二備於一人一。

施、陸氏本、作レ弛。福本同。○魯公、周公子伯禽也。弛、遺棄也。以、用也。大臣非二其人一則去レ之。在二其位一則不レ可レ不レ用。大故、謂二惡逆一。李氏曰、四者皆君子之事、忠厚之至也。○胡氏曰、此伯禽受レ封之レ國、周公訓戒之辭。魯人傳誦久而不レ忘也。其或夫子嘗與二門弟子一言レ之歟。

○周有二八士一。伯達・伯适・仲突・仲忽・叔夜・叔夏・季隨・季騧。

騧、烏瓜反。○或曰、成王時人。或曰、宣王時人。蓋一母四乳而生二八子一也。然不レ可レ考矣。○張子曰、記二善人之多一也。○愚按、此篇、孔子於二三仁・逸民・師摯・八士一、既皆稱贊而品二列之一。於二接輿・沮溺・丈人一、又每有二惓惓接引之意一。皆衰世之志也。其所レ感者深矣。在レ陳之歎、蓋亦如レ此。三仁則無二間然一矣。其餘數君子者、亦皆一世之高士。若使下得レ聞二聖人之道一、以裁中其所上レ過、而勉中其所上レ不レ及、則其所レ立、豈止二於此一而已哉。

○憲問篇云、見レ利思レ義、見レ危授レ命。季氏篇云、事思レ敬（中略）見レ得思レ義。八佾篇云、祭如レ在、祭レ神如二神在一。又云、臨レ喪不レ哀、吾何以觀レ之哉。此章子張之言、蓋亦聞二諸夫子一也。

○安井衡云、執、猶レ守也、執レ德不レ弘者、執二守小德一、以自是也。執レ德信レ道、似下有二道德一者上矣。

論語卷之十

子張第十九

此篇皆記二弟子之言一、而子夏爲レ多、子貢次レ之。蓋孔門自二顏子一以下、穎悟莫レ若二子貢一。自二曾子一以下、篤實無レ若二子夏一。故特記レ之詳焉。凡二十五章。

○子張曰、士見レ危致レ命、見レ得思レ義、祭思レ敬、喪思レ哀。其可已矣。致レ命、謂レ委二致其命一。猶レ言レ授レ命也。四者立レ身之大節、一有レ不レ至、則餘無レ足レ觀。故言士能如レ此、則庶二乎其可一矣。

○子張曰、執レ德不レ弘、信レ道不レ篤、焉能爲レ有、焉能爲レ亡。焉、於虔反。亡、讀作レ無。下同。○有レ所レ得而守レ之太狹、則德孤。有レ所レ聞而信レ之不レ篤、則道廢。焉能爲二有亡一、猶レ言レ不レ足レ爲二輕重一。

○子夏之門人、問ニ交於子張一。子張曰、子夏云レ何。對曰、子夏曰、可者與レ之、其不可者拒レ之。子張曰、異ニ乎吾所レ聞。君子尊レ賢而容レ衆、嘉レ善而矜ニ不能一。我之大賢與、於レ人何所レ不レ容。我之不賢與、人將レ拒レ我。如レ之何其拒レ人也。

賢與之與、平聲。○子夏之言迫狹、子張譏レ之是也。但其所レ言亦有ニ過レ高之弊一。蓋大賢雖レ無レ所レ不レ容、然大故亦所レ當レ絶。不賢固不レ可ニ以拒レ人、然損友亦所レ當レ遠。學者不レ可レ不レ察。

○子夏曰、雖ニ小道一、必有ニ可レ觀者一焉。致レ遠恐レ泥。是以君子不レ爲也。

泥、去聲。○小道、如ニ農圃醫卜之屬一。泥、不レ通也。○楊氏曰、百家衆技、猶ニ耳目口鼻、皆有レ所レ明、而不レ能ニ相通一。非レ無レ可レ觀也。致レ遠則泥矣。故君子不レ爲也。

○子夏曰、日知ニ其所レ亡、月無レ忘ニ其所レ能、可レ謂

然不レ弘不レ篤、則亦竟無レ有ニ道德一不レ可三以定ニ其有無一故云、焉能爲レ有、焉能爲レ無。雖ニ有無竝言一然所レ主在ニ無上。

○包咸云、友交當レ如ニ子夏一汎交當レ如ニ子張一。

○安井衡云、二子之言、皆本ニ於聖語一子夏守下無レ友ニ不レ如レ己者一之語上子張主ニ汎愛レ衆而親レ仁之意一各從ニ其性所レ近而奉レ之也。

○皇侃云、小道、謂ニ諸子百家之書一也。又云、爲、猶レ學也。

○伊藤維楨云、學進則日知ニ其所レ亡、必有レ加ニ於前一也。德立則月無

○子張第十九

レ忘二其所一レ能、交不レ失二其初一也。日知二其所一レ亡、學而不レ厭者能焉。月無レ忘二其一レ能、內自省者能焉。

○帆足萬里云、志、志二於道一也。切問、其所レ問、切二於身一也。近思、思不レ出二其位一也。

○致―如下致レ不而不レ致二於人一之致上。物茂卿云、致者、使下先王之道、自然來集上也。得レ之。

○孔安國云、文二飾其過一、不レ言二其情實一也。

レ好レ學也已矣。亡、讀作レ無。好、去聲。○亡、無也。謂二己之所一レ未レ有。○尹氏曰、好レ學者、日新而不レ失。

○子夏曰、博學而篤志、切問而近思。仁在二其中一矣。四者皆學問思辨之事耳。未レ及二乎力行而爲一レ仁也。然從二事於此一、則心不二外馳一、而所レ存自熟。故曰、仁在二其中一矣。○程子曰、博學而篤志、切問而近思。何以言二仁在二其中一矣。學者要二思得一レ之。了レ此便是徹上徹下之道。又曰、學不レ博、則不レ能レ守レ約。志不レ篤、則不レ能二力行一。切問近二思在一レ己者一、則仁在二其中一矣。又曰、近思者、以レ類而推。蘇氏曰、博學而志不レ篤、則大而無レ成。泛問遠思、則勞而無レ功。

○子夏曰、百工居レ肆以成二其事一。君子學以致二其道一。肆、謂二官府造作之處一。致、極也。工不レ居レ肆、則遷二於異物一、而業不レ精。君子不レ學、則奪二於外誘一、而志不レ篤。尹氏曰、學所三以致二其道一也。百工居レ肆、必務レ成二其事一。君子之於レ學、可レ不レ知レ所レ務哉。愚按、二說相須、其義始備。

○子夏曰、小人之過也必文。文、去聲。○文、飾レ之也。小人憚二於改一レ過、而不レ憚二於自欺一。故必文以重二其過一。

〇伊藤維楨云、望之儼然、禮之存也。卽之溫、仁之著也。聽其言也厲、義之發也。

〇述而篇云、子溫而厲。威而不猛。恭而安。

〇帆足萬里云、勞、謂使之服功役之事也。

〇邢昺云、此章、論君子使下事上之法也。

〇大德小德—大德、指綱常倫理。小德、指威儀文辭起居食息之類。

朱註不能無弊—誤以小德爲輕事、則不矜細行、終累大德矣。故云。

〇子夏曰、君子有三變。望之儼然。卽之也溫。聽其言也厲。儼然者、貌之莊。溫者、色之和。厲者、辭之確。〇程子曰、他人儼然則不溫。溫則不厲。惟孔子全之。謝氏曰、此非有意於變。蓋竝行而不相悖也。如良玉溫潤而栗然。

〇子夏曰、君子信而後勞其民。未信則以爲厲己也。信而後諫。未信則以爲謗己也。信、謂誠意惻怛而人信之也。厲、猶病也。事上使下、皆必誠意交孚、而後可以有爲。

〇子夏曰、大德不踰閑。小德出入可也。大德・小德、猶言大節・小節。閑、闌也。所以止物之出入。言人能先立乎其大者、則小節雖或未盡合理、亦無害也。〇吳氏曰、此章之言、不能無弊。學者詳之。

〇子游曰、子夏之門人小子、當洒掃應對進退、則可矣。抑末也。本之則無。如之何。洒、色賣反。掃、素報反。

○子游譏下子夏弟子於二威儀容節之閒一則可矣。然此小學之末耳。推二其本一如二大學正心誠意之事一則無ㇾ有。子夏聞ㇾ之曰、噫、言游過矣。君子之道、孰先傳焉、孰後倦焉。譬二諸草木區以別一矣。君子之道、焉可ㇾ誣也。有ㇾ始有ㇾ卒者、其惟聖人乎。別、必列反。焉、於虔反。○倦、如二誨ㇾ人不ㇾ倦之倦一。區、猶ㇾ類也。言君子之道、非下以二其末一爲ㇾ先而傳上ㇾ之。非下以二其本一爲ㇾ後而倦上ㇾ教。但學者所ㇾ至、自有二淺深一、如下草木之有二大小一、其類固有上ㇾ別矣。若不ㇾ量二其淺深一、不ㇾ問二其生熟一、而槩以二高且遠者一、強而語ㇾ之、則是誣ㇾ之而已。君子之道、豈可ㇾ如ㇾ此。若二夫始終本末、一以貫ㇾ之、則惟聖人爲ㇾ然。豈可ㇾ責二之門人小子一乎。○程子曰、君子教ㇾ人有ㇾ序。先傳以二小者近者一、而後教以二大者遠者一。非丁先傳以二近小一、而後不丙教以乙遠大甲也。又曰、洒掃應對、便是形而上者、理無二大小一故也。故君子只在ㇾ謹ㇾ獨。又曰、聖人之道、更無二精粗一。從二洒掃應對一、與二精ㇾ義入ㇾ神、貫通只一理。雖二洒掃應對一、只看下所二以然一如何上。又曰、凡物有二本末一。不ㇾ可下分二本末一爲中兩段事上。洒掃應對是其然。必有ㇾ所二以然一。又曰、自二洒掃應對上一、便可ㇾ到二聖人事一。愚按、程子第一條、說二此章文意一、最爲二詳盡一。其後四條、皆以明下精粗本末、其分雖ㇾ殊、而理則一、學者當ㇾ循ㇾ序而漸進一、不ㇾ可ㇾ厭ㇾ末而求ㇾ本。蓋與二第一條之意一、實相表裏。非ㇾ謂下末即是本、但學二其末一而本便在上ㇾ此也。

○皇侃云、君子之道、謂二先王之道一也。」一帆足萬里云、言君子之道、孰爲ㇾ易以先傳、孰爲ㇾ難倦而不ㇾ傳。非二盡學ㇾ之不ㇾ可。然至ㇾ教ㇾ之、不ㇾ得ㇾ不二區別以傳一。唯有ㇾ始有ㇾ卒者難ㇾ得。故止二于近小一、而不二復進一耳。倦、謂下苦二其不ㇾ解、而不上ㇾ傳也。

○安井衡云、或疑、學句當レ在二仕句前一。玉篇是也。今案學而優則仕、士子之常也。人皆知レ之。既仕、雖三行有二餘力一、多不二復學一。子夏意所レ主在レ斯。故以二仕句一寘レ前耳。

○伊藤維楨云、爲レ難レ能、美二其不レ可レ及也。然而未レ仁、不レ與二其仁一也。

○此章及下章、倶示二人爲レ仁之方、主レ內而不一レ主レ外也。

○鄭玄云、言子張容儀盛、而於二仁道一薄也。

○子夏曰、仕而優則學。學而優則仕。優、有二餘力一也。仕與レ學、理同而事異。故當二其事一者、必先有三以盡二其事一、而後可レ及二其餘一。然仕而學、則所三以資二其仕一者益深。學而仕、則所三以驗二其學一者益廣。

○子游曰、喪致二乎哀一而止。致、極二其哀一、不レ尚二文飾一也。楊氏曰、喪與二其易一也寧戚。不レ若二禮不レ足而哀有レ餘之意。愚按、而止二字、亦微有下過二於高遠一、而簡二略細微一之弊上。學者詳レ之。

○子游曰、吾友張也、爲レ難レ能也。然而未レ仁。子張行過レ高、而少二誠實惻怛之意一。

○曾子曰、堂堂乎張也、難二與竝爲レ仁矣。堂堂、容貌之盛。言其務レ外自高、不レ可二輔而爲レ仁。亦不レ能レ有三以輔二人之仁一也。○范氏曰、子張外有レ餘、而內不レ足。故門人皆不レ與二其爲レ仁。子曰、剛毅木訥近レ仁。寧外不レ足而內有レ餘、庶レ可二以爲レ仁矣。

○曾子曰、吾聞二諸夫子一。人未レ有二自致者一也。必也親喪乎。致、盡二其極一也。蓋人之眞情、所レ不レ能二自已一者。○尹氏曰、親喪固所二自盡一也。於レ此不レ用二其誠一、惡乎用二其誠一。

○曾子曰、吾聞二諸夫子一。孟莊子之孝也、其他可レ能也。其不レ改三父之臣、與二父之政一、是難レ能也。孟莊子、魯大夫、名速。其父獻子、名蔑。獻子有二賢德一、而莊子能用二其臣一、守二其政一。故其他孝行雖レ有レ可レ稱、而皆不レ若二此事之爲一レ難。

○孟氏使三陽膚爲二士師一。問二於曾子一。曾子曰、上失二其道一、民散久矣。如得二其情一、則哀矜而勿レ喜。陽膚、曾子弟子。民散、謂三情義乖離、不二相維繫一。謝氏曰、民之散也、以三使レ之無レ道、教レ之無レ素。故其犯レ法也、非レ迫二於不レ得レ已、則陷二於不レ知也。故得二其情一、則哀矜而勿レ喜。

○子貢曰、紂之不善、不レ如二是之甚一也。是以君子惡レ居二下流一。天下之惡皆歸焉。惡居之惡、去聲。○下流、地形卑下之處、衆流之所レ歸。喻三人身有二汙賤之實一、亦惡名之所レ聚也。子貢言レ此、欲三人常自警省、不レ可三一置二其身於不善之地一。非レ謂三紂本無レ罪、而虛被二惡名一也。

○馬融云、謂在二諒闇之中一、父臣及父政、雖レ有二不レ善者一、不レ忍レ改レ之也。

○學而篇、三年無レ改二於父之道一、可レ謂レ孝矣。

○情―犯罪之情、所レ謂罪狀是也。物茂卿云、情謂二獄情一。獄情難レ得。故得レ之則喜、聽レ獄者之常也。

○孔安國云、紂爲二不善一、以喪二天下一。後世憎二甚之一、皆以二天下之惡一、歸二之於紂一也。

○安井衡云、君子以レ位而言。此蓋曉二當時卿大夫一之語。

○此章、祖二述學而篇、過則勿レ憚レ改之聖訓一。

○皇侃本、食焉、作二蝕也一。

○孔安國云、無レ所レ不二從學一。故無二常師一也。

朱註 謨訓功烈—謨訓、見二於言語一者。功烈、見二於事爲一者。

○漢石經・皇侃本、竝譬之之、作レ諸。

○阮元云、五經文字云、窺與レ闚同。

○子貢曰、君子之過也、如二日月之食一焉。過也人皆見レ之。更也人皆仰レ之。更、平聲。

○衞公孫朝、問二於子貢一曰、仲尼焉學。朝、音潮。焉、於虔反。○公孫朝、衞大夫。子貢曰、文武之道、未レ墜二於地一、在レ人。賢者識二其大者一、不賢者識二其小者一。莫レ不レ有二文武之道一焉。夫子焉不レ學。而亦可常師之有。識、音志。下焉字、於虔反。○文武之道、謂二文王・武王之謨訓功烈一。與二凡周之禮樂文章一皆是也。在レ人、言二人有二能記レ之者一。識、記也。

○叔孫武叔語二大夫於朝一曰、子貢賢二於仲尼一。語、去聲。朝、音潮。○武叔、魯大夫、名州仇。子服景伯以告二子貢一。子貢曰、譬二之宮牆一、賜之牆也及レ肩。窺二見室家之好一。牆卑、室淺。

○何晏云、言人雖三自絕二棄於日月一、其何能傷レ之乎。適足三自見二其不ア知レ量也。

夫子之牆數仞。不下得二其門一而入上、不レ見二宗廟之美、百官之富一。七尺曰レ仞。不レ入二其門一、則不レ見二其中之所レ有。言二牆高而宮廣一也。得二其門一者或寡矣。夫子之云、不二亦宜一乎。此夫子、指二武叔一。

○叔孫武叔毀二仲尼一。子貢曰、無二以爲一也。仲尼不レ可レ毀也。他人之賢者、丘陵也。猶レ可レ踰也。仲尼日月也。無二得而踰一焉。人雖レ欲二自絕一、其何傷二於日月一乎。多見二其不レ知レ量也。量、去聲。○無二以爲一、猶レ言レ無レ用レ爲レ此。土高曰レ丘、大阜曰レ陵。日月喩二其至高一。自絕、謂下以二謗毀一自絕中於孔子上。多、與レ祇同。適也。不レ知レ量、謂レ不三自知二其分量一。

○陳子禽謂二子貢一曰、子爲レ恭也。仲尼豈賢二於子一乎。爲レ恭、謂下爲二恭敬一、推中遜其師上也。子貢曰、君子一言以爲レ知、一

朱註 大可レ爲也。化不レ可レ爲也—此二句釋下孟子、盡心下篇、可レ欲之謂レ善、有二諸己一之謂レ信、充實之謂レ美、充實而有二光輝一之謂レ大、大而化レ之之謂レ聖、聖而不レ可レ知レ之之謂レ神之語上也。自二可レ欲之善一、而至二於大一、力行所レ及。故曰、大可レ爲也。大而化レ之、非二力行可一レ至。故曰、化不レ可レ爲也。

○太宰純云、立レ之以下六句、蓋古語。故云レ所レ謂。

朱註 和所レ謂於變時雍—出二書、堯典一。變、變レ惡爲レ善也。時、是也。雍、和也。

言以爲二不知一。言不レ可レ不レ愼也。知、去聲。○責二子禽不一レ謹レ言。夫子之不レ可レ及也、猶二天之不一レ可二階而升一也。階、梯也。大、可レ爲也。化不レ可レ爲也。故曰、不レ可二階而升一也。夫子之得二邦家一者、所レ謂立レ之斯立、道レ之斯行、綏レ之斯來、動レ之斯和。其生也榮、其死也哀。如レ之何其可レ及也。道、去聲。○立レ之、謂レ植二其生一也。道、引也。謂レ教レ之也。行、從也。綏、安也。來、歸附也。動、謂レ鼓二舞之一也。和、所レ謂於變時雍。言二其感應之妙、神速如一レ此。榮、謂レ莫レ不二尊親一。哀、則如レ喪二考妣一。程子曰、此聖人之神化、上下與二天地一同流者也。○謝氏曰、觀下子貢稱二聖人一語上、乃知二晩年進レ德、蓋極二於高遠一也。夫子之得二邦家一者、其鼓二舞羣動一、捷二於桴鼓影響一。人雖レ見二其變化一、而莫レ窺二其所二以變化一也。蓋不レ離二於聖一、而有二不レ可レ知者一存焉。聖而進二於不レ可レ知之之神一矣。此殆難下以二思勉一及上也。

○帆足萬里云、曆、推步也。紀年之數也。曆數、猶レ言二帝統一。四海、帝都外至二四海一也。

○安井衡云、帝臣不レ蔽者、言凡有レ善者、已不二敢蔽一也(中略)謂二之帝臣一者、天工人其代レ之。故凡居レ官者、皆可レ稱二帝臣一也。

堯曰第二十

凡三章。

○堯曰、咨爾舜、天之曆數在二爾躬一。允執二其中一。四海困窮、天祿永終。

此堯命レ舜而禪以二帝位一之辭。咨、嗟歎聲。曆數、帝王相繼之次第。猶二歲時節氣之先後一也。允、信也。中者、無二過不及一之名。四海之人困窮、則君祿亦永絕矣。戒レ之也。

舜亦以命レ禹。

舜後遜二位於禹一。亦以二此辭一命レ之。今見二於虞書、大禹謨一。比レ此加レ詳。

曰、予小子履、敢用二玄牡一、敢昭告于皇皇后帝一。有レ罪不二敢赦一。帝臣不レ蔽。簡在二帝心一。朕躬有レ罪、無二以萬方一。萬方有レ罪、罪在二朕躬一。

此引二商書湯誥之辭一。蓋湯既放レ桀而告二諸侯一也。與二書文一大同小異。曰上當レ有二湯字一。履、蓋湯名。用二玄牡一、夏尚レ黑。未レ變二其禮一也。簡、閱也。言桀有レ罪。已不二敢赦一、而天下賢人皆上帝之臣、已不二敢蔽一。簡在二帝心一、惟帝所レ命。此述二其初請レ命而伐レ桀之辭也。又言君有レ罪、非二民所レ致。民有レ罪、實君所レ爲。見下其厚二於責レ己、薄中於責上レ人之意上。此其告二諸侯一

○何晏云、言周家受二天大賜一、富二於善人一、有二亂臣十人一。是也。
○安井衡云、周有二大賚一以下、孔子掇二文武周公之事一、而雜二陳之一。故以二周字一統レ之。雖レ如二零碎無一レ統。意實貫通。
朱註 五敎―君臣・父子・夫婦・兄弟・長幼五典之敎也。
○信則民任焉―漢石經・皇侃本、竝無二此句一。疑因二陽貨篇、子張問レ仁章一誤衍。
○公則民說―朱註本無二民字一。從二皇侃本一補レ之。

之辭也。**周有二大賚一、善人是富。**賚、來代反。○此以下述二武王事一。賚、予也。武王克レ商、大賚二于四海一。見二周書武成篇一。此言二其所レ富者皆善人一也。詩序云、賚、所三以錫二予善人一。蓋本二於此一。**雖レ有二周親一、不レ如二仁人一。百姓有レ過、在二予一人一。**此周書泰誓之辭。孔氏曰、周、至也。言紂至親雖レ多、不レ如三周家之多二仁人一。**謹二權量一、審二法度一、脩二廢官一、四方之政行焉。**權、稱錘也。量、斗斛也。法度、禮樂制度皆是也。**興二滅國一、繼二絕世一、擧二逸民一、天下之民歸レ心焉。**興レ滅繼レ絕、謂レ封二黃帝・堯・舜・夏・商之後一。擧二逸民一、謂下釋二箕子之囚一、復中商容之位上。三者皆人心之所レ欲也。**所レ重民食喪祭。**武成曰、重二民五敎一。惟食喪祭。**寬則得レ衆、信則民任焉。敏則有レ功、公則民說。**說、音悅。○此於二武王之事一無レ所レ見。恐或汎言二帝王之道一也。○楊氏曰、論語之書、皆聖人微言、而其徒傳二守之一、以明二斯道一者也。故於二終篇一具載下堯舜咨命之言、湯武誓レ師之意、與中夫施二諸政事一者上。以明三聖學之所レ傳者、一二於是一而已。所三以著二明二十篇之大旨一也。孟子於二終篇一、亦歷二敍堯舜湯文孔子相承之次一、皆此意也。

○孔安國云、屏、除也。

○因民之所利—周易、益卦注・文選、洞簫賦注引、竝無之字。

○皇侃云、正其衣冠者、衣無撥、冠無免也。尊其瞻視者、瞻視無回邪也。安井衡云、免冠、則失禮之大者、古人自非寢與謝罪、未嘗免冠、此正謂不欹斜耳。二說相須、其義備。

○馬融云、不宿戒而

○子張問於孔子曰、何如斯可以從政矣。子曰、尊五美、屏四惡、斯可以從政矣。子張曰、何謂五美。子曰、君子惠而不費、勞而不怨、欲而不貪、泰而不驕、威而不猛。費、芳味反。子張曰、何謂惠而不費。子曰、因民之所利而利之。斯不亦惠而不費乎。擇可勞而勞之。又誰怨。欲仁而得仁。又焉貪。君子無衆寡、無小大、無敢慢。斯不亦泰而不驕乎。君子正其衣冠、尊其瞻視、儼然人望而畏之。斯不亦威而不猛乎。焉、於虔反。子張曰、何謂四惡。子曰、不教而殺、謂之虐。不戒視成、謂之暴。慢令致期、謂之賊。猶之與人也。出納之吝、謂之有司。出、去聲。○虐、謂殘酷不仁。暴、謂卒遽無漸。致期、刻期也。賊者、切害之意、緩於前而急於後、以誤其民而必刑之。是賊害之也。猶之、猶言均之也。均之以物與人、而於其出納之際、乃或吝而不果。則是有司之事、而非爲政之體。所與雖多、人亦不懷其惠矣。項羽使人、有功當封、刻印刓、忍弗能予。卒以取敗。亦其驗也。○尹氏曰、告問政者多矣。未有如此之備者也。故記之以繼帝王之治。則夫子之爲政可知也。

○子曰、不知命、無以爲君子也。程子曰、知命者、知有命而信之也。人不知命、則見害必避、見利必趨。何以爲君子。不知禮、無以立也。不知禮、則耳目無所加、手足無所措。不知言、無以知人也。言之得失、可以知人之邪正。○尹氏曰、知斯三者、則君子之事備矣。弟子記此以終篇。得無意乎。學者少而讀之、老而不知一言爲可用、不幾於侮聖言者乎。夫子之罪人也。可不念哉。

論語 終

責目前成、爲視成也。說苑、說叢篇、視作責。

○唐石經・皇侃本、竝子曰上、有孔字。似是。

○孔安國云、命謂窮達之分也。

○不知命無以爲君子、與學而篇首章、人不知而不慍。不亦君子之語、首尾相呼應。可知知命者、實爲聖門教法之極功也。

補註　論語集註

大正11年３月18日　初　版　発　行
昭和47年４月15日　新装初版発行
平成14年２月20日　並製新装初版発行
平成26年３月20日　並製新装８版発行

著　者　簡　野　道　明
発行者　株式会社　明　治　書　院
　　　　代表者　三　樹　　敏
印刷者　精文堂印刷株式会社
　　　　代表者　西　村　文　孝
発行所　株式会社　明　治　書　院
〒169-0072
東京都新宿区大久保１－１－７
TEL03(5292)0117　FAX03(5292)6182

 ISBN978-4-625-73301-7　精文堂製本
表紙・扉　阿部　壽